黑龙江省精品图书出版工程
"十三五"国家重点出版物出版规划项目
先进制造理论研究与工程技术系列

正则化方法与截割煤岩载荷谱重构

REGULARIZATION METHOD AND LOAD SPECTRUM RECONSTRUCTION OF CUTTING COAL AND ROCK

刘春生 任春平 李德根 著

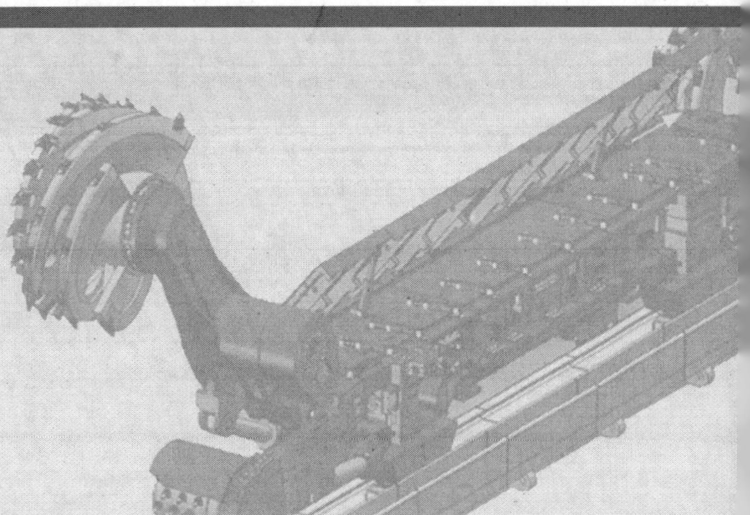

HITP 哈爾濱工業大學出版社
HARBIN INSTITUTE OF TECHNOLOGY PRESS

内 容 简 介

正则化方法与截割煤岩载荷谱重构是提高采煤机性能的应用基础理论研究，是安全、高效机械化采煤的核心设备，其高可靠性、高效的性能是实现井下工作面集约化、信息化和智能化开采的重要基础保证。本书采用理论与实验的研究方法，系统研究了截割煤岩载荷谱重构的正则化方法，以截齿实验载荷谱为研究对象，围绕截齿截割煤岩载荷谱重构模型，采用不同类型的正则化方法进行处理。本书内容丰富，反映了作者在采煤机煤岩破碎载荷谱重构与正则化方法领域的代表性成果。

本书可供采矿工程、煤岩破碎基础理论研究、采掘机械开发等相关领域与专业的高年级本科生、研究生、教师和有关科研人员参考。

图书在版编目(CIP)数据

正则化方法与截割煤岩载荷谱重构/刘春生，任春平，李德根著.—哈尔滨：哈尔滨工业大学出版社，2020.12(2023.10 重印)
ISBN 978－7－5603－9074－1

Ⅰ.①正… Ⅱ.①刘… ②任… ③李… Ⅲ.①采煤机—研究 Ⅳ.①TD421.6

中国版本图书馆 CIP 数据核字(2020)第 181588 号

策划编辑 张 荣
责任编辑 刘 瑶 鹿 峰 马静怡
出 版 哈尔滨工业大学出版社
社 址 哈尔滨市南岗区复华四道街 10 号 邮编 150006
传 真 0451－86414749
网 址 http://hitpress.hit.edu.cn
印 刷 哈尔滨圣铂印刷有限公司
开 本 710mm×1000mm 1/16 印张 12 字数 222 千字
版 次 2020 年 12 月第 1 版 2023 年 10 月第 2 次印刷
书 号 ISBN 978－7－5603－9074－1
定 价 58.00 元

前　言

滚筒式采煤机是集约化矿井中关键的大型设备之一，是安全、高效机械化采煤的核心设备，其高可靠性、高效的性能是实现井下工作面集约化、信息化和智能化开采的重要基础保证。因此，准确确定不同工况下截割机构破碎煤岩载荷及其特征、综合评价方法，是研制高可靠、高性能、高寿命采掘机械装备的国家能源战略发展重大需求。

本书主要介绍截割煤岩载荷谱重构与正则化方法。在实验基础上，本书研究了基于传统正则化方法的截割煤岩载荷识别技术。针对测量数据中带有噪声时载荷谱重构的困难，从变分原理、谱分解和迭代几个方面，探讨了多种正则化方法及正则化参数选择方法，有效地改善了截割煤岩载荷谱重构过程中的病态性，稳定地实现了截割煤岩载荷谱的近似重构。基于紧算子的奇异值理论，发展了几类新的正则方法，即改进的正则化方法、熵正则化方法和分数阶正则化方法，更准确稳定地实现了截割煤岩载荷谱的重构。基于区间分析方法，发展了区间正则化截割煤岩载荷谱重构方法，以区间数学理论为基础将其中的不确定性参量以区间来描述和定量化。为了合理地确定多参数正则化方法中不同参数奇异值的分界点及相应的最优正则化参数，提出了基于多目标遗传算法结合曲线或广义交叉验证准则的求解策略。本书所提出的正则化方法不仅提高了载荷谱重构的准确性，而且有效地改善了载荷谱重构的稳定性。最后，利用上述正则化思想，推演出了滚筒载荷的新方法，作为一种新的技术手段，为安全、高效、高端采煤机械设计开发提供技术支撑。

本书的研究工作获得了国家自然科学基金项目“截一楔组合破碎硬岩的机制及其载荷谱重构”(51674106)和“采煤机滚筒高效截割的动力学性能与评价

的研究”(51274091)的资助,在此表示感谢。

由于作者学识和研究水平有限,书中难免有疏漏及不足之处,敬请读者批评指正。

作　者

2020 年 8 月

目　　录

第1章　概　述

1.1　截割煤岩理论

采掘机械大多利用截齿破碎煤岩体，截齿破煤机理的研究可为滚筒式采煤机的设计提供可靠的理论依据。因此，揭示截齿破煤机的规律和机理，从而确定截齿的几何参数和安装角度，提高截割机构的使用寿命和可靠性，一直是众多学者长期研究的内容。按照结构特征、截割机理和安装姿态，可将截齿分为两类：刀型截齿和镐型截齿。刀型截齿使用最早，其应用技术成熟。苏联、日本和英国的学者均对刀型截齿截割煤岩的机理进行了较为系统的研究，形成了密实核学说、最大剪应力破坏学说和楔裂学说等。此外，比较流行的学说还包括我国学者牛东民提出的“裂纹扩展破坏学说”和日本学者中岛巌等人提出的“能量释放与裂纹扩展学说”。

1.1.1　别隆的密实核学说

20世纪50年代，苏联学者别隆认为煤岩的破坏属于拉伸和剪切联合作用，煤体截割破碎过程的截齿力学模型如图1.1所示。图中，N为作用于刀型截齿前刃面的法向力；R_n为推进阻力与截割阻力的合力；v_L为截齿截割速度；γ_q为刀头前角；μ为截齿与煤岩的摩擦系数；Z_n为截割阻力；X_n为侧向力；N_x为截齿侧面法向力；Y_1为推进阻力；φ为截齿齿尖角。

在刀型截齿截煤过程中，截齿齿尖与煤壁接触区域产生很大的集中应力，随着截齿深入煤岩，应力不断增大，当接触应力达到某一极值时，煤岩体局部表面被压碎，产生很细的粉末，粉末被进一步挤压，形成煤粉密实核。截齿继续截割，在密实核形成的过程中，密实核被挤压并逐渐发育增大的同时，小煤块从煤体表面剥落，此时，密实核将以很高的速度向前刀面飞出，压碎范围进一步扩大，即截齿与密实核的接触面积增大，直到煤岩体崩落为止。

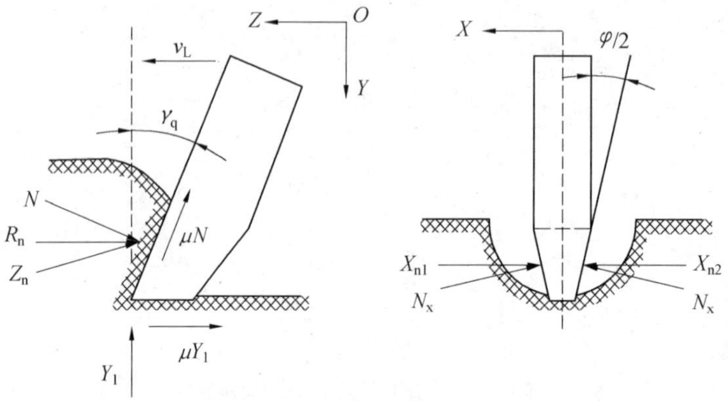

图 1.1　煤体截割破碎过程的截齿力学模型

1.1.2　西松裕一的最大剪应力破坏学说

20世纪70年代初，日本学者西松裕一提出了“最大剪应力破坏学说”，认为煤岩切削破落遵守库仑—摩尔定律，即当任一平面上的剪应力等于材料的抗剪强度时，该点就发生破坏。他认为煤岩破落面从截齿刃开始，按与切削面成一定角度向上发展到自由面，煤岩没有产生侧向断裂和流动，且只有前刃面与煤岩接触，截齿刃与截割方向垂直，其模型如图 1.2 所示。

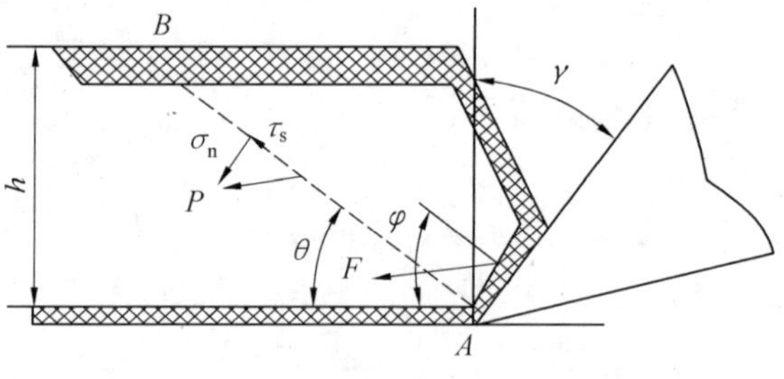

图 1.2　西松裕一的最大剪应力学模型

图 1.2 中，煤岩沿着 AB 线剪裂。则截割力为

$$F=\frac{2}{\xi+1}\cdot\frac{\tau_s h b_p \cos\varphi_T}{1-\sin(\varphi-\phi-\gamma)} \tag{1.1}$$

式中　b_p—— 截齿有效宽度，m；

φ_T—— 刀具与煤岩内摩擦角，(°)；

γ—— 刀头前角，(°)；

h—— 切削厚度，(mm)；

φ—— 切削力方向与刀头前面法线的夹角，(°)；

ϕ—— 煤岩崩落角，(°)；

τ_s—— 煤岩的抗剪强度，MPa；

ξ—— 应力分布系数。

1.1.3　埃文斯的楔裂学说

楔裂学说由英国学者埃文斯提出，当截齿切削刃对煤岩体施加力时，煤岩被拉伸，拉伸裂缝沿截齿齿尖进一步扩展至煤岩体的自由表面，形成一弧状破裂线。该学说被澳大利亚学者洛克包洛夫通过实验进一步证实，其适用于切削砂岩、石灰岩和硬石膏的过程。根据力系平衡理论，得到截齿截割煤岩时，煤岩体断裂瞬间的截割力为

$$F_j = \frac{2\sigma_1 h b_p \sin(\alpha + \varphi)}{1 - \sin(\alpha + \varphi)} \tag{1.2}$$

式中　α—— 楔尖角的半角，(°)。

以上学说都是以刀型截齿作为切削工具进行截割形成的。随着镐型截齿在滚筒式采煤机上的大量应用，各国学者从不同角度对镐型截齿的截割煤岩机理进行了研究，其截割机理与刀型截齿的截割理论有所不同。比较流行的截割模型是20世纪60年代初英国学者埃文斯提出的以最大拉应力破坏为前提的镐型截齿截割阻力模型，以及我国学者刘送永提出的镐型截齿截割阻力等效模型。

埃文斯的镐型截齿破煤机理如图1.3所示。

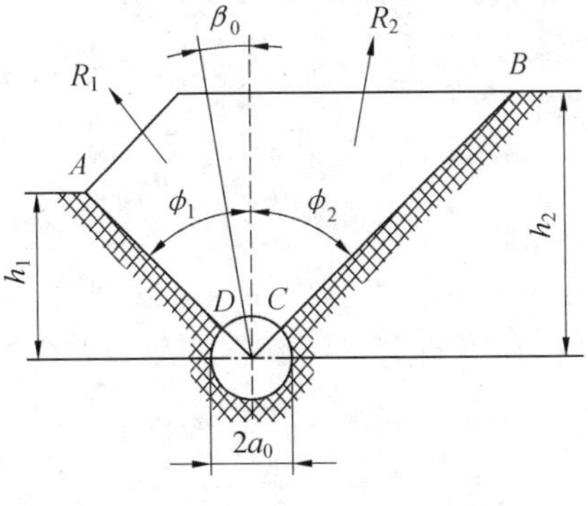

图1.3　埃文斯的镐型截齿破煤机理

埃文斯认为，镐型截齿与煤岩体初始接触属于冲击行为，即镐型截齿齿尖与煤岩体形成一定的楔入角度 β，以一定的冲击速度撞击煤岩体，当截齿上的锥体表面对煤岩体施加的压张力超过煤岩体自身抗压强度时，接触区域的被压

煤岩体被逐渐粉碎。随着截齿的深入，煤岩内部压张力不断增大，被粉碎煤岩体的区域不断扩大。与此同时，被压煤岩表面产生较大的弹性变形，当该变形超过煤岩体材料的许用变形时，煤岩体便会沿其剪切面或层理面、节理面出现微裂纹，并不断扩展。在 $ABCD$ 范围内，当煤岩体压张力 R_1 和 R_2 的合力大于 AD 和 BC 处拉应力的合力时，在 AD 和 BC 处便会出现裂纹，裂纹扩展导致煤岩体 $ABCD$ 断裂，形成落煤。

1.2 正则化基本理论

目前，针对正则化理论方法大致可以分为两类：直接正则化方法和迭代方法，以下具体介绍关于两类方法的研究。

1.2.1 直接正则化方法

在不同的应用领域，由于研究重点不同，产生了各种形式的改善病态问题的技术和手段，但归根结底，发展的各种方法从本质层面均为正则化理论方法的范畴。例如，地球物理学科中的反演理论、参数估计中的岭迹法、阻尼最小二乘法及求解算子方程的迭代法等。直接正则化方法是处理不适定反问题的一种非常重要的手段。传统意义下，直接正则化是处理不适定反问题中较为行之有效的一种技术，为处理不适定反问题奠定了夯实的分析基础。其基本思想是将如何获得与不适定问题相接近的适定问题的解以及如何通过正则参数的调节使其正则解与原问题解达到最佳接近状态两方面研究，作为处理直接正则化理论与方法的关键问题。

目前，直接正则化方法中最为经典的是标准 Tikhonov 正则化方法，该方法广泛地应用于航空航天、船舶、图像处理、机械工程等实际工程应用领域，并且近些年来也在不断地改进和完善过程中。与有限维逼近、渐近正则化方法相比较，直接正则化方法在处理不适定反问题中有着非常明显的优势，这些方法是建立在 Tikhonov 正则化方法的基础上推广来的。因此，本节主要研究直接正则化方法中的标准 Tikhonov 正则化方法。下面具体介绍该方法的原理及其理论。

标准 Tikhonov 正则化方法的主要思想是将目标函数描述为最优化问题，其具体表达式为

$$\min \|\boldsymbol{Az}-\boldsymbol{y}\|_2^2+\lambda^2\|\boldsymbol{z}\|_2^2 \tag{1.3}$$

式中　λ—— 正则化参数；

$\|\cdot\|$—— 欧氏范数。

最优化问题的最小二乘解所满足相应的正则方程为

$$(\boldsymbol{A}^{\mathrm{T}}+\boldsymbol{A}+\lambda^{2}\boldsymbol{I})\boldsymbol{y}=\boldsymbol{A}^{\mathrm{T}}\boldsymbol{y} \tag{1.4}$$

由于式(1.3) 中 λ 为大于零的常数,因此其最小二乘解为

$$\boldsymbol{y}=(\boldsymbol{A}^{\mathrm{T}}\boldsymbol{A}+\lambda^{2}\boldsymbol{I})^{-1}\boldsymbol{A}^{\mathrm{T}}\boldsymbol{y} \tag{1.5}$$

对系统核函数矩阵开展奇异值分解(SVD) 研究,其表达式为

$$\boldsymbol{A}=\boldsymbol{U\Sigma V}^{\mathrm{T}}=\sum_{i=1}^{n}\boldsymbol{u}_i\boldsymbol{\sigma}_i\boldsymbol{v}_i^{\mathrm{T}} \tag{1.6}$$

式中 $\boldsymbol{U}$、$\boldsymbol{V}$—— 正交矩阵;

$\boldsymbol{\Sigma}$—— 对角矩阵。

$$\boldsymbol{U}=(u_1\quad u_2\quad \cdots\quad u_{n+1}) \tag{1.7}$$

$$\boldsymbol{V}=(v_1\quad v_2\quad \cdots\quad v_{n+1}) \tag{1.8}$$

$$\boldsymbol{\Sigma}=\mathrm{diag}(\sigma_1,\sigma_2,\sigma_3,\cdots,\sigma_{n+1}) \tag{1.9}$$

$$\sigma_1\geqslant\sigma_2\geqslant\sigma_3\geqslant\cdots\geqslant\sigma_n>\sigma_{n+1} \tag{1.10}$$

将式(1.6) 和式(1.7) ~ (1.9) 代入式(1.5),整理得

$$\boldsymbol{y}=(\boldsymbol{V\Sigma}^{\mathrm{T}}\boldsymbol{U}^{\mathrm{T}}\boldsymbol{U\Sigma V}^{\mathrm{T}}+\mu^{2}\boldsymbol{I})^{-1}\boldsymbol{V\Sigma}^{\mathrm{T}}\boldsymbol{U}^{\mathrm{T}}\boldsymbol{UY} \tag{1.11}$$

经过整理,可得 Tikhonov 正则化的解为

$$\boldsymbol{y}_{\mathrm{Tik}}=\sum_{i=0}^{n}\frac{\boldsymbol{\sigma}_i^2}{\boldsymbol{\sigma}_i^2+\lambda^2}\frac{\boldsymbol{u}_i^{\mathrm{T}}\boldsymbol{y}}{\boldsymbol{\sigma}_i}\boldsymbol{v}_i=\sum_{i=0}^{n}f_i(\lambda)\frac{\boldsymbol{u}_i^{\mathrm{T}}\boldsymbol{y}}{\boldsymbol{\sigma}_i}\boldsymbol{v}_i \tag{1.12}$$

$$f_i(\lambda)=\frac{\boldsymbol{\sigma}_i^2}{\boldsymbol{\sigma}_i^2+\lambda^2} \tag{1.13}$$

式中 $f_i(\lambda)$—— 正则化滤子函数。

将式(1.13) 代入式(1.12),整理得

$$\boldsymbol{y}_{\mathrm{Tik}}=\sum_{i=0}^{n}f_i(\lambda)\frac{\boldsymbol{u}_i^{\mathrm{T}}\boldsymbol{y}_{\mathrm{true}}}{\boldsymbol{\sigma}_i}\boldsymbol{v}_i+\sum_{i=0}^{n}f_i(\lambda)\frac{\boldsymbol{u}_i^{\mathrm{T}}\boldsymbol{y}_{\mathrm{err}}}{\boldsymbol{\sigma}_i}\boldsymbol{v}_i \tag{1.14}$$

由于系统核函数矩阵 $\boldsymbol{A}$ 往往具有病态性,随着奇异值的减小,式(1.14) 右侧对应真实测量数据 $\boldsymbol{y}_{\mathrm{true}}$ 的一项数值波动较大,稳定性也相对较差;另外,对应测量噪声 $\boldsymbol{y}_{\mathrm{err}}$ 的一项会随着奇异值的不断减小而将噪声对重构结果的影响极度放大,造成所重构解与真实解之间的误差处于不可控状态。因此 Tikhonov 正则化滤子函数 $f_i(\lambda)$ 所起的作用就非常突出了。研究正则化滤子函数 $f_i(\lambda)$ 及其改进形式是国内外学者近年来研究的热点和关注的重点。本书中第 3 章将对滤子函数的形式进行系统研究,目的是提高解的稳定性。

1.2.2 迭代方法

迭代方法在处理不适定反问题中也是一种非常重要的技术手段,主要分为

两类:第一类为古典迭代法,第二类为子空间迭代法。其中,古典迭代法的缺点是收敛速度相对较慢,且在大型线性方程组的直接求解中采用该方法的不是很多。子空间迭代法作为一种相对常用的方法在各个领域应用较为广泛。与古典迭代法相比,子空间迭代法的优点是计算量小、存储量少、收敛性好和数值稳定性高;其不足是当迭代次数远远超过特定的阀值时,会出现解趋向于发散的现象。当前,子空间迭代法主要包括的典型方法有牛顿法、拟牛顿法、最速下降法、共轭梯度法和超记忆梯度法等。该法是求解大型线性方程组的有效方法。

牛顿法和拟牛顿法的优点是收敛速度相对较快;缺点是由于其存储矩阵很大,对于求解大规模的优化问题不是很有帮助。最速下降法的优点是表达形式和计算过程都比较简单;缺点是收敛速度相对来说比较慢。共轭梯度法和超记忆梯度法可以弥补牛顿法与拟牛顿法中存储空间大的缺点,该方法是通过采用一阶导数的信息来处理问题,避免利用牛顿法中求解 Hesse 矩阵逆的过程,同时也弥补了最速下降法在收敛方面速度慢的不足。共轭梯度法和超记忆梯度法是深受广大学者关注的方法,也是在求解大规模无约束优化问题中被广泛应用的方法。下面主要针对共轭梯度法和超记忆梯度法在载荷谱重构中的正则化效果进行探讨。

共轭梯度法的迭代公式为

$$x_{k+1}=x_k+\alpha_k d_k \tag{1.15}$$

式中 α_k—— 步长因子;

d_k—— 搜索方向。

$$d_k=\begin{cases}-g_k, & k=0\\ -g_k+\beta_k d_{k-1}, & k\geqslant 1\end{cases} \tag{1.16}$$

式中 g_k—— 目标函数 $f(x)$ 在 x_k 点处的梯度;

β_x—— 共轭参数。

参数 β_k 有很多种不同的表达形式,取不同的参数会形成不同的共轭梯度法。以下为常用的 β_k 的表达形式:

$$\beta_k^{\mathrm{HS}}=\frac{g_k^{\mathrm{T}}(g_k-g_{k-1})}{g_{k-1}^{\mathrm{T}}(g_k-g_{k-1})} \tag{1.17}$$

$$\beta_k^{\mathrm{PRP}}=\frac{g_k^{\mathrm{T}}(g_k-g_{k-1})}{\| g_{k-1} \|^2} \tag{1.18}$$

$$\beta_k^{\mathrm{FR}}=\frac{\| g_k \|^2}{\| g_{k-1} \|^2} \tag{1.19}$$

$$\beta_k^{\mathrm{DY}}=\frac{\| g_k \|^2}{d_{k-1}^{\mathrm{T}}(g_k-g_{k-1})} \tag{1.20}$$

在超记忆梯度法中,搜索方向 d_k 的表达式为

$$d_k=\begin{cases}-g_k, & k<m\\ -g_k+\sum_{i=1}^{m}\beta_k^i d_{k-i}, & k\geqslant m+1\end{cases}\tag{1.21}$$

式中，$\beta_k^i=\rho\|g_k\|\|d_{k-i}\|^{-1}$，$\rho\in\left(0,\frac{1}{M}\right)$。

超记忆梯度法的优点是记忆性较强，有平稳的收敛过程，数值稳定性也较强，不需要计算逆矩阵。该算法比较适合求解大规模的优化问题，对求解一些不适定的优化问题也是相对比较不错的方法。大量的参考文献表明：采用迭代法开展动态载荷谱重构研究，通常得到的解的低频部分的收敛快于高频部分的收敛。在迭代方法中，如何合理地选择迭代步数对截割煤岩载荷谱重构起着重要的作用。

1.2.3　正则参数选取方法

截割煤岩载荷谱重构的基本思路可分为截割煤岩载荷正问题模型的建立、反问题的不适定性分析、模型的反求方法及正则化参数的选取4个主要环节。其中正则化参数的选取是模型的反求方法的关键环节之一，当正则化参数被选取较大值时，滤波算子即可达到有效抑制测量噪声所产生的不良影响，但会严重丢失系统或者响应数据的部分信息。相反地，当正则化参数被选取较小值时，会保留较多的系统或者响应数据的信息，但由于系统核函数矩阵最小奇异值几乎趋近于零，滤波算子很难做到有效抑制测量噪声对重构结果产生的影响，会导致重构载荷严重偏离真实载荷。所以正则化参数的选取策略一直是国内外学者关注的热点，正则化参数的选取策略大概分为两种：先验策略及后验策略。其中先验策略的优点是理论分析相对比较方便；缺点是在具体工程应用中很难得到验证。实际应用中大部分利用后验策略选取正则参数。

1.2.3.1　Morozov 偏差原理

当给定观测响应数据的误差水平 δ 时，Morozov 偏差原理可作为一种有效的参数选择方法。其参数选择的基本思路是寻找与误差水平相匹配的正则参数使其达到平衡，具体表达式为

$$\|\boldsymbol{A}\boldsymbol{z}_\mu^\delta-\boldsymbol{y}_\delta\|=\delta\tag{1.22}$$

由于 Morozov 偏差原理的基本思想是选取的正则化参数能够与结构或者系统测量响应数据中的误差水平相匹配，所以该原理是一种比较有效的正则化参数选取策略之一。

1.2.3.2　L－曲线准则

通过关于L－曲线准则的文献可知，对于诸多有意义和有价值的工程问题

与数学物理问题，L－曲线准则是选取合适正则化参数值的行之有效的策略。L－曲线表示为残差范数与正则化解对应范数的对数图$(\log\|\boldsymbol{Ax}-\boldsymbol{b}\|^2, \log\|\boldsymbol{b}\|^2)$。L－曲线图显示典型的“L”形，从曲线图可以判断，曲线拐角处为最佳正则参数，该处能够使残差范数与正则化解对应范数达到相对平衡。L－曲线方法从理论层面探讨了该曲线所具有的特征，通过查阅大量的参考文献的算例，证明了利用L－曲线确定的正则化参数，相对其他方法更有效。正则化参数的最佳值被认为是对应于曲线拐角的值。

解的范数被定义为

$$\eta=\|\boldsymbol{x}\|_2^2=\sum_{i=1}^{n}\left(f_i\frac{\boldsymbol{u}_i^{\mathrm{T}}\boldsymbol{b}}{\boldsymbol{\sigma}_i}\right)^2 \tag{1.23}$$

残差范数被定义的表达式为

$$\rho=\|\boldsymbol{Ax}-\boldsymbol{b}\|_2^2=\sum_{i=1}^{n}[(1-f_i)\boldsymbol{u}_i^{\mathrm{T}}\boldsymbol{b}]^2 \tag{1.24}$$

令$\hat{\eta}=\log\eta$，$\hat{\rho}=\log\rho$，则其解的范数和残差范数的一阶导数分别为

$$\hat{\eta}'=\frac{\eta'}{\eta},\quad \hat{\rho}'=\frac{\rho'}{\rho} \tag{1.25}$$

关于η和ρ的一阶导数为

$$\eta'=-\frac{4}{\lambda}\sum_{i=1}^{n}(1-f_i)f_i^2\frac{(\boldsymbol{u}_i^{\mathrm{T}}\boldsymbol{b})^2}{\boldsymbol{\sigma}_i^2} \tag{1.26}$$

$$\rho'=\frac{4}{\lambda}\sum_{i=1}^{n}(1-f_i)f_i(\boldsymbol{u}_i^{\mathrm{T}}\boldsymbol{b})^2 \tag{1.27}$$

整理有

$$\frac{\mathrm{d}f_i^2}{\mathrm{d}\lambda}=-\frac{4}{\lambda}\sum_{i=1}^{n}(1-f_i)f_i^2 \tag{1.28}$$

$$\frac{\mathrm{d}(1-f_i)^2}{\mathrm{d}\lambda}=-\frac{4}{\lambda}(1-f_i^2)f_i \tag{1.29}$$

基于

$$\frac{f_i}{\boldsymbol{\sigma}_i^2}=\frac{1}{\boldsymbol{\sigma}_i^2+\lambda^2}=\frac{1-f_i}{\lambda^2} \tag{1.30}$$

综合上式可得

$$\rho'=-\lambda^2\eta' \tag{1.31}$$

式(1.30)和式(1.31)关于λ的二阶导数分别为

$$\hat{\eta}''=\frac{\mathrm{d}}{\mathrm{d}\lambda}\frac{\eta'}{\eta}=\frac{\eta''\eta-\eta'^2}{\eta^2} \tag{1.32}$$

$$\hat{\rho}''=\frac{\mathrm{d}}{\mathrm{d}\lambda}\frac{\rho'}{\rho}=\frac{\rho''\rho-\rho'^2}{\rho^2} \tag{1.33}$$

根据式(1.31)和式(1.33)，可得

$$\hat{\rho}'' = \frac{\mathrm{d}}{\mathrm{d}\lambda}(-\lambda^2\eta') = -2\lambda\eta' - \lambda^2\eta'' \tag{1.34}$$

综合上述分析，可得

$$\lambda = \arg\max\left\{2\frac{\hat{\rho}'\eta'' - \rho''\eta'}{(\rho'^2 + \hat{\eta}'^2)^{\frac{3}{2}}}\right\} \tag{1.35}$$

通过上述分析可知，曲率最大点即为L－曲线的拐角点。

1.2.3.3　广义交叉验证

广义交叉验证(Generalized Cross－Validation，GCV)是传统意义的基于数据的一种方法。在采用GCV选取正则化参数时，通常每个数据点都会涉及，同时还考虑到可用其他数据点去构造一个模型，目的是预测新的数据点，其具体形式描述为

$$\min \mathrm{GCV}(\lambda) = \frac{\|\mathbf{A}\boldsymbol{z}(\lambda) - \boldsymbol{y}\|_2^2}{\{\mathrm{tr}[\boldsymbol{I} - \mathbf{GG}(\lambda)^{\mathrm{T}}]\}^2} \tag{1.36}$$

$$\mathbf{GG}(\lambda) = \mathbf{A}(\mathbf{A}^{\mathrm{H}}\mathbf{A} + \lambda\boldsymbol{I})^{-1}\mathbf{A}^{\mathrm{H}} \tag{1.37}$$

式中　tr(·)—— 矩阵的迹。

第2章　截割煤岩载荷测试实验

2.1　煤岩模拟材料力学特性实验

为研制模拟煤壁，实现矿井煤岩真实性质的模拟，配置煤岩试样，通过模拟煤岩体试样材料力学特性来研制实验需要的模拟煤壁。由于煤岩性质极其复杂，很难捕捉其全部特性，煤岩内在的微观、宏观结构的组成和分布皆会不同程度地影响其力学特性。据此，为探索煤岩模拟材料力学特性规律，实现实验需要的模拟煤壁的材料配置，以不同配比煤岩试样为研究对象，进行单轴加载压缩实验研究，探讨煤岩在不同材料配比状态下，其煤岩抗压强度及变形特征的变化规律，给出煤岩材料配比与煤岩的单向抗压强度之间的关联模型，探讨煤岩宏观变形特征的力学机制与煤岩内部结构、组分的关系。

2.1.1　煤岩单轴实验

为探讨煤岩材料力学特性，提高煤岩体的截割破碎效率，近年来，国内外学者对煤岩单轴压缩实验、煤岩模拟材料配比实验开展了研究，并得到了大量的宝贵研究成果。Daniel 等建立了煤岩试件高度与煤岩单向抗压强度之间的关联模型。Hirt 等进行单轴压缩实验，研究了在同一矿区但不同煤层的特性参数，给出了不同性质煤岩的抗压强度间的内在关联。Medhurst 和 Borwn 进行了单轴压缩实验，研究了尺寸不同的大煤岩试件的特性，给出了煤岩的抗压强度与其试件尺寸之间的关系。刘宝深等针对大量实验数据进行了研究，探讨了煤岩及其抗压强度尺寸的效应问题，以回归分析为方法，给出了煤岩抗压强度尺寸效应模型。陶驰东等在截割实验台及液压刨床上面，以模拟截割材料煤壁为对象，独立完成了模化实验(单个截齿截割煤岩系统)。杜长龙以天然煤粉、水及水泥作为原材料，开展了研制模拟截割材料的实验研究。王启广等给出了煤粉、水泥、砂子和水间的内在解析关联。关多娇等为了对煤样配比材料进行优化，首次采用了正交实验法进行实验与理论分析。肖福坤等针对含瓦斯煤进行了三轴作用实验研究，给出了其失稳破裂状态下声发射的关联特性。以上专家学者开展的煤岩实验研究取得了宝贵的成果，但考虑煤岩层理及节理的实验很少且不够深入及具体，同时煤岩力学性质相对具有不确定性，本章针对材料配比不同、层理参数不同的煤岩试件，开展单轴加载实验，讨论在其状态下煤岩的强度特性以及煤岩变形特征，为研制模拟煤壁奠定基础。

2.1.1.1　实验测试系统

煤样单轴实验测试系统为 TAW－2000 微机控制电液伺服岩石，通过计算机对实验测试数据进行采集、处理，由计算机记录实验数据、实验测试结果；同时配有轴压，由液压伺服控制系统控制，实验测试精度及其灵敏度也相对较高，应用控制系统的加载速度可自动调整。另外，还配有实心钢架，能够储存一定的弹性势能，可进行一定的刚性压力实验。与此同时，引伸仪与煤岩试样相接触，可在高压和高温环境条件下进行实验研究，如图 2.1 所示。

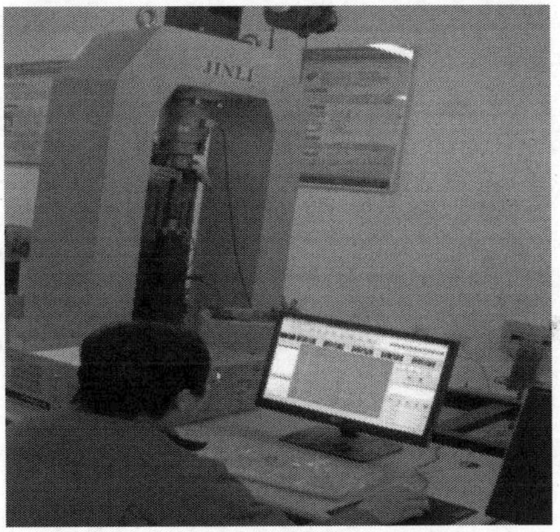

图 2.1　煤样单轴实验测试系统

2.1.1.2　煤岩材料配比

为研制与原煤特性相似的截割材料，考虑其单向抗压强度，进行模拟煤壁的研制。实验条件：425 型号的水泥，第一次模拟煤岩材料配比时，煤粉、水泥和水按不同配比做 5 组试件（不加石膏粉），首先调整水的量，以达到模拟煤岩抗压强度的目的，并且每组试件做 2 个，材料配比见表 2.1。

表 2.1　第一次模拟煤岩材料配比

序号	煤粉 /kg	水泥 /kg	水 /kg
1	10.5	7.3	3.1
	10.5	7.3	3.1
2	11.0	7.3	4.0
	11.0	7.3	4.0
3	11.0	6.5	3.5
	11.0	6.5	3.5
4	10.0	5.5	3.4
	10.0	5.5	3.4
5	11.0	5.5	3.3
	11.0	5.5	3.3

第二次配比煤粉与水泥配比恒定，通过改变石膏粉的质量来达到模拟材料如抗压强度，水的量按水泥、煤粉混合物达到黏稠状时所用质量为准，见表2.2。

表 2.2　第二次模拟煤岩材料配比

序号	煤粉 /kg	水泥 /kg	石膏粉 /kg	水 /kg
6	10.5	7.0	2.20	4.4
	10.5	7.0	2.20	4.4
7	10.5	7.0	1.50	4.4
	10.5	7.0	1.50	4.4
8	10.5	7.0	0.73	4.0
	10.5	7.0	0.73	4.0

2.1.1.3　煤岩试样制备

本次所做单轴压缩实验，煤岩取自鸡西煤矿的煤块。由于煤岩属于脆性材料，具有尺寸效应，高径比会对煤岩抗压强度产生不同程度的影响。据此，根据表2.1和表2.2的配比，制作高度为100 mm、直径为50 mm(高径比为2∶1)圆柱体煤岩试样，制备过程如图 2.2 所示。在制作标准煤样过程中，将块状煤较平一端转于底部，在 ZS－100 型岩石钻孔机取芯钻下方垫板上放稳放平，再用夹具将其固定后取芯。

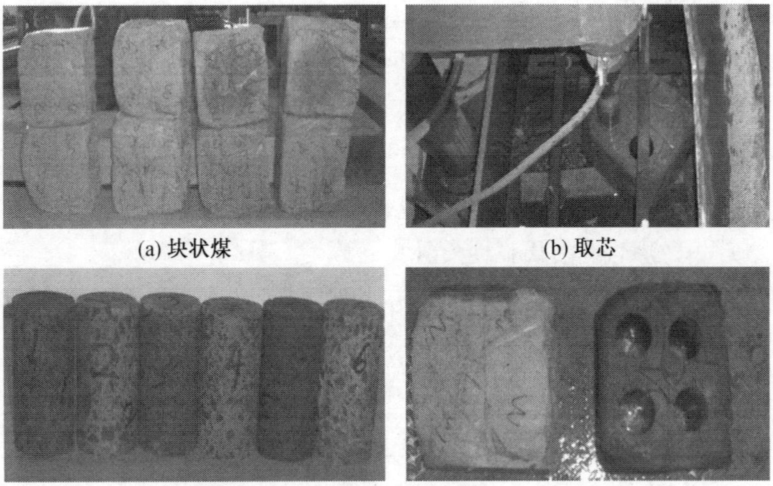

(a) 块状煤　(b) 取芯

(c) 标准煤样　(d) 残煤

图 2.2　煤岩试样制备过程

针对 8 组煤岩试样进行实验，加载速度设置为 0.05 mm/min，得到煤岩的力学参数（抗压强度和最大负荷）的变化值，见表 2.3。对比表 2.3 中数据可得出结论：煤岩最大负荷及抗压强度随煤样的配比不同而不同，且抗压强度及最大负荷平均值随着煤粉与水泥配比量的增大而减小。

表 2.3　煤岩试样的力学参数

参数	1		2		3		4	
抗压强度 /MPa	22.000	23.818	16.900	16.400	16.000	14.000	16.000	12.000
最大负荷 /kN	43.192	46.766	33.249	32.261	31.000	28.000	27.500	24.000
参数	5		6		7		8	
抗压强度 /MPa	9.000	11.000	3.751	6.449	15.548	7.158	11.000	14.000
最大负荷 /kN	18.000	21.000	7.365	12.665	30.529	14.055	21.569	27.533

2.1.1.4　煤岩失稳条件

煤岩试件在外载荷作用下发生失稳破坏，微观特征表现为煤岩内部结构的损伤，宏观特征表现为煤岩损伤变形量达到极限，因此，用损伤特性给出煤岩失稳破坏的定性描述。煤岩在外载荷作用下发生变形破坏时，其应力－应变关系在极限强度 σ_c 之后具有应变软化的特点，用数学方式描述为

$$d\sigma \leqslant 0 \tag{2.1}$$

式中　$d\sigma$—— 应力的增量。

应力－应变关系在极限强度 σ_c 之前具有应变硬化的特征，即

$$d\sigma > 0 \tag{2.2}$$

Lemaitre 给出了损伤量 D 的定义，即

$$D = 1 - \frac{E'}{E} \tag{2.3}$$

式中　E—— 煤岩无损伤弹性模量；

E'—— 煤岩有损伤弹性模量。

由损伤力学，给出应变 ε 的公式为

$$\varepsilon = \frac{\sigma}{E'} = \frac{\sigma'}{E}$$

$$\sigma = E'\varepsilon \tag{2.4}$$

将式(2.3) 代入式(2.4)，整理得

$$\sigma = E(1 - D)\varepsilon \tag{2.5}$$

由于煤岩抗压强度与煤粉、水泥配比呈指数关系，认为服从威布尔分布，所以其损伤量也服从统计规律，由两参数的威布尔分布有

$$D = 1 - e^{-\left(\frac{\varepsilon}{\varepsilon_c}\right)^{\beta}} \tag{2.6}$$

式中　β—— 形变参数。

将式(2.6) 代入式(2.5)，可得到煤岩单轴压缩下的本构关系为

$$\sigma = E\varepsilon\, e^{-\left(\frac{\varepsilon}{\varepsilon_c}\right)^{\beta}} \tag{2.7}$$

对式(2.7) 两边微分，有

$$d\sigma = E e^{-\left(\frac{\varepsilon}{\varepsilon_c}\right)^{\beta}} d\varepsilon + E\varepsilon\, e^{-\left(\frac{\varepsilon}{\varepsilon_c}\right)^{\beta}} \left[-\beta\left(\frac{\varepsilon}{\varepsilon_c}\right)^{\beta-1}\right] d\varepsilon \tag{2.8}$$

联立式(2.1) 和式(2.8)，整理得

$$1 - \beta\left(\frac{\varepsilon}{\varepsilon_c}\right)^{\beta} \leqslant 0 \tag{2.9}$$

由(2.9) 即可得煤岩失稳破坏的条件为

$$\begin{cases} \beta > 0 \\ \varepsilon \geqslant \varepsilon_c \beta^{-\frac{1}{\beta}} \end{cases} \tag{2.10}$$

式(2.10) 从煤岩微观变形的角度阐述了煤岩体失稳破坏的本质特征，即煤岩的应变大于某一定值，而且是极限应变的 $\beta^{-(1/\beta)}$ 倍。因此，煤岩失稳破坏不但与其煤岩宏观特性有关，还与其内部结构组分的特性密切相关。

2.1.1.5　煤岩变形特征

为探索煤岩失稳破坏规律，确定煤岩体的变形特征，分析煤岩的结构和组分变化形态，通过开展煤岩单轴压缩加载实验研究，指出煤样破碎的形式 —— 劈裂破坏(图 2.3)。

图 2.3　煤样劈裂破坏

为深入探讨煤岩在不同应力的作用下，其内部结构微观变形特征与其宏观变形特征蕴含的内在信息，实验给出了其中一组煤岩试样的应力－应变曲线，如图2.4 所示。煤岩在单轴加载实验下，其应力－应变过程主要分为塑性硬化、塑性软化及残余强度过程，同时给出负荷与时间的关系，如图 2.5 所示。

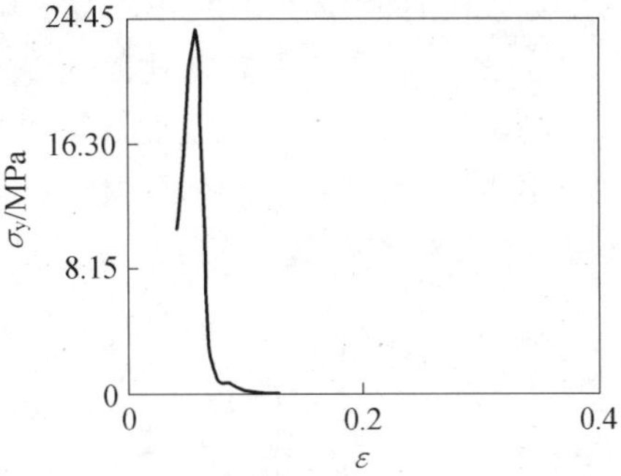

图 2.4　煤岩试样的应力－应变曲线

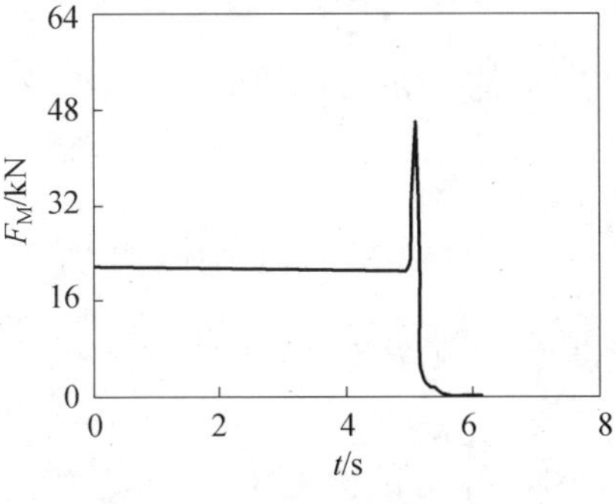

图 2.5　负荷与时间的关系

由图2.4和图2.5可见，在实验初始阶段，由于对煤岩试样有一个初始恒定预压力，所以应力并不是从零开始的。随着外载荷增大，其内部裂隙及孔隙逐渐开始萌生、扩展及融合，使其全部贯通，最后导致煤岩失稳破坏。同时在极限应力之后，应力下降的速度极快，揭示煤岩的脆性特征比较明显。煤岩破裂失稳分为以下几个过程。应变在 0 ～ 0.10 属于塑性硬化、塑性软化两个过程，该阶段煤岩试件应变迅速达到极限，煤岩试件体积变大，其内部裂隙及孔隙相互压密闭合后，应力－应变曲线趋于倾斜直线。应变在 0.10 ～ 0.18 属于残余强度过程，煤岩试样破坏后，其承受外载荷的能力并没有完全失去，还能够继续承受外载荷的作用，随着体应变的继续增大，其体积也进一步变大，继续施加外载荷作用，其内部结构发生二次变形、破坏，最后承受外载荷的能力完全失去。根据图 2.4，从式(2.10) 可以给出该配比条件下煤岩失稳的临界条件，即应变 $\varepsilon = 0.05$。当 $\varepsilon > 0.05$ 时，煤岩开始出现变形失稳破坏。

2.1.1.6　煤岩强度特征

为探求煤岩抗压强度与其材料不同配比内在解析的关系，确定煤岩的参数特性，分析煤岩的强度特征，为研制模拟煤壁奠定了研究基础。该单轴压缩实验，作为研制煤岩模拟真实材料的全部过程，为不重复做单轴压缩实验，节约时间，需要给出实验的经验公式。因此，根据上述煤岩试样的配比结果，应用 MATLAB 软件，拟合实验得到的煤岩抗压强度如图 2.6 所示，确定煤粉、水泥配比与抗压强度呈指数下降的关系，因此，煤岩的抗压强度特征不但与其固有物理特性有关，还与其材料配比密切相关。

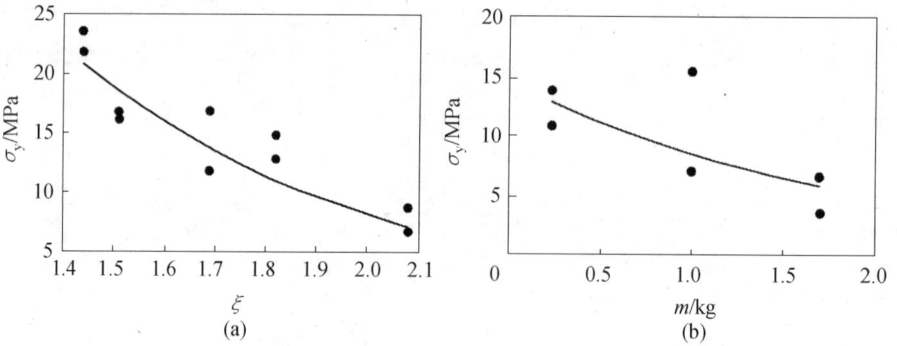

图 2.6　煤岩试样的抗压强度

图 2.6(a) 给出了煤粉、水泥配比 ξ 与抗压强度 σ_y 的拟合关系式：

$$\sigma_y = 92.124e^{-1.0969\xi} \tag{2.11}$$

从式(2.11) 可知，煤粉、水泥配比与煤岩抗压强度呈指数下降关系。而图 2.6(b) 表明，在煤粉与水泥配比为 1.5 的实验条件下，添加石膏粉能够降低煤岩试样的抗压强度，从而达到预期模拟煤壁力学特性的目的。

2.2　截齿截割煤岩载荷谱测试实验

为实现截齿旋转破煤载荷谱重构及其特征的定量求解，首先需要开展实验研究，获取破煤实验载荷谱，以实验数据为研究基础，为后续的载荷谱重构提供研究依据。但进行截齿破煤实验研究并不是一般的实验室都能够实现的，现场测试也很难办到，因为煤岩开采的实际环境状况恶劣。然而为了获取截齿破煤载荷谱，研究其变化规律对采煤机结构设计具有十分重要的意义。据此，本节以截割煤岩理论为依据，为了便于研究载荷谱变化规律，搭建截齿直线破煤实验系统，研究在切削厚度不变的条件下载荷谱的变化规律。但实际矿井下的采煤机为旋转截割煤岩，因此，为了模拟真实的截齿破煤工况，根据给出的煤岩材料力学特性研制模拟煤壁，利用自制多截齿参数可调式旋转截割实验台，研究破煤载荷随截齿楔入的角度、切削厚度、截齿类型的变化规律，为后续截齿旋转破煤载荷谱重构提供数据来源。

2.2.1　截齿旋转截割煤岩实验系统

截齿旋转截割煤岩实验系统如图 2.7(a) 所示。该系统主要由截割电机、减速器、联轴器、截割轴、转速转矩传感器、滑环、截割机构、测力装置、模拟煤壁、截割台架、液压泵站、电控箱及液压缸等组成。其主要工作原理为截割电动机，经联轴器，通过减速器与输入轴相连，输出轴经过联轴器和截割机构与旋转轴相连接，最后驱动旋转截割机构。由于截割实验台处在低速状态，旋转截割机构截割功率较低、扭矩较小，因此需要在传动系统中加减速器，以达到实验台拥有较大扭矩的目的。在整个传动系统中放入扭矩转速传感器和测力装置，主要是达到获取截割载荷力、扭矩、电流的目的。在截割机构上安装截割臂是为了模拟滚筒直径的变化。根据实验目的的需要，截齿二次旋转角及其安装角做成可调的，其中齿座与花键轴是焊接在一起的，与内外花键套相配合，只需要调整花键轴与内外花键套安装位置即可。另一垂直的花键轴会通过内外花键套与齿座相连来达到安装角度可调的目的。截割电机转速可直接采用控制变频器达到截割速度的无极调整的目的。

实验测力装置中截齿的受力状态如图 2.7(b) 所示。图中，Z 为截割阻力；Y 为推进阻力；f 为支撑结构与截齿齿套间的摩擦阻力；β 为截齿的切向安装角；O 为齿套支撑点；l_1 为齿尖到支撑点的距离；l_2 为传感器到支撑点的距离；F_z 为轴向力；F_y 为径向力。根据图 2.7(b) 得到截齿的力平衡和力矩平衡方程

为

$$\begin{cases} Y\cos\beta + Z\sin\beta - f = F_z \\ (Y\sin\beta - Z\cos\beta)l_1 + F_y l_2 = 0 \\ l_1 f = (l_1 + l_2) f_n F_y \end{cases} \tag{2.12}$$

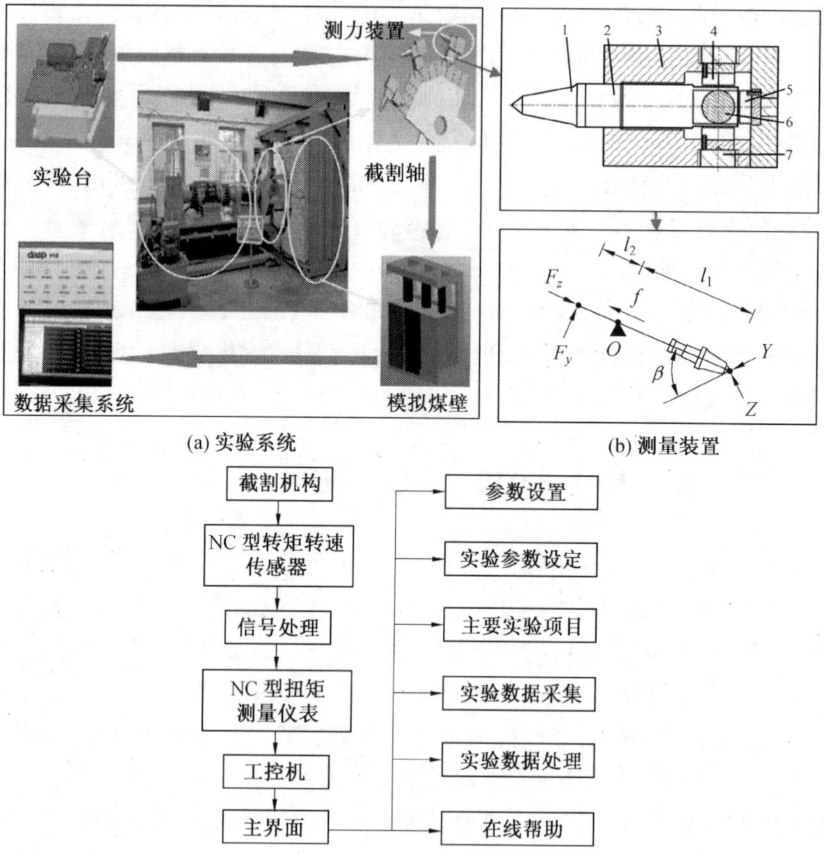

(c) 系统原理

图 2.7　截齿旋转截割煤岩实验系统及其原理

1— 截齿；2— 齿套；3— 齿座；4 ～ 7— 力传感器

在该实验系统中，滚筒直径范围为 1.2 ～ 2.0 m，滚筒转速范围为 40 ～ 100 r/min，截齿的安装角根据实验目的及内容的需要可调。该实验系统能够测试不同牵引速度、截割速度、安装角、单个或多个截齿截割煤岩载荷谱、截割煤岩扭矩谱及截割煤岩电流谱。整个测试过程在各个参数设定检查无误后，首先变频电机被启动，然后通过减速器及转速转矩传感器驱动，最后截割臂开始被驱动旋转，液压缸用来控制实验台架的进给运动。在测试装置中，截齿被固定安装在一个四方体的刚性体齿套上，并同时安装在测试装置中，其中四方体的每个平面都将与传感器接触，在截割煤岩状态下，测试装置中每个传感器的变形量都将转化成信号，该信号最后被传送至 Dasp v10 智能数据采集系统，即可实现数据的采集。

与其他学者搭建的截齿平面截割煤岩实验系统相比较，本章的实验系统具有如下截割特性：牵引速度、截割速度等运动参数以及截齿安装角度、排列方式、截线距等几何参数可根据实验需要进行调整；截割机构设计成为旋转体，能够真实地模拟井下工作机构的工作状态，即截割厚度可变；该实验所用模拟煤壁考虑了煤岩层理、节理特性；通过高速摄像机能够实时地获取截齿截割煤岩的破碎状态，截取截齿截割煤岩图像信息。

2.2.2　实验载荷谱

根据上述实验系统，测试得到了截齿截割煤岩三向载荷谱，如图 2.8 所示。由图 2.8 可知，截齿接触煤岩时开始截割煤岩，三向载荷随滚筒转速增大，在不断地进给过程中，截割载荷谱随截割厚度的增大而增大。当截割厚度达到最大时，截割载荷谱同时达到最大。实验台减速进给时，截齿截割煤岩载荷逐渐减小，该曲线的整体轮廓与月牙形非常类似，符合采煤机滚筒截齿在井下实际旋转截割煤岩的工作状态。

图 2.8(a) 所示为多个截割循环下的轴向实验载荷谱；图 2.8(b) 所示为多个截割循环下的径向实验载荷谱；图 2.8(c) 所示为多个截割循环下的侧向实

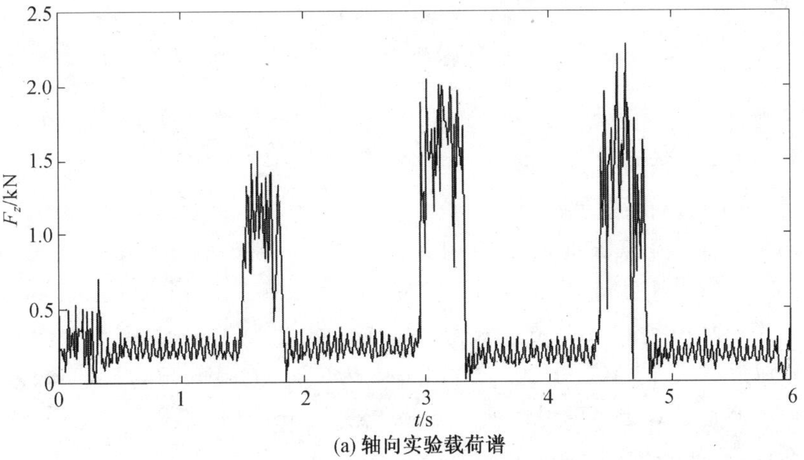

(a) 轴向实验载荷谱

图 2.8　多个截割循环下的三向实验载荷谱

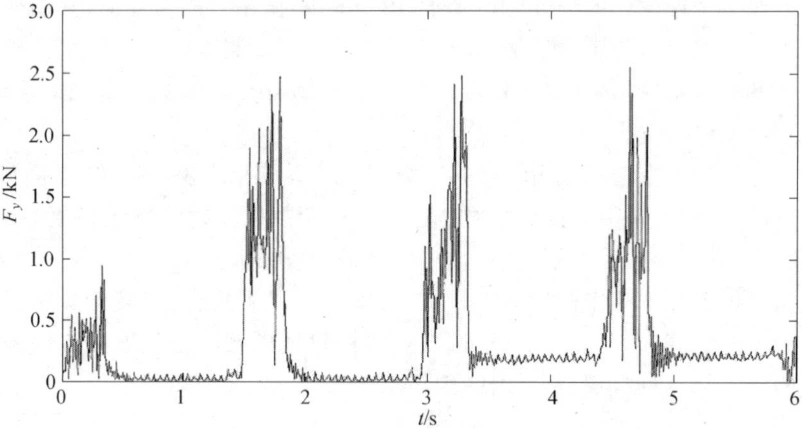

(b) 径向实验载荷谱

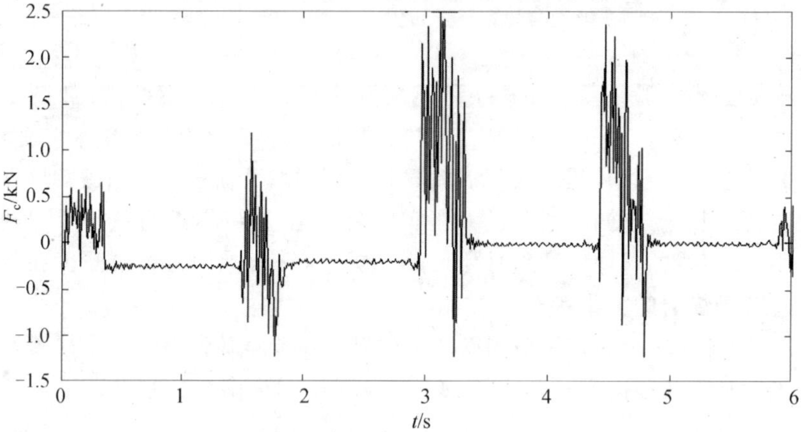

(c) 侧向实验载荷谱

图 2.8(续)

验载荷谱。

2.2.2.1　轴向实验载荷

(1) 不同的安装角度。

实验条件：模拟煤壁的截割阻抗为 180 ～ 200 kN/m，滚筒直径 D 为 1 460 mm，牵引速度 v_q 分别为 0.612 m/min、0.816 m/min 和 1.02 m/min，滚筒转速 n 为 40.8 r/min，截齿长为 155 mm，截齿锥角为 85°，截齿的切向安装角 β 分别为 30°、35°、40°、45° 和 50°，轴向倾斜角和二次旋转角为 0°，实验记录截齿的三向载荷。其中当牵引速度 $v_q = 0.612$ m/min 时，不同切向安装角的轴向载荷谱及其峰值拟合曲线如图 2.9 所示。

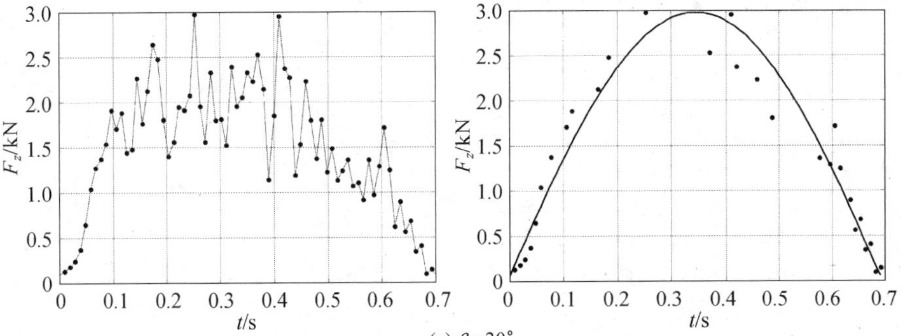

(a) β=30°

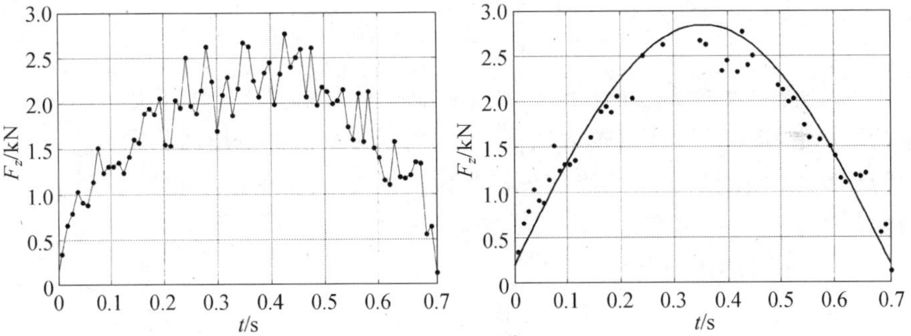

(b) β=35°

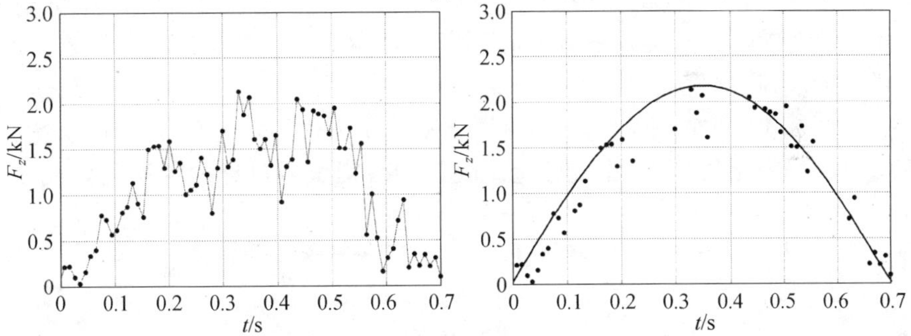

(c) β=40°

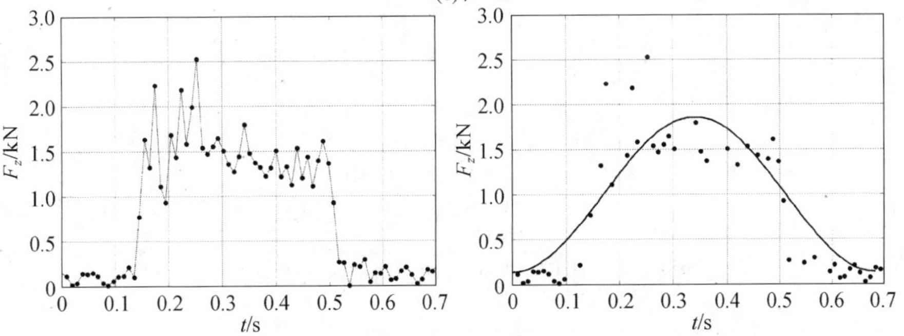

(d) β=45°

图 2.9　不同切向安装角的轴向载荷谱及其峰值拟合曲线

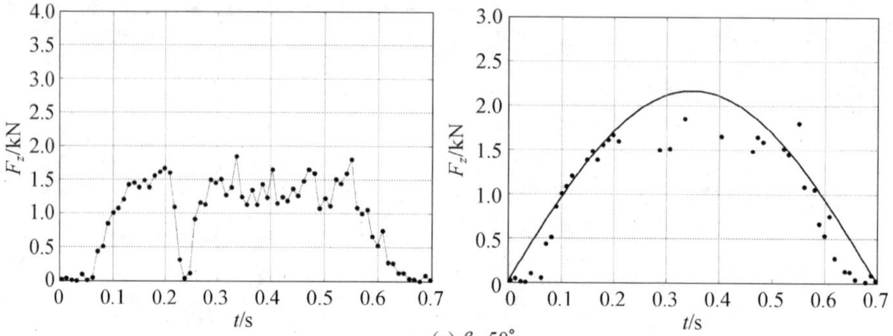

(e) β=50°

图 2.9(续)

为研究截齿的切向安装角对截齿截割性能的影响及其相互关系，对图 2.9 中的轴向载荷谱进行峰值轮廓拟合可知，实验载荷谱进行波峰轮廓的拟合得到波峰轮廓线，截割阻力谱的峰值随切削厚度的变化呈现月牙形变化的趋势，能较好地反映旋转截割煤岩过程截齿所受负载的变化。

(2) 不同的切削厚度。

实验条件：煤壁截割阻抗为 180 ～ 200 kN/m，滚筒转速为 40.8 r/min，滚筒直径为 1 460 mm，最大切削厚度 h_{max} 分别为 15 mm、20 mm 和 25 mm，切向安装角为 45°，二次旋转角为 0°，实验记录测量截齿的三向载荷。不同切割厚度的轴向载荷谱拟合曲线如图 2.10 所示。

由图 2.10 可知，不同切削厚度下的截割阻力谱的峰值随切削厚度的变化呈现月牙形变化的趋势，能较好地反映旋转截割煤岩过程截齿所受负载的变化。

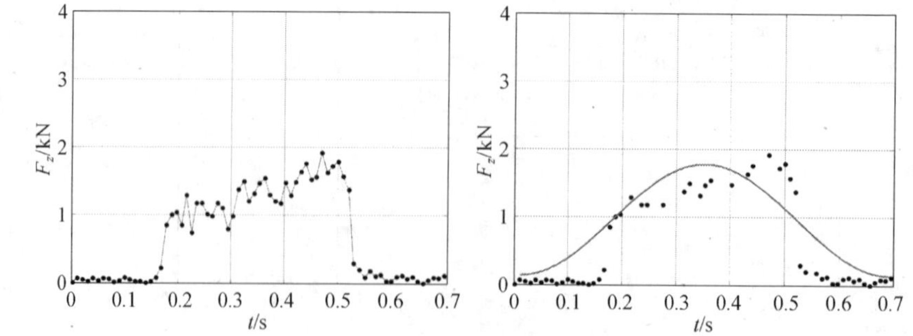

(a) h_{max}=15 mm

图 2.10　不同切削厚度的轴向载荷谱拟合曲线

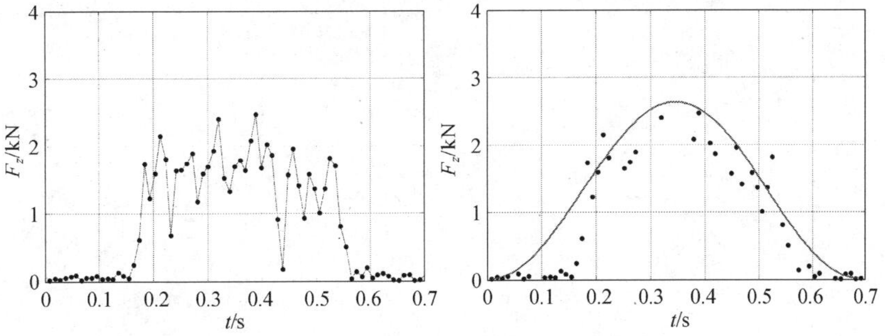

(b) h_{max}=20 mm

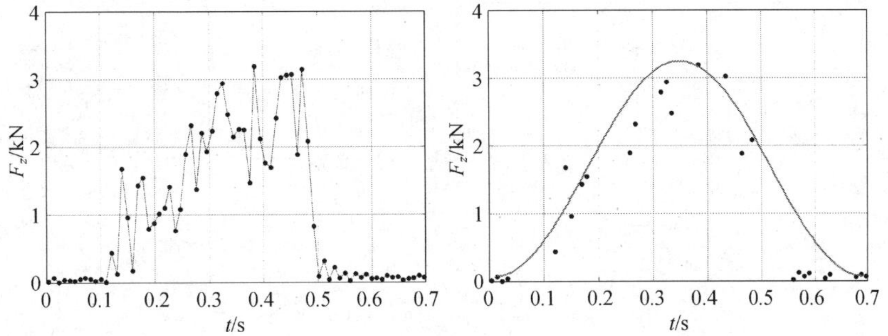

(c) h_{max}=25 mm

图 2.10(续)

2.2.2.2　径向实验载荷

为研究截齿的切向安装角对截齿径向载荷的影响及其相互关系，对图 2.8 中的径向载荷谱进行峰值轮廓拟合，得到波峰轮廓曲线，提取均值并绘图，结果如图 2.11 所示。

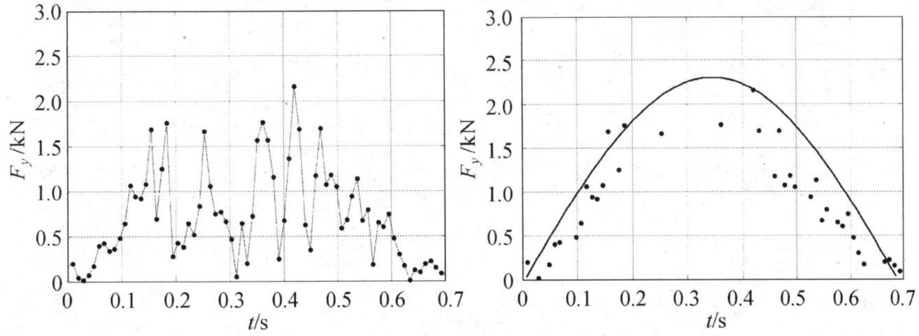

(a) β=30°

图 2.11　不同安装角的径向载荷谱拟合曲线

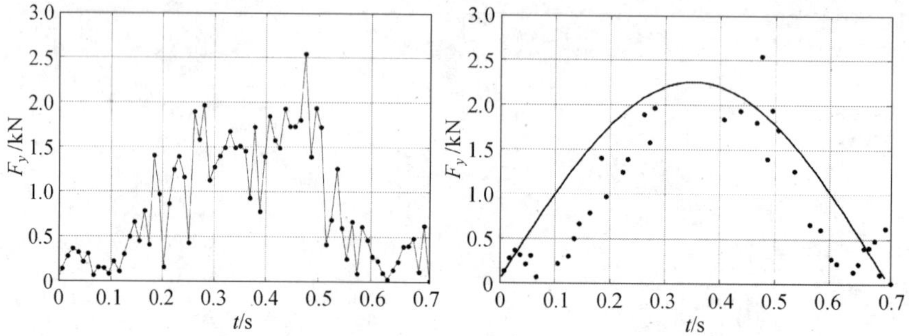

(b) β=35°

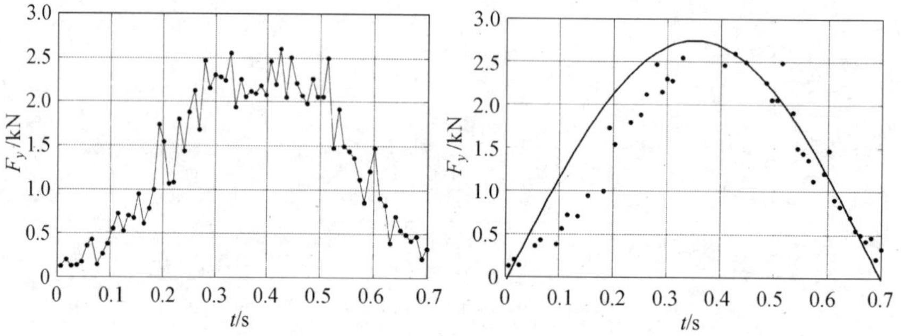

(c) β=40°

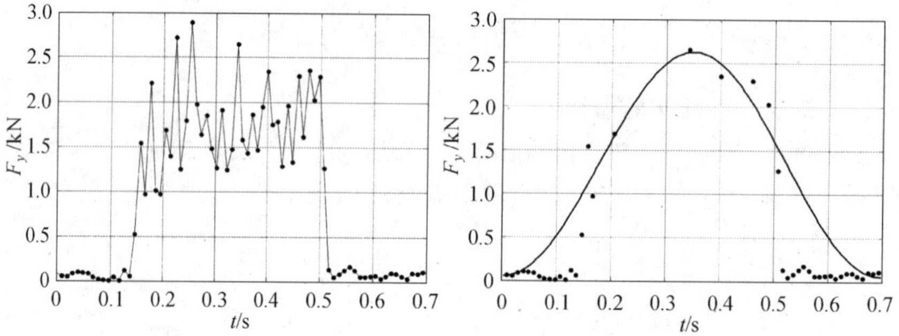

(d) β=45°

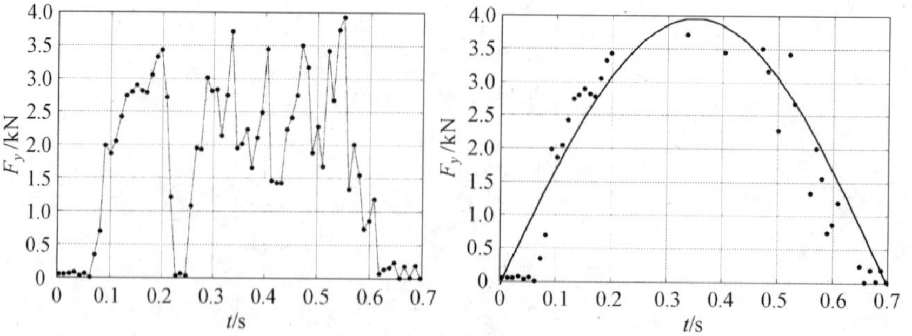

(e) β=50°

图 2.11(续)

2.2.2.3　侧向实验载荷

实验条件：煤壁截割阻抗为 180～200 kN/m，滚筒直径 D 为 1 460 mm，牵引速度 v_q 为 0.816 m/min，滚筒转速 n 为 40.8 r/min，截齿长为 155 mm，截齿锥角为 85°，截齿的切向安装角 β 为 45°，轴向倾斜角和二次旋转角为 0°。截取实验测试得到的截齿截割煤岩侧向载荷谱中的一个截割循环曲线，如图 2.12 所示。

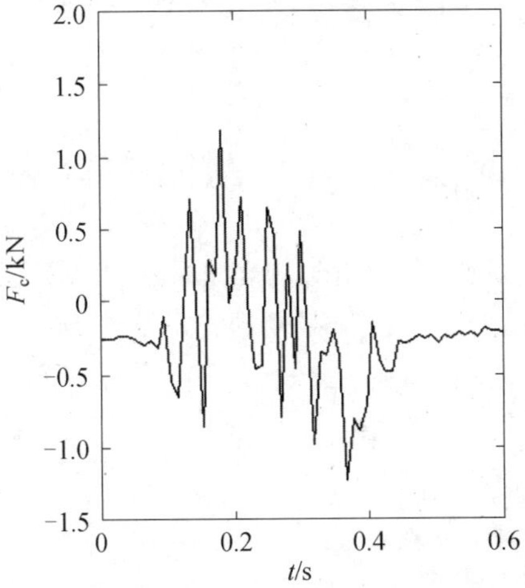

图 2.12　侧向载荷谱中的一个截割循环曲线

由图 2.12 可以看出，侧向载荷均沿 y 轴正、负半轴波动，且在零附近呈正负交替变化的趋势。这是由于截齿与煤岩接触时发生强烈挤压，两侧煤岩在不同时间崩落，使得截齿两侧受力不等，从而产生侧向力差值及方向交变现象，侧向载荷均值大小接近于零。

第3章 截割煤岩载荷谱的重构模型

3.1 镐型截齿截割阻力计算模型

镐型截齿非对称截割下截齿齿尖的理论计算公式，反映了截割力随崩落角变化的规律。由于目前对镐型截齿截割理论的研究与实验研究远不如刀型截齿成熟，因此，在对镐型截齿截割性能分析和计算时，采用的数据多为刀型截齿直接截割或等效截割的相关数据。

3.1.1 单齿截割等效阻力

设截齿锥角为 α，截齿楔入煤岩体角度为 β_0，建立镐型截齿破碎煤岩的几何模型。单齿在煤岩体表面进行平面截割，截割阻力为

$$Z = Ah(0.3 + 0.35 \times 10^3 b_p) \tag{3.1}$$

式中 h—— 截割高度。

截齿计算宽度 b_p 和截割阻抗 A 一般采用如下方法计算：

当截齿齿体为分段圆锥体时

$$b_p = 0.5d \tag{3.2}$$

式中 d—— 齿柄直径。

当截齿齿体为圆锥体时

$$b_p = \frac{2\Delta \cdot \sin \alpha}{\cos(\alpha + \beta)} \cdot \sqrt{\cos 2\alpha + \sin 2\alpha \cdot \cot(\beta - \alpha)} \tag{3.3}$$

式中 Δ—— 等效接触高度，$\Delta = 0.45\sqrt{10^{-3}h}$，m。

截割阻抗 A 一般在采掘工作面直接测定或通过实验室测得。若无法直接测得截割阻抗值，可以对煤岩试样的单轴抗压强度进行测定，再按表 3.1 中的参数关系，计算煤岩体的截割阻抗。

3.1.2　截齿截割力计算模型

作用在螺旋滚筒的单个截齿上的力包括截割阻力 Z_0、牵引阻力 Y_0 和侧向阻力 X_0。

3.1.2.1　截割阻力

以式(3.3)为基础,同时应考虑截齿的几何形状、矿山压力、煤的物理机械性质等影响因素,作用在截齿上的截割阻力 Z_0 按下式计算:

$$Z_0 = A \cdot h \cdot t \cdot \frac{0.3 + 0.35 \times 10^3 b_p}{(b_p + h \cdot \tan\varphi) \cdot K_\varphi} \cdot K_y \cdot K_m \cdot K_\alpha \cdot K_f \cdot K_p \cdot \frac{1}{\cos\beta_0} \tag{3.4}$$

其中,各参数长度度量单位为 mm,各参数含义及取值见表 3.1 ~ 3.3。

表 3.1　参数含义及取值

名称	物理量	数值
截齿截距	t	—
崩落角影响系数	K_φ	韧性煤取 0.85,脆性煤取 1.15,介于两者之间取 1.00
煤岩体压张系数	K_y	$K_y = K_{y0} + \frac{B - 0.1H}{B + H}$
滚筒截深	B	—
采高	H	—
煤壁表层压张系数	K_{y0}	$K_{y0} = 0.2 \sim 0.5$,韧性煤取大值,脆性煤取小值
煤体裸露系数	K_m	$H \leqslant 10$ 时,$K_m = 0.3 + 2/h$; $h > 10$ 时,$K_m = 0.25 + 0.66/(0.1h + 1.3)$
截齿前刃面形状系数	K_f	按表 3.2 选取
截齿尖角影响系数	K_α	按表 3.3 选取
截齿排列影响系数	K_p	顺序式排列取 1.00,棋盘式排列取 1.25

表 3.2　截齿前刃面形状系数

前刃面形状	平面	楔形面	圆弧面
K_f	1	0.85 ~ 0.90	0.90 ~ 0.95

表 3.3　截齿尖角影响系数(K_α)

α/(°)	40	50	60	70	80	90
韧性煤	0.98	1	0.90	0.93	1.08	1.24
脆性煤	0.97	1	0.91	1.00	1.17	1.29
特脆性煤	0.96	1	0.92	1.06	1.26	1.34

3.1.2.2　牵引阻力

作用在截齿上的牵引阻力为

$$Y_0 = K_q \cdot Z_0 \tag{3.5}$$

式中　K_q—— 作用在锋利截齿上的牵引阻力与截割阻力的比值，一般取 0.5 ～ 0.8。

3.1.2.3　侧向阻力

截齿侧向阻力与截割过程、截齿几何参数和切削方式有关，一般将其表示为截割阻力、切削厚度和切削宽度的函数，计算方式如下：

当截齿顺序排列时

$$X_0 = Z_0\left(\frac{1.4 \times 10^{-3}}{0.1h + 0.3 \times 10^{-3}} + 0.15\right)\frac{h}{t} \tag{3.6}$$

当截齿棋盘式排列时

$$X_0 = Z_0\left(\frac{1 \times 10^{-3}}{0.1h + 2.2 \times 10^{-3}} + 0.1\right)\frac{h}{t} \tag{3.7}$$

以上单个截齿受力计算公式来自于苏联 A. A 斯阔琴斯矿业研究所的研究成果。由于公式复杂，参数多且难以确定，需要大量的实验数据才能获得可靠的计算结果，所以截齿力的理论公式很难在实际中展开应用，一般仅用来对截齿进行定性分析。镐型截齿的截割阻力也可以采用所建立的力学模型为基础，进行理论推导。但该方法在实际计算时不够方便和实用。因此，目前实际使用中仍采用刀型截齿的简便计算公式。

3.2　采煤机滚筒受力分析

3.2.1　滚筒三向载荷计算模型

滚筒截齿包括叶片和端盘截齿，叶片上镐型截齿的布置角度通常是指截齿的切向安装角度和截齿的轴向倾斜角度。切向安装角度是指截齿齿尖轴线与滚筒中心的夹角；轴向倾斜角度是指镐型截齿沿滚筒轴向的倾斜角度。通常螺旋滚筒叶片上截齿的轴向倾斜角度为零(称为零度齿),而螺旋滚筒端盘上截齿的轴向倾斜角度大多不等于零(称为角度齿),计算滚筒载荷时需要综合考虑叶片截齿和端盘截齿的受力情况。当叶片截齿排列形式为顺序式,为了便于说明,用 w_{ij} 表示截齿标号,其中 i 代表叶片标号,j 代表截线编号。滚筒的受力分析图如图3.1 所示,滚筒上的载荷是各个截齿平均载荷在 3 个坐标轴方向上投影的代数和,F_{yx}、F_{yy}、F_{yz} 分别表示工作区域内同时参与截割的叶片截齿沿坐标轴 x、y、z 方向的分力之和,则有

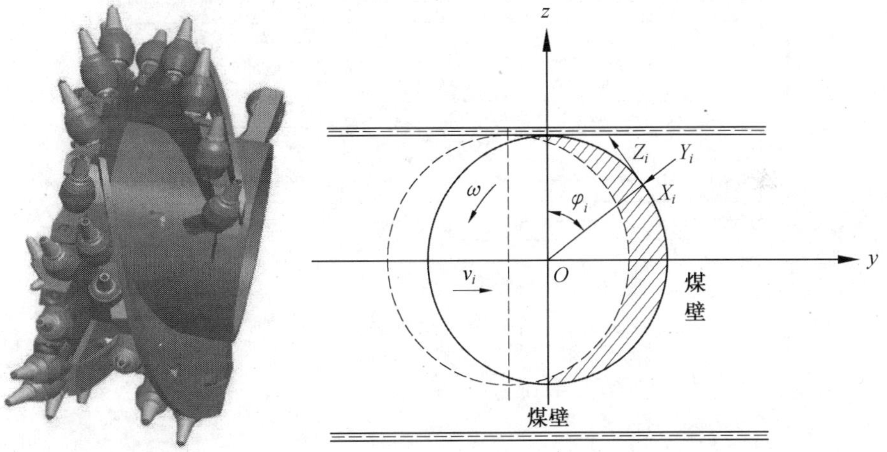

(a) 采煤机滚筒　　　　(b) 滚筒受力示意图

图 3.1　滚筒受力分析图

$$\begin{cases} F_{yx} = \sum_{i=1}^{N_i}\sum_{j=1}^{N_j}(X_{ij}) \\ F_{yy} = \sum_{i=1}^{N_i}\sum_{j=1}^{N_j}(-Y_{ij}\sin\varphi_{ij} - Z_{ij}\cos\varphi_{ij}) \\ F_{yz} = \sum_{i=1}^{N_i}\sum_{j=1}^{N_j}(Z_{ij}\sin\varphi_{ij} - Y_{ij}\cos\varphi_{ij}) \end{cases} \tag{3.8}$$

式中　φ_{ij}——w_{ij} 截齿的位置角;

N_i—— 每条截线的齿数;

N_j—— 截线数量。

对式(3.8) 进行整理可得

$$\begin{bmatrix} F_{yx} \\ F_{yy} \\ F_{yz} \end{bmatrix} = \sum_{i=1}^{N_i}\sum_{j=1}^{N_j}\begin{bmatrix} 1 & 0 & 0 \\ 0 & -\sin\varphi_{ij} & -\cos\varphi_{ij} \\ 0 & -\cos\varphi_{ij} & \sin\varphi_{ij} \end{bmatrix}\begin{bmatrix} X_{ij} \\ Y_{ij} \\ Z_{ij} \end{bmatrix} \tag{3.9}$$

某型号采煤机滚筒截齿排列如图 3.2 所示。

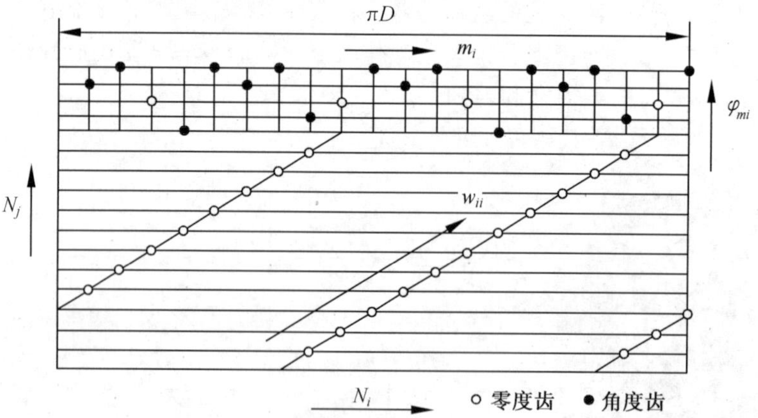

图 3.2　某型号采煤机滚筒截齿排列

端盘截齿受力的力学关系式为

$$\begin{cases} F_{dx} = \sum_{m=1}^{m_0}\sum_{i=1}^{N_i}(X_i) \\ F_{dy} = \sum_{m=1}^{m_0}\sum_{i=1}^{N_i}(-Y_i\sin\varphi_{mi} - Z_i\cos\varphi_{mi}) \\ F_{dz} = \sum_{m=1}^{m_0}\sum_{i=1}^{N_i}(Z_i\sin\varphi_{mi} - Y_i\cos\varphi_{mi}) \end{cases} \tag{3.10}$$

式中　F_{dx}、F_{dy}、F_{dz}——工作区域内同时参与截割的端盘截齿沿坐标轴 x、y、z 方向的分力之和；

m——端盘截齿轴向倾斜角的代码编号，$m=\{1,2,\cdots,m_0\}$ 对应着 $\varphi_{mi}=\{\varphi_1,\varphi_2,\cdots,\varphi_0\}$。

对式(3.10)进行整理可得

$$\begin{bmatrix} F_{dx} \\ F_{dy} \\ F_{dz} \end{bmatrix} = \sum_{m=1}^{m_0}\sum_{i=1}^{N_i}\begin{bmatrix} 1 & 0 & 0 \\ 0 & -\sin\varphi_{mi} & -\cos\varphi_{mi} \\ 0 & -\cos\varphi_{mi} & \sin\varphi_{mi} \end{bmatrix}\begin{bmatrix} X_i \\ Y_i \\ Z_i \end{bmatrix} \tag{3.11}$$

因此，滚筒载荷可表示为

$$\begin{cases}F_x = F_{yx} + F_{dx} \\ F_y = F_{yy} + F_{dy} \\ F_z = F_{yz} + F_{dz}\end{cases} \tag{3.12}$$

综合式(3.10) ～ (3.12)，整理得

$$\begin{bmatrix}F_x \\ F_y \\ F_z\end{bmatrix} = \sum_{i=1}^{N_i}\sum_{j=1}^{N_j}\begin{bmatrix}1 & 0 & 0 \\ 0 & -\sin\varphi_{ij} & -\cos\varphi_{ij} \\ 0 & -\cos\varphi_{ij} & \sin\varphi_{ij}\end{bmatrix}\begin{bmatrix}X_{ij} \\ Y_{ij} \\ Z_{ij}\end{bmatrix} + \sum_{m=1}^{m_0}\sum_{i=1}^{N_i}\begin{bmatrix}1 & 0 & 0 \\ 0 & -\sin\varphi_{mi} & -\cos\varphi_{mi} \\ 0 & -\cos\varphi_{mi} & \sin\varphi_{mi}\end{bmatrix}\begin{bmatrix}X_i \\ Y_i \\ Z_i\end{bmatrix} \tag{3.13}$$

通过上述分析可知，采煤机工作机构在实际工况下的截割煤岩过程中，由于截齿在滚筒上的分布是不均匀的，同时参与截割的截齿数量和位置角度是随时间变化的，采煤机滚筒所受三向载荷大小也随时间而变化，难以准确计算滚筒三向载荷，因此探寻一种快速获取采煤机螺旋滚筒载荷的方法显得尤为重要。

3.2.2　截齿三向载荷转换模型

国内外学者对滚筒载荷的获取方法进行了大量的研究。现以黑龙江科技大学刘春生团队为例，借鉴国内外研究成果之上，通过有限的实验，利用多截齿参数可调式旋转截割实验台，开展截割煤岩载荷测试研究。图 3.3(a) 所示为

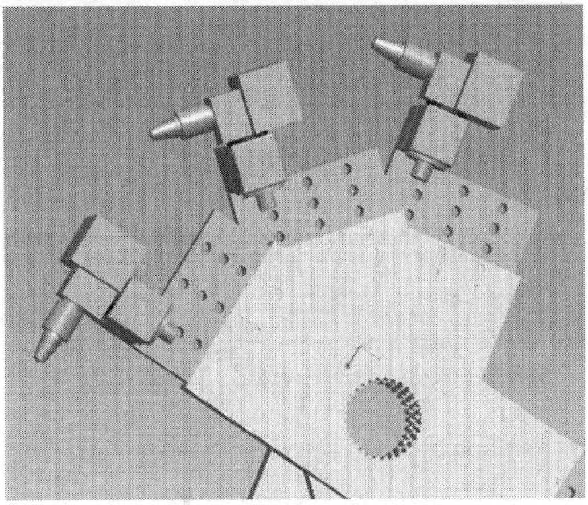

(a) 旋转截割机构

图 3.3　截齿三向载荷与滚筒三向载荷的关系

旋转截割机构，给出了传感器实测截齿坐标下的轴向载荷、径向载荷和侧向载荷，建立了实测截齿坐标下的轴向载荷、径向载荷和侧向载荷与截齿齿尖轴向载荷、径向载荷和侧向载荷的转化关系，相应的受力分析图如图 3.3(b) 所示。截齿坐标的截齿三向载荷与滚筒坐标的三向截齿在方向定义上和大小是不同的。

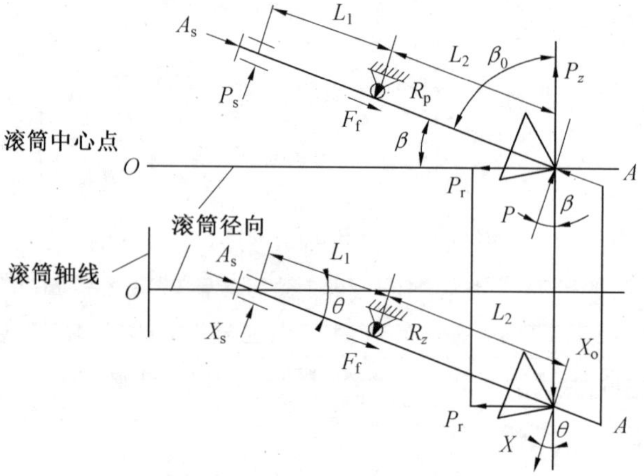

(b) 受力分析图

图 3.3(续)

其转化关系为

$$\begin{cases} A = A_s + F_f \\ P = b_1 P_s \\ X = b_1 X_s \end{cases} \tag{3.14}$$

式中　A、P、X—— 截齿坐标齿尖轴向载荷、径向载荷和侧向载荷，与式 (3.14) 中的 Z_i、Y_i 和 X_i 符号的含义相同；

b_1—— 杠杆比；

A_s、P_s、X_s—— 传感器实测截齿坐标轴向载荷、径向载荷和侧向载荷；

F_f—— 齿座和齿套之间的摩擦力。

考虑齿套与齿座间的支反力 R 产生的摩擦力 F_f，可得

$$\begin{cases} R = \sqrt{R_p^2 + R_x^2} \\ F_f = \mu \sqrt{R_p^2 + R_x^2} \\ R_p = P_s + P = P_s(1 + b_1) \\ R_x = X_s + X = X_s(1 + b_1) \end{cases} \tag{3.15}$$

式中　R_p、R_x—— 齿座和齿套之间的支反力；

μ—— 摩擦因子，一般 $\mu=0.1$。

根据图 3.2(b) 可得截齿坐标齿尖三向载荷与滚筒坐标三向载荷的关系为

$$\begin{cases} P_z = A\sin\beta\cos\theta + P\cos\beta\cos\theta - X\sin\beta\sin\theta \\ P_y = A\cos\beta\cos\theta - P\sin\beta\cos\theta + X\cos\beta\sin\theta \\ X_0 = -A\cos\beta\sin\theta - P\sin\beta\sin\theta + X\cos\beta\cos\theta \end{cases} \tag{3.16}$$

式中　β、θ—— 截齿的安装角和轴向倾斜角，(°)。

根据式(3.13)、式(3.14) 及式(3.15)，给出滚筒坐标三向载荷与截齿坐标三向载荷及其三向载荷测试值的关系矩阵：

$$\begin{bmatrix} A \\ P \\ X \end{bmatrix} = \begin{bmatrix} 1 & 0 & 0 \\ 0 & b_1 & 0 \\ 0 & 0 & b_1 \end{bmatrix} \begin{bmatrix} A_s + F_f \\ P_s \\ X_s \end{bmatrix} \tag{3.17}$$

式中　P_z、P_y、X_0—— 滚筒坐标下的截割阻力、推进阻力和侧向阻力，与式(3.13) 中的 F_z、F_y 和 F_x 代表的含义相同。

$$\begin{bmatrix} P_z \\ P_y \\ X_0 \end{bmatrix} = \begin{bmatrix} \sin\beta\cos\theta & \cos\beta\cos\theta & -\sin\beta\sin\theta \\ \cos\beta\cos\theta & -\sin\beta\cos\theta & +\cos\beta\sin\theta \\ -\cos\beta\sin\theta & -\sin\beta\sin\theta & \cos\beta\cos\theta \end{bmatrix} \begin{bmatrix} A \\ P \\ X \end{bmatrix} \tag{3.18}$$

$$\begin{aligned} \begin{bmatrix} P_z \\ P_y \\ X_0 \end{bmatrix} &= \begin{bmatrix} \sin\beta\cos\theta & \cos\beta\cos\theta & -\sin\beta\sin\theta \\ \cos\beta\cos\theta & -\sin\beta\cos\theta & +\cos\beta\sin\theta \\ -\cos\beta\sin\theta & -\sin\beta\sin\theta & \cos\beta\cos\theta \end{bmatrix} \begin{bmatrix} 1 & 0 & 0 \\ 0 & b_1 & 0 \\ 0 & 0 & b_1 \end{bmatrix} \begin{bmatrix} A_s + F_f \\ P_s \\ X_s \end{bmatrix} \\ &= \begin{bmatrix} \sin\beta\cos\theta & b_1\cos\beta\cos\theta & -b_1\sin\beta\sin\theta \\ \cos\beta\cos\theta & -b_1\sin\beta\cos\theta & b_1\cos\beta\sin\theta \\ -\cos\beta\sin\theta & -b_1\sin\beta\sin\theta & b_1\cos\beta\cos\theta \end{bmatrix} \begin{bmatrix} A_s + F_f \\ P_s \\ X_s \end{bmatrix} \end{aligned} \tag{3.19}$$

通过实验方法获取不同安装角和轴向倾斜角下的实测载荷，采用式(3.19)的关系模型，即可得到滚筒坐标下的三向载荷。式(3.19) 的关系模型不但与截齿安装角度有关，还与截齿的轴向倾斜角度密切相关，由于滚筒上布置的截齿安装角度和轴向倾斜角度各不相同，受实验条件的限制，难以通过实验的方法获取各种角度下截齿的实测三向载荷。因此，采用有限的实验数据和数学方法相结合的手段，通过有限不同安装角度下的载荷特征关系，建立截割煤岩载荷谱重构模型，给出不同结构参数下截齿截割载荷，避免大量的重复实验，提高载荷谱重构效率。

3.3　截割煤岩载荷谱重构模型的建立

采煤机在井下实际采煤过程中，因恶劣环境及技术条件的约束，实际截齿载荷往往很难直接测量，通过采煤机滚筒受力分析可知，同时参与截割的截齿数量和位置角度是随时间变化的，采煤机滚筒所受三向载荷大小也随时间变化，难以准确计算滚筒三向载荷。尽管建立截齿三向载荷与滚筒三向载荷的转化模型受实验条件的限制，难以通过实验的方法获取各种角度下截齿的实测三向载荷。利用实验测得的有限实验数据结合数学方法开展载荷谱重构研究，间接获取有利于采煤机结构设计的载荷。

3.3.1 载荷谱重构模型

采用工程数学中的核函数方法，在时域范围内定义截割煤岩载荷通过一系列核函数相叠加的方式进行描述，煤岩测量数据用输入载荷和核函数的卷积分形式表达，建立相应的载荷谱重构模型，即

$$\boldsymbol{h}(t-\tau)\otimes\boldsymbol{z}(\tau)=\boldsymbol{y}(t) \tag{3.20}$$

式中 $\boldsymbol{z}(\tau)$—— 重构载荷；

$\boldsymbol{y}(t)$—— 测量数据；

$\boldsymbol{h}(t-\tau)$—— 核函数。

式(3.20) 卷积分的形式为

$$\int_{a}^{b}\boldsymbol{h}(t-\tau)\boldsymbol{z}(\tau)\mathrm{d}\tau=\boldsymbol{y}(t) \tag{3.21}$$

以矩形公式为依据，针对式(3.21) 开展离散化研究处理，可得

$$\sum_{i=1}^{n}\boldsymbol{h}(t_k-\tau_i)\boldsymbol{z}(\tau_i)\Delta T=\boldsymbol{y}(t_k) \tag{3.22}$$

其中，具体参数表达式为

$$y_k=\boldsymbol{y}(t_k) \tag{3.23}$$

$$z_i=\boldsymbol{z}(\tau_i) \tag{3.24}$$

$$h_{k-i}=\boldsymbol{h}(t_k-\tau_i) \tag{3.25}$$

$$\boldsymbol{Z}=[z_1\quad z_2\quad \cdots\quad z_{n-1}\quad z_n]^{\mathrm{T}} \tag{3.26}$$

$$\boldsymbol{y}=[y_1\quad y_2\quad \cdots\quad y_{n-1}\quad y_n]^{\mathrm{T}} \tag{3.27}$$

$$\mathbf{A}=(a_{k-i})_{m\times n} \tag{3.28}$$

当 $k\neq i$ 时

$$a_{k-i}=h_{k-i}\Delta T=\frac{\sin[\xi(k-i)\Delta T]}{\pi(k-i)} \tag{3.29}$$

当 $k=i$ 时

$$a_{k-i}=h_{k-i}\Delta T=\frac{\xi\Delta T}{\pi} \tag{3.30}$$

式(3.30)中，ξ 被定义为核函数系数。该系数的变化也会导致载荷谱重构结果的变化，选择合适的核函数系数也是至关重要的环节。通常情况下，核函数系数取整数，$\xi \geqslant 1$。由于重构对象不同，核函数系数也不同，需要根据实际情况进行选择。

综合上述描述给出了任意安装角度下截割煤岩载荷谱重构的数学模型，结合式(3.23) ~ (3.28)，整理后，给出了载荷谱重构模型的简化公式为

$$\boldsymbol{AZ} = \boldsymbol{y} \tag{3.31}$$

式(3.31)右端在实际载荷谱重构过程中存在噪声的影响，令 $\boldsymbol{Y} = \boldsymbol{y}_{\text{real}} + \boldsymbol{y}_{\text{error}}$，可得

$$\boldsymbol{AZ} = \boldsymbol{Y} \tag{3.32}$$

从式(3.32)可知，该截割煤岩载荷谱重构模型与其测量响应数据和安装角度密切相关。截割煤岩载荷谱重构问题作为一类重要的反问题，通常情况下具有不适定性，获得精确解几乎很难做到，模型的核函数矩阵条件数有可能在不同重构对象下各不相同，有的非常小，有的甚至非常大。若条件数小，则直接采用最小二乘法有可能会得到需要的解。若条件数非常大，则直接采用最小二乘法是无法解决该类问题的。因此，首先探讨截割煤岩载荷谱重构模型的不适定性显得至关重要，然后寻求求解该类问题的有效反求方法，以下将会对此进行详细的阐述。

3.3.2　截割煤岩载荷谱重构不适定性分析

针对上述给出的截割煤岩载荷谱重构模型，如果直接对式(3.32)进行矩阵求逆处理，则忽略了载荷谱重构模型中核函数矩阵的病态性，也没有考虑测量响应数据含有的测量噪声，更没有考虑参数系数的影响。随着反问题学科的不断发展和进步，多学科交叉的相互交织，研究人员对载荷谱重构不适定问题进行了深入的分析与探讨。结果表明，当测量响应数据给定时，不一定会获取解或者唯一解，即响应数据中含有较低水平噪声通常也会对载荷谱重构产生巨大的影响，因此研究载荷谱重构不适定问题具有重要的价值和工程意义。为此，本节在前人分析的基础上，从反问不适定性理论和载荷谱重构满足充要条件两方面对煤岩载荷谱重构不适定问题进行分析和探讨。

3.3.2.1　不适定性分析

为进一步了解不适定性问题，设 $\boldsymbol{Z}$ 和 $\boldsymbol{Y}$ 是度量空间，$\boldsymbol{A}$ 为算子，若 $\boldsymbol{AZ} = \boldsymbol{Y}$ 是适定的，则需要全部满足 3 个条件：解的唯一性；解的存在性；解的稳定性。

只要上述条件之一不能被满足，则称问题是不适定的。不适定概念的引入

得益于法国著名的科学家 J. Hadamard，他是为了能够抽象出数学和物理反问题中与适定解相匹配而提出来的。J. Hadamard 指出在 3 个条件中，对于解的存在性和解的唯一性，主要由度量空间 $\boldsymbol{Z}$、度量空间 $\boldsymbol{Y}$ 和算子 $\boldsymbol{A}$ 的关系特性决定，也就是说，该关系是否满足一一映射。对于解的稳定性而言，主要由空间的拓扑结构来判定，即通常意义下的逆算子 $\boldsymbol{A}^{-1}$ 是否是有界连续的。

工程应用领域或者数学理论遇到的正问题是适定的，但无法给出其相应反问题也是适定的结论。针对式(3.32) 中的截割煤岩载荷谱重构模型，根据不适定性的定义及模型的解的 3 个条件，只要有一个条件不满足，即可判断载荷谱重构是不适定的。如果采用传统的处理方式，对式(3.32) 直接求逆，则忽略了含有噪声对载荷谱重构结果的影响。研究表明，式(3.32) 右端项微小的变化都会带来解的巨大偏差，求解的结果会严重偏离实际结果，这样的做法是失败的。对于本节研究的截割煤岩载荷谱重构反问题的不适定性，通常意义下是因解的不稳定性而产生的，原因在于截割煤岩载荷谱重构模型中核函数矩阵的病态性或者测量响应数据含有噪声。

分析截割煤岩载荷谱重构反问题的不适定性成因，特别是针对解的稳定性的处理，式(3.32) 中载荷谱重构模型的病态性主要由核函数矩阵的条件数过大引起的。基于上述分析，通过奇异值分解，深入地对式(3.32) 的不适定性展开分析。设 $\boldsymbol{Z}$ 和 $\boldsymbol{Y}$ 是 Hilbert 空间，$\boldsymbol{A}:\boldsymbol{Z}\rightarrow\boldsymbol{Y}$ 是线性紧算子，$\boldsymbol{A}^*:\boldsymbol{Z}\rightarrow\boldsymbol{Y}$ 为 $\boldsymbol{A}$ 的伴随算子，$\boldsymbol{\sigma}_i$ 为 $\boldsymbol{A}$ 的奇异值。对于奇异值需要满足以下条件：

$$\sigma_1 \geqslant \sigma_2 \geqslant \sigma_3 \geqslant \cdots \geqslant 0 \tag{3.33}$$

存在正交向量 $\{\boldsymbol{u}_i\}$ 和 $\{\boldsymbol{v}_i\}$，满足

$$\boldsymbol{A}\boldsymbol{v}_i = \boldsymbol{\sigma}_i\boldsymbol{u}_i, \quad \boldsymbol{A}^*\boldsymbol{u}_i = \boldsymbol{\sigma}_i\boldsymbol{v}_i \tag{3.34}$$

则系统 $\{\boldsymbol{\sigma}_i, \boldsymbol{u}_i, \boldsymbol{v}_i\}$ 称为 $\boldsymbol{A}$ 的奇异系统。

对于任意给定的 i，满足

$$\boldsymbol{A}\boldsymbol{z} = \sum_i^m \sigma_i \langle \boldsymbol{z}, \boldsymbol{v}_i \rangle \boldsymbol{u}_i, \boldsymbol{z} \in \boldsymbol{Z} \tag{3.35}$$

$$\boldsymbol{A}^*\boldsymbol{y} = \sum_i^m \sigma_i \langle \boldsymbol{y}, \boldsymbol{v}_i \rangle \boldsymbol{u}_i, \boldsymbol{y} \in \boldsymbol{Y} \tag{3.36}$$

称为线性紧算子 $\boldsymbol{A}$ 的奇异值分解，其中$\langle \boldsymbol{y}, \boldsymbol{v}_i \rangle$ 和$\langle \boldsymbol{z}, \boldsymbol{v}_i \rangle$ 表示内积的关系。

基于奇异值分解原理对系统核函数分解，可得，

$$\boldsymbol{A} = \boldsymbol{U}\mathrm{diag}(\boldsymbol{\sigma}_i)\boldsymbol{V}^{\mathrm{T}} \tag{3.37}$$

式中 $\boldsymbol{U} = [\boldsymbol{u}_1 \quad \boldsymbol{u}_2 \quad \cdots \quad \boldsymbol{u}_i]$，$i = 1, 2, \cdots, m$，其中 $\boldsymbol{u}_i$ 为 $\boldsymbol{A}$ 左奇异向量；

$\boldsymbol{V} = [\boldsymbol{v}_1 \quad \boldsymbol{v}_2 \quad \cdots \quad \boldsymbol{v}_i]$，其中 $\boldsymbol{v}_i$ 为 $\boldsymbol{A}$ 右奇异向量，满足以下条件：

$$\boldsymbol{u}_i^{\mathrm{T}}\boldsymbol{u}_j = \delta_{ij}, \quad \boldsymbol{v}_i^{\mathrm{T}}\boldsymbol{v}_j = \delta_{ij} \tag{3.38}$$

$$\boldsymbol{G}\boldsymbol{v}_i = \boldsymbol{\sigma}_i\boldsymbol{u}_i, \quad \boldsymbol{G}^{\mathrm{T}}\boldsymbol{u}_i = \boldsymbol{\sigma}_i\boldsymbol{v}_i \tag{3.39}$$

式中　δ_{ij}——Kronecker 函数，若 $i=j$，则 $\delta_{ij}=1$，否则，$\delta_{ij}=0$。

根据算子 $\boldsymbol{A}$ 的奇异值分解，式(3.32) 相应的直接最小二乘解为

$$\boldsymbol{Z}=\frac{1}{k_\beta}\boldsymbol{A}^{-1}\boldsymbol{Y}=\frac{1}{k_\beta}\sum_{i=1}^{m}\boldsymbol{\sigma}_i^{-1}(\boldsymbol{u}_i^{\mathrm{T}}\cdot\boldsymbol{y})\boldsymbol{v}_i \tag{3.40}$$

为保证截割煤岩载荷谱重构模型解具有较好的稳定性，需要考虑式(3.32) 右端的数据包含噪声大小对解的影响。将式(3.32) 右端项重新用如下表达式描述：

$$\boldsymbol{Y}=\boldsymbol{Y}_{\mathrm{true}}+\boldsymbol{Y}_{\mathrm{err}} \tag{3.41}$$

式中　$\boldsymbol{Y}_{\mathrm{err}}$—— 测量响应数据中的误差。

在系统核函数矩阵 $\boldsymbol{A}$ 的逆矩阵存在的前提下，式(3.41) 可表示为

$$\boldsymbol{Z}=\frac{1}{k_\beta}\boldsymbol{A}^{-1}\boldsymbol{Y}=\frac{1}{k_\beta}\boldsymbol{V}\,\mathrm{diag}(\boldsymbol{\sigma}_i^{-1})\boldsymbol{U}^{\mathrm{T}}\boldsymbol{Y}_\delta=\frac{1}{k_\beta}\boldsymbol{Z}_{\mathrm{true}}+\frac{1}{k_\beta}\sum_{i=1}^{m}\boldsymbol{\sigma}_i^{-1}(\boldsymbol{u}_i^{\mathrm{T}}\cdot\boldsymbol{Y}_{\mathrm{err}})\boldsymbol{v}_i \tag{3.42}$$

由式(3.42) 可以清楚地得到，重构的截割煤岩载荷和实际截割煤岩载荷之间的误差由以下两方面原因构成：第一，由式(3.42) 右端项的测量响应数据，其中含有噪声，任何微小的变化都会引起解的强烈变化，以至于反求解严重偏离真实解；第二，由于系统核函数矩阵 $\boldsymbol{A}$ 的奇异值分解中对应的小奇异值，尤其在系统特性处于严重不适定状态下，式(3.42) 右端项中的 $\boldsymbol{Y}_{\mathrm{err}}$ 就会被很小的 $\boldsymbol{\sigma}_i$ 无限地放大，截割煤岩载荷谱重构结果严重偏离实际结果，式(3.32) 的解不具有很好的稳定性，说明直接对式(3.32) 求逆是不可取的方法。因此，以下将深入地探讨截割煤岩载荷谱重构的充要条件，为后续研究奠定基础。

3.3.2.2　Picard 准则

通过上述分析可知，截割煤岩载荷谱重构反问题是不适定的。在本节研究中，Picard 准则被用来判定截割煤岩载荷谱重构适定性的必要条件，当式(3.32) 无法满足 Picard 准则时，式(3.32) 称为不适定问题，不能直接采用广义逆的求解方法来开展反求研究。因此，有必要给出截割煤岩载荷谱重构反问题的充要条件。

设 $\boldsymbol{Z}$ 和 $\boldsymbol{Y}$ 是 Hilbert 空间，$\boldsymbol{A}:\boldsymbol{Z}\to\boldsymbol{Y}$ 是线性紧算子，$\boldsymbol{A}$ 的奇异系统为 $\{\boldsymbol{\sigma}_i,\boldsymbol{u}_i,\boldsymbol{v}_i\}$，$\boldsymbol{AZ}=\boldsymbol{Y}$ 满足有解的充分必要条件是

$$\sum_{i}^{m}\frac{1}{\boldsymbol{\sigma}_i^2}\left|\langle\boldsymbol{u}_i,\boldsymbol{y}\rangle\right|^2<\infty \tag{3.43}$$

针对式(3.43) 成立的必要条件，以微积分中的级数理论为研究依据，当满足 Picard 准则时，式(3.43) 中正项级数是收敛的，正项级数的通项极限为零，因此 Picard 准则成立的必要条件满足

$$\frac{1}{\boldsymbol{\sigma}_i}|\langle \boldsymbol{u}_i, \boldsymbol{y}\rangle| \rightarrow \mathbf{0} \tag{3.44}$$

在算子方程可解时，其解的表达式为

$$\boldsymbol{z} = \sum_{i}^{m} \frac{1}{\boldsymbol{\sigma}_i}\langle \boldsymbol{y}, \boldsymbol{u}_i\rangle \boldsymbol{v}_i \tag{3.45}$$

则式(3.45)称为 Picard 准则，该准则可解释为$\langle \boldsymbol{y},\boldsymbol{u}_i\rangle$比$\boldsymbol{\sigma}_i$的下降速度要快才可满足该准则。

$\boldsymbol{AZ}=\boldsymbol{Y}$的病态程度分为以下几种：当给定一个正实数$c$时，满足$\boldsymbol{\sigma}_i = o(i^{-c})$，则称其为轻度不适定问题；当奇异值$\boldsymbol{\sigma}_i$衰减的速度按照指数形式达到零时，满足$\boldsymbol{\sigma}_i = o(\mathrm{e}^{-i})$，则称严重不适定；模型的病态和良态表征结构模型对于外界干扰的抗噪能力的区别，即代表模型解的稳定性。

若利用数学语言严密地解释式(3.45)，当i不断增加时，$|\langle \boldsymbol{u}_i, \boldsymbol{y}\rangle|$是比$\boldsymbol{\sigma}_i$更高阶的无穷小量，即$|\langle \boldsymbol{u}_i, \boldsymbol{y}\rangle|$必须比$\boldsymbol{\sigma}_i$下降的速度快。根据 Hansen 论述的基本方法，随着下标i的增加，以$|\langle \boldsymbol{u}_i, \boldsymbol{y}\rangle|$比$\boldsymbol{\sigma}_i$减小的速度更快作为前提，这是判断截割煤岩载荷谱重构问题采用直接最小二乘解稳定的充要条件。

由于算子$\boldsymbol{A}$的非零奇异值中最小奇异值几乎接近零，直接导致其不满足 Picard 准则，截割煤岩载荷谱重构问题的直接最小二乘解不满足适定性定义中的稳定性条件，式(3.32)中截割煤岩载荷谱重构问题是不适定的。直接利用广义逆求解式(3.32)得到直接最小二乘解，无法保证得到理想精度的载荷谱重构结果，所以需要寻求一种求解策略以得到满足工程要求的近似稳定解。

第 4 章　载荷谱重构的 Tikhonov 与小波正则化方法

截齿截割破碎煤岩是采煤机的主要工作过程，其截割过程产生的截割阻力是决定截割效率的重要参数。因此，探索截割煤岩的动态过程及截割特性，对提高截割质量及截割效益显得至关重要。由于镐型截齿具有自锐性好、强度高、拆装方便可靠等优点，目前大多被应用在强力滚筒上，其所消耗的功率大部分用于克服煤岩体破碎时产生的截割阻力。截齿在截割煤岩的过程中，由于煤岩体的性质不同，常常突遇夹石层及硬质包裹体，产生随机的动载荷，引起截齿较强的振动，使其极易出现破坏失效状况，导致截齿截割载荷谱不能客观真实地反映截齿截割的性能。为提高煤岩破碎效率，对其载荷谱特征进行表征和评估都是非常必要的。以往对截齿截割载荷谱的研究主要为建立截割载荷模型的正问题，然而反问题近年来越来越得到学者的广泛关注。由于截割载荷谱蕴含丰富的截割信息，目前有关截齿截割载荷定量反演的分析研究还不够具体和深入。因此，笔者根据有限的实验载荷谱及结构参数和运动参数，分别利用 Tikhonov 与小波正则化方法对其重构，进而表征和评估其特征，以此优化截齿结构设计，提高煤岩的破碎效率。

4.1　Tikhonov 正则化

4.1.1　载荷谱重构模型

截割实验载荷谱表现出无规则性、非周期性，难以单一地根据原始观察数据来解释和直接应用，因此需要对其重构，以提取截割载荷特征来表征煤岩破碎过程。

设 $z(t)$ 为重构截割载荷谱，$f(t)$ 为实验截割载荷谱，根据 Cadzow 提出的重构算法建立弗雷德霍姆(Fredholm) 方程为

$$\int_a^b h(t-\tau)z(\tau)\mathrm{d}\tau = f(t),\quad t\in(a,b) \tag{4.1}$$

式中　$h(t-\tau)$—— 核函数，$h(t-\tau)=\dfrac{\sin\sigma(t-\tau)}{\pi(t-\tau)}$。

因为测试得到的实验载荷谱 $f(t)$ 是含有一定噪声 $e(t)$ 的测量值，即 $f_\delta(t)=f(t)+e(t),t\in(a,b)$。其中，$f_\delta(t)\in L_2$，即 $f_\delta(t)$ 属于 Hilbert 空间。设误差函数 $e(t)$ 的能量有限，有

$$\| e(t)\|_{L_2}^2 = \| f_\delta(t)-f(t)\|_{L_2}^2 \leqslant \delta^2$$

因此，与式(4.1)等价的方程为

$$\int_a^b h(t-\tau)z(\tau)\mathrm{d}\tau = f_\delta(t) \tag{4.2}$$

由于式(4.2)属于第一类 Fredholm 方程，是典型的不适定性问题，即方程(4.2)的解 $z(\tau)$ 对于 $f_\delta(t)$ 的微弱变化十分敏感，如果此时采用 Cadzow 算法，将得不到稳定的解。为求解方程(4.2)的稳定数值解，则需要对其离散化。设采样间隔为 $\Delta T(\Delta T=(b-a)/n)$，$n$ 为采样点数目，$t_k=\tau_k=k\Delta T,k=1,2,\cdots,n$，对其离散近似时采用矩形公式，得

$$\sum_{i=1}^{n} h(t_k-\tau_i)z(\tau_i)\Delta T = f_\delta(t_k),\quad k=1,2,\cdots,n \tag{4.3}$$

令 $f_{\delta,k}=f_\delta(t_k)$，$z_i=z(\tau_i)$，$h_{k-i}=h(t_k-\tau_i)$，并且 $\boldsymbol{z}=(z_1\ \ z_2\ \ \cdots\ \ z_{n-1}\ \ z_n)^{\mathrm{T}}$，$\boldsymbol{F}_\delta=(f_{\delta,1}\ \ f_{\delta,2}\ \ \cdots\ \ f_{\delta,n-1}\ \ f_{\delta,n})^{\mathrm{T}}$，则 $\boldsymbol{A}=(a_{k-i})_{n\times n}$ 当 $k\neq i$ 时，$a_{k-i}=h_{k-i}\Delta T=\dfrac{\sin[\sigma(k-i)\Delta T]}{\pi(k-i)}$；当 $k=i$ 时，$a_{k-i}=h_{k-i}\Delta T=\dfrac{\sigma\Delta T}{\pi}$。

由式(4.3)可知，建立实验与重构的截割载荷谱之间的关联模型为

$$\boldsymbol{AZ}=\boldsymbol{F}_\delta \tag{4.4}$$

4.1.2 Tikhonov 正则化

由式(4.4)可知，当 ΔT 达到足够小的状态时，重构模型系数矩阵 $\boldsymbol{A}$ 趋于零，其解极不稳定，因此需要正则化处理。由于截齿破碎煤岩载荷谱重构具有反问题的求解特征，采用 Tikhonov 正则化方法可取得较好的重构效果。对式(4.4)采用 Tikhonov 正则化，将其解转化为求解下述问题的最小值：

$$\min f = \|\boldsymbol{AZ}-\boldsymbol{F}_\sigma\|^2 + \lambda^2\ \|\boldsymbol{Z}\|^2 \tag{4.5}$$

式中　λ—— 正则参数。

整理式(4.5)得

$$f = \|\boldsymbol{AZ} - \boldsymbol{F}_\sigma\|^2 + \lambda^2 \|\boldsymbol{Z}\|^2 = (\boldsymbol{AZ} - \boldsymbol{F}_\sigma)^{\mathrm{T}}(\boldsymbol{AZ} - \boldsymbol{F}_\sigma) + \lambda^2 \boldsymbol{Z}^{\mathrm{T}}\boldsymbol{Z} \tag{4.6}$$

对式(4.6)微分得

$$\frac{\partial f}{\partial \boldsymbol{Z}} = -2\boldsymbol{A}^{\mathrm{T}}\boldsymbol{F}_\sigma + 2\boldsymbol{A}^{\mathrm{T}}\boldsymbol{AZ} + 2\lambda^2\boldsymbol{Z} = 0 \tag{4.7}$$

整理式(4.7)得

$$(\boldsymbol{A}^{\mathrm{T}}\boldsymbol{A} + \lambda^2\boldsymbol{I})\boldsymbol{Z} = \boldsymbol{A}^{\mathrm{T}}\boldsymbol{F}_\sigma \tag{4.8}$$

对矩阵 $\boldsymbol{A}$ 进行奇异值分解(SVD),得

$$\boldsymbol{A} = \boldsymbol{U\Sigma V}^{\mathrm{T}} = \sum_{i=1}^{n} \boldsymbol{\sigma}_i \boldsymbol{u}_i \boldsymbol{v}_i^{\mathrm{T}} \tag{4.9}$$

式中　$\boldsymbol{A} \in \mathbf{R}^{m\times n}$;

$\boldsymbol{U}$—— 正交矩阵,$\boldsymbol{U} = [u_1 \quad u_2 \quad \cdots \quad u_m] \in \mathbf{R}^{m\times m}$;

$\boldsymbol{V}$—— 正交矩阵,$\boldsymbol{V} = [v_1 \quad v_2 \quad \cdots \quad v_m] \in \mathbf{R}^{n\times n}$;

$\boldsymbol{\Sigma}$——$m \times n$ 阶伪对角阵,$\boldsymbol{\Sigma} = \mathrm{diag}\{\sigma_1, \sigma_2, \cdots, \sigma_n\}$;

$\boldsymbol{\sigma}_i$—— 奇异值,满足 $\sigma_1 \geqslant \sigma_2 \geqslant \sigma_3 \geqslant \cdots \geqslant \sigma_n$;

$\boldsymbol{u}_i$、$\boldsymbol{v}_i$—— 左、右奇异向量。

根据式(4.9)及其转置得

$$\boldsymbol{A}^{\mathrm{T}}\boldsymbol{A} = \boldsymbol{V\Sigma}^{\mathrm{T}}\boldsymbol{U}^{\mathrm{T}}\boldsymbol{UV}^{\mathrm{T}} = \boldsymbol{V}\begin{bmatrix} \sigma_1^2 & & & \\ & \sigma_2^2 & & \\ & & \ddots & \\ & & & \sigma_k^2 \end{bmatrix}\boldsymbol{V}^{\mathrm{T}} \tag{4.10}$$

将式(4.9)、式(4.10)代入式(4.8),整理得

$$\boldsymbol{Z} = \sum_{i=1}^{n} \frac{\boldsymbol{\sigma}_i^2}{\boldsymbol{\sigma}_i^2 + \lambda^2} \frac{\boldsymbol{u}_i^{\mathrm{T}}\boldsymbol{F}_\sigma}{\boldsymbol{\sigma}_i}\boldsymbol{v}_i \tag{4.11}$$

由于 Picard 准则的成立是重构模型最佳近似解存在的充分必要条件,即重构模型的傅里叶系数趋于零的速度比矩阵 $\boldsymbol{A}$ 的奇异值趋于零的速度要快一些,若不满足该条件,则模型的解不存在。因此,基于该准则,给出奇异值 $\boldsymbol{\sigma}_i$ 和傅里叶系数 $|\boldsymbol{u}_i\boldsymbol{F}|$ 的关系,如图 4.1 所示。

由图 4.1 可以看出,当矩阵 $\boldsymbol{A}$ 的奇异值 $\boldsymbol{\sigma}_i$ 的序数 $i < 7$ 时,重构模型的傅里叶系数 $|\boldsymbol{u}_i\boldsymbol{F}|$ 下降的速度比奇异值 $\boldsymbol{\sigma}_i$ 下降的速度快;当 $i = 7 \sim 10$ 时,两者下降的速度几乎相同;当 $i > 10$ 时,奇异值迅速趋于零,而傅里叶系数在一定范围内上下波动,原因可能是该截割载荷谱重构模型中实验载荷谱在测量过程中混有一定的噪声。该情况下的重构模型在一定程度上属于部分满足 Picard 准则,故可以通过 Tikhonov 正则化方法求解重构模型的稳定数值解。

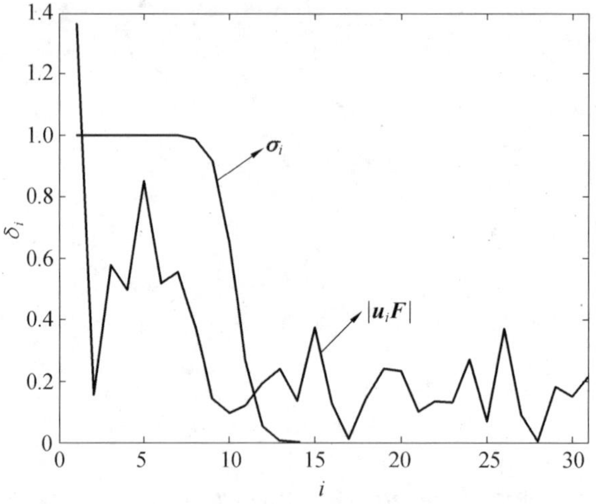

图 4.1 Picard 准则曲线

4.1.3 正则参数的选取策略

由式(4.11)可知,采用 Tikhonov 正则化算法,求得截割载荷谱重构模型的解与正则参数λ密切相关。正则参数λ的取值将决定正则解的逼近程度和稳定性。当λ取较大值时,得到的数值解的范数较小,数值稳定性较好,但控制残差的范数相对较大;当λ取较小值时,控制残差的范数较小,其逼近程度高,但不能使正则解的范数达到最小。因此,如何选取最优的正则参数,达到模型正则解既满足逼近条件又满足其稳定条件,成为求解问题的关键。据此,笔者给出了下面两种正则参数的选取策略,从中选取最优的正则参数。

4.1.3.1 L－曲线准则

拐点处的取值是L－曲线准则选取正则参数的关键。以 $\|\boldsymbol{AZ}-\boldsymbol{F}\|$ 为横坐标,以 $\|\boldsymbol{Z}\|$ 为纵坐标,获得($\|\boldsymbol{AZ}-\boldsymbol{F}\|$,$\|\boldsymbol{Z}\|$)一系列坐标点的数值,经过曲线拟合,得到一条近似趋于"L"形的曲线,则拐点处对应的点即为正则参数值。其中,$\|\boldsymbol{AZ}-\boldsymbol{F}\|$ 和 $\|\boldsymbol{Z}\|$ 都是正则参数λ的函数。根据实验载荷谱参数及L－曲线准则给出了相应的L－曲线图,如图4.2所示。曲线的拐点比较明显,且曲线形状类似"L"形,满足L－曲线准则,但曲线的收敛性不好,拐点处对应的正则参数$\lambda=0.1$。

4.1.3.2 广义交叉法(GCV)

广义交叉法由于在求解正则参数时具有计算简单、效率高的优点,因此近些年越来越受到关注。根据载荷谱重构模型,基于 Golub 提出的广义交叉法,

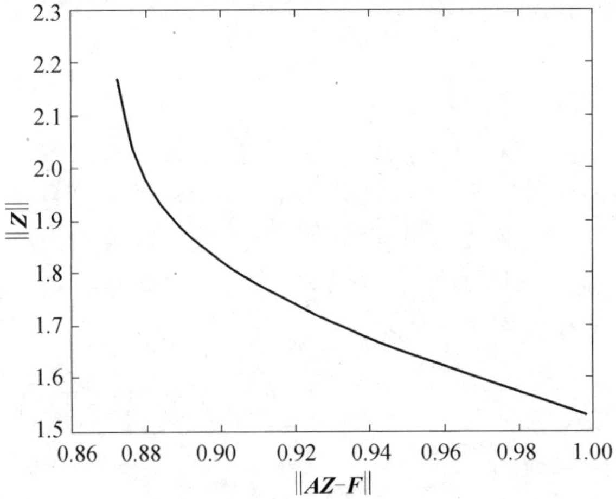

图 4.2　L－曲线图

给出该方法的应用公式，即正则参数 λ 应满足下列等式：

$$\min f(\lambda)=\frac{(\boldsymbol{AZ}-\boldsymbol{F}_{\sigma})^{\mathrm{T}}(\boldsymbol{AZ}-\boldsymbol{F}_{\sigma})}{\{\mathrm{tr}[\boldsymbol{I}-\boldsymbol{A}(\lambda)]\}^{2}} \tag{4.12}$$

式中　$\boldsymbol{A}(\lambda)=\boldsymbol{A}(\boldsymbol{A}^{\mathrm{T}}\boldsymbol{A}+\lambda^{2}\boldsymbol{I})^{-1}\boldsymbol{A}^{\mathrm{T}}$；

tr(•)—— 矩阵 $\boldsymbol{A}$ 的迹。

根据式(4.12) 及实验载荷谱参量给出了 GCV 曲线，如图 4.3 所示。

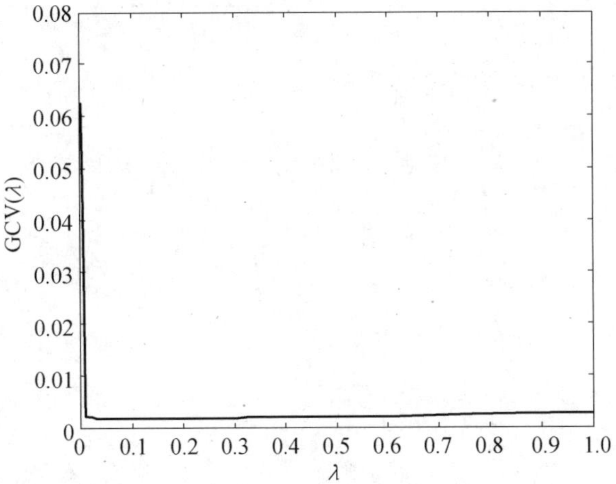

图 4.3　GCV 曲线

图 4.3 表明，当 $0\leqslant\lambda\leqslant0.09$ 时，GCV(λ) 的值急速下降；当 $\lambda=0.09$ 时，GCV(λ) 取得最小值；当 $0.09<\lambda\leqslant1$ 时，GCV(λ) 的值逐渐上升。所以，采用

广义交叉准则得到的正则参数 $\lambda=0.09$。

4.1.4 载荷谱重构及分析

利用实验测试的40°楔入角、截割阻抗为220 kN/m、切削厚度为0.03 m等参数,得到截割载荷谱曲线。根据两种正则参数选取策略,进行载荷谱重构。L－曲线准则对应的正则参数 $\lambda=0.1$,广义交叉准则(GCV)对应的正则参数 $\lambda=0.09$。重构效果如图 4.4 所示。

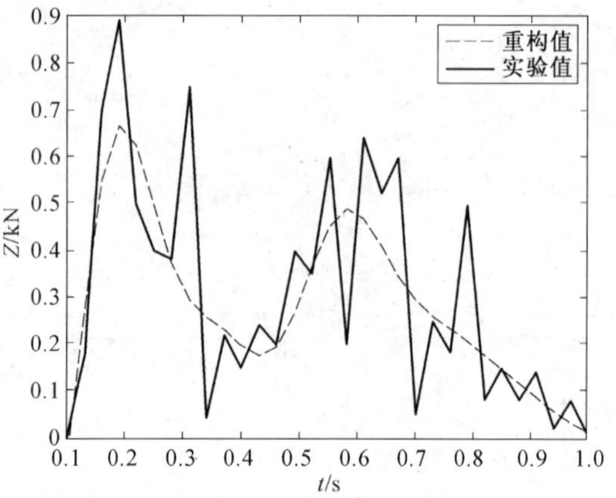

(a) $\lambda=0.09$

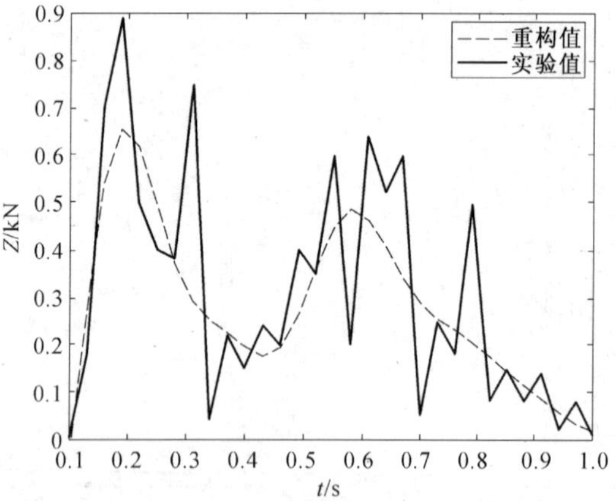

(b) $\lambda=0.10$

图 4.4 重构效果

由图 4.4 可以看出，重构载荷谱与实验载荷谱总体趋势相吻合，能够反映截齿破碎煤岩的总体过程，且应用 Tikhonov 方法能够滤去载荷谱的高频成分，有用的低频载荷谱特征易于辨识和提取。为深入探究利用 L－曲线准则和广义交叉准则(GCV) 选取的正则参数对重构载荷谱的影响程度，确定正则参数选取的优化策略，提取重构载荷谱的特征参量，表 4.1 给出两种策略下的重构载荷谱特征参量的关系。

表 4.1　重构载荷谱特征参量的关系

方法	$\beta = 40°$ 的载荷谱 /kN		
	最大值	最小值	均值
实验法	0.890 0	0.001 0	0.306 5
L－曲线准则	0.653 9	0.001 0	0.280 4
GCV 法	0.663 2	0.001 0	0.283 4

由表 4.1 可知，应用广义交叉准则(GCV) 和 L－曲线准则选取正则参数重构的载荷谱，其特征参量基本与实验参量值接近，揭示两种正则参数选取策略均能得到合理的正则参数。虽然与测试误差相比较小，但相对两者比较，广义交叉准则(GCV) 比 L－曲线准则重构的载荷谱更接近实验值。因此，在应用 Tikhonov 正则化重构截割载荷谱时，广义交叉准则(GCV) 优于 L－曲线准则。根据有限的截齿实验载荷谱及其结构和运动参数，确定载荷谱的重构算法和其波形特征，应用 Tikhonov 正则化方法，建立截割载荷谱重构模型，给出实验载荷谱与重构载荷谱的内在关联。重构载荷谱的趋势总体上与实验相符合。Tikhonov 方法能够滤去载荷谱的高频成分，有用的低频载荷谱特征易于辨识和提取，同时两种正则参数选取策略对载荷谱重构效果有一定的影响。通过提取重构载荷谱的特征参量，给出选取正则参数策略，可以看出广义交叉法(GCV) 优于 L－曲线准则，其重构载荷谱特征易于识别和提取，且能够反映煤岩实际破碎状态。该方法能够为镐型截齿破碎煤岩载荷谱特征的识别及提取提供有效的方法。

4.2　小波正则化方法

在多截齿参数可调式旋转截割实验台开展截齿破碎煤岩过程中，切削厚度是变化的，且该过程为连续进行的。因此，截齿破碎煤岩是一个非常复杂的动态过程，实验测试得到的截割载荷谱是一种非平稳和含有噪声的信号，严重影响了载荷谱的质量及其对真实载荷谱的认知程度。若从载荷谱的时域波形判断截齿截割状态往往会产生一定的误差，从混有噪声的截割载荷谱中识别及提取有用的信息，降低噪声对载荷谱的影响一直是研究的关键。近年来，降低噪声的方法主要有人工神经网络、裂谱（倒谱）分析法、解卷积法、自适应滤波方法等，但都局限在时域（频域）上分析问题。而小波正则化方法同时具有良好的时域和频域局部化特性，可作为分析非平稳信号的有效工具。据此，以小波正则化为研究方法，对截割实验载荷谱进行重构研究，分析其时频谱特性及能量特征的分布规律，确定截割载荷谱能量分布特征与截割过程的映射关系，从而实现截割载荷谱的定量重构。

4.2.1 小波变换

小波变换是时间及频率的局部变换，因而能从信号中有效地提取信息。对信号进行伸缩和平移等运算功能，从而进行多尺度的细化分析，其实质是将信号向一系列小波基上进行投影。因此，构造正交小波基是问题的关键所在。

设 $\psi(t) \in L^2(R)$，$L^2(R)$ 称为能量有限的信号空间（平方可积的实数空间），$\psi(\omega)$ 为其傅里叶变换形式。当 $\psi(\omega)$ 具有下列条件时

$$C_\omega = \int_R \frac{|\psi(\omega)|^2}{|\omega|} \mathrm{d}\omega < \infty \tag{4.13}$$

称 $\psi(\omega)$ 为一个母小波（基本小波），将 $\psi(\omega)$ 经平移或伸缩之后，便得一个小波序列，当其为连续状态时，小波序列表示为

$$\psi_{a,b}(t) = \frac{1}{\sqrt{|a|}} \psi\left(\frac{t-b}{a}\right) \tag{4.14}$$

式中　a—— 伸缩因子；

b—— 平移因子。

当其为离散状态，小波序列表示为

$$\psi_{j,k}(t) = 2^{-\frac{j}{2}} \psi(2^{-j}t - k) \tag{4.15}$$

对于任意函数 $f(t) \in L^2(R)$，其连续小波变换表示为

$$W_f(a,b) = \langle f, \psi_{a,b} \rangle = \frac{1}{\sqrt{|a|}} \int_R f(t) \psi\left(\frac{t-b}{a}\right) \mathrm{d}t \tag{4.16}$$

小波变换在时域（频域）取样步长对其不同频率成分具有调节作用，即当高频取样小步长时，其对应的 j 值小；当低频取样大步长时，其对应的 j 值大。CAS 小波定义在区间[0,1]上，表达式为

$$\psi_{n,m}(t) = 2^{\frac{k}{2}} \mathrm{CAS}_m(2^k t - n), \quad \frac{n}{2^k} \leqslant t < \frac{n+1}{2^k} \tag{4.17}$$

式中　$\mathrm{CAS}_m = \cos(2m\pi t) + \sin(2m\pi t)$。

由于 CAS 小波形成了实数空间 $L^2(R)$ 的一组标准正交基，其展开形式为

$$f(t)=\sum_{n=0}^{\infty}\sum_{m\in z}c_{n,m}\psi_{n,m}(t) \tag{4.18}$$

当式(4.18) 为截断，其表达式为

$$f(t)=\sum_{n=0}^{2^k-1}\sum_{m=-M}^{M}c_{n,m}\boldsymbol{\psi}_{n,m}(t)=\boldsymbol{C}^{\mathrm{T}}\psi(t) \tag{4.19}$$

式中　$\boldsymbol{C}$——$2^k(2m+1)\times 1$ 维的系数向量，$\boldsymbol{C}=[C_{0(-M)}\quad C_{0(-M+1)}\quad \cdots \quad C_{(2^k-1)M}]^{\mathrm{T}}$；

$\boldsymbol{\psi}(t)$——$2^k(2m+1)\times 1$ 维的基向量函数，$\boldsymbol{\psi}=[\psi_{0(-M)}\quad \psi_{0(-M+1)}\quad \cdots \quad \psi_{(2^k-1)M}]^{\mathrm{T}}$。

4.2.2　截齿破碎煤岩实验

4.2.2.1　截割实验

利用多截齿参数可调式旋转截割实验台进行截齿旋转破碎煤岩载荷谱测试实验研究。实验条件：六棱形截齿，其截齿长度为 160 mm，齿身长度为 90 mm，齿柄直径为 30 mm，齿尖合金头长度为 14 mm，滚筒转速为41 r/min，牵引速度为 0.612 m/min，截齿楔入角为35°，截割阻抗为180 ～ 200 kN/m，切削厚度为 15 mm，测试得到截齿沿轴向方向的截割破碎煤岩载荷谱，如图 4.5 所示。

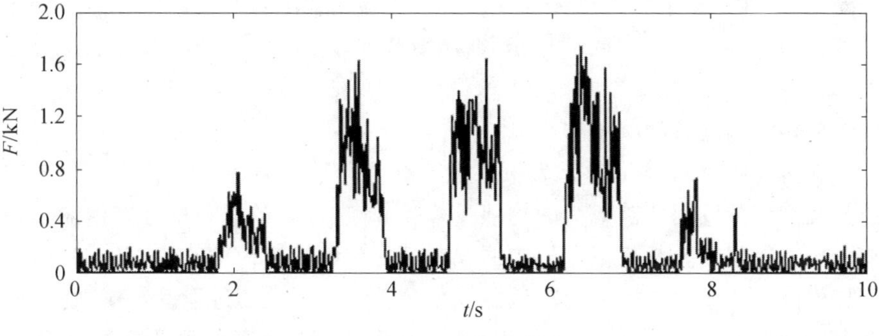

图 4.5　截齿截割破碎煤岩载荷谱

4.2.2.2　实验结果分析

由图 4.5 可知，截齿破碎煤岩载荷谱为一种非平稳信号，其载荷局部的增大或者减小交替进行，表现出不规则的变化规律，较难从实验载荷谱中判别截齿截割载荷的变化过程。据此，为了更加直观清晰地描述截齿截割破碎煤岩的宏观总体过程，给出了实验载荷谱的拟合宏观轮廓曲线及其峰值轮廓拟合曲

线，如图 4.6 所示。

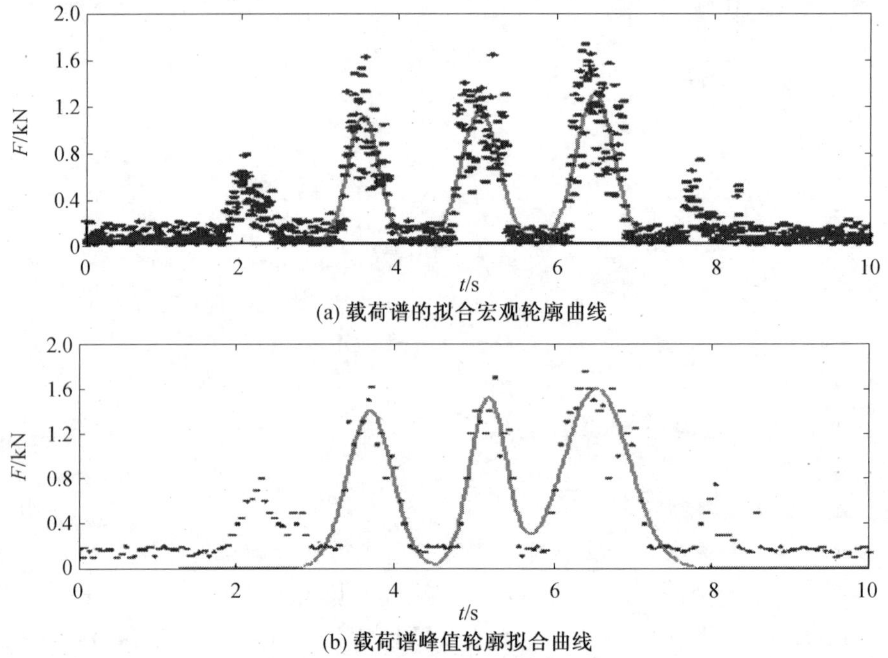

图 4.6　实验载荷谱的拟合宏观轮廓曲线及其峰值轮廓拟合曲线

由图 4.6 可知，实验载荷轮廓拟合及其峰值轮廓拟合可表征载荷谱的特征量变化，体现了截割状态总体变化趋势。其载荷谱的每个截割循环曲线轮廓拟合图均与煤壁截割面类似呈月牙形状，即截割载荷谱随着切削厚度的增大而增大，当达到最大切削厚度时，其截割载荷最大，然后又逐渐减小，与实际采煤机截齿旋转截割煤岩的状态吻合。

截齿破碎煤岩载荷谱分为稳态截割载荷分量和动态截割载荷分量。稳态截割载荷分量可用截割载荷的均值量描述，动态截割载荷分量可以用能量特征来表征。然而实验载荷拟合轮廓曲线表征的是载荷谱的均值量，目的是稳态的截割载荷分量。为了探讨动态截割载荷分量变化对截割过程的影响，在时域范围内，提取动态载荷谱的能量分布特征，给出其能量分布随截齿截割循环次数的变化规律，如图 4.7 所示。

由图 4.7 可知，截割载荷动态分量的能量百分比随截齿截割循环次数的增加呈先增大后减小变化，每个截割循环下其能量分布形状也与截割面类似呈月牙形状，其原因在于随着切削厚度的增大，截齿破碎煤岩所需能量逐渐增大，当达到最大切削厚度时，需要能量同时达到最大。当煤岩逐渐崩落时，能量逐渐释放，能量百分比逐渐减小。因此，载荷动态分量的能量百分比特征能够间接反映截齿截割煤岩的过

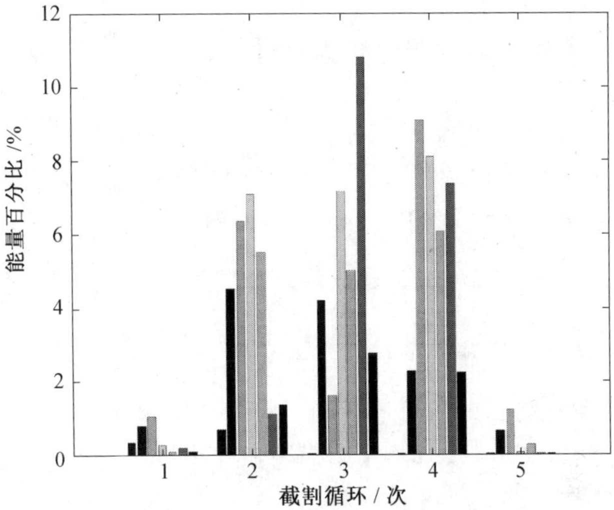

图 4.7　能量分布随截齿截割循环次数的变化规律

程，可作为判断截割煤岩过程与其能量分布关系的特征参数。为更加深入具体地探索实验截割载荷谱的特性，若仅从时域范围研究载荷谱特性还不够完善。据此，根据小波变换给出了截割载荷的三维时频谱图，如图 4.8 所示。

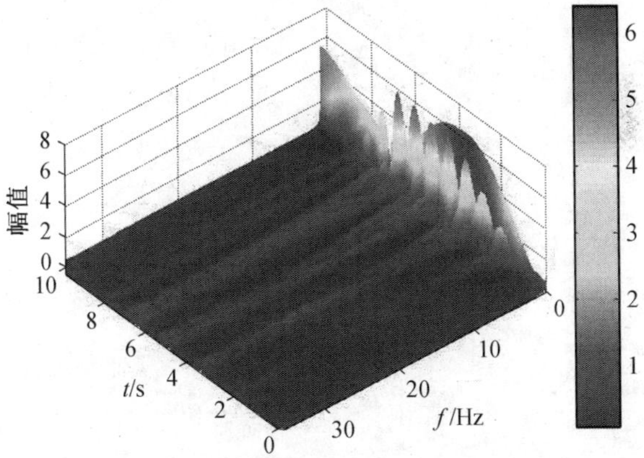

图 4.8　截割载荷的三维时频谱图

由图 4.8 可知，当频率在 1 ～ 5 Hz 范围内，截割载荷幅值逐渐减小。当频率大于 5 Hz 时，其幅值下降到一定程度，并在一定幅值范围内上下波动。载荷幅值随时间的增长呈先增大后减小变化。因此，该三维时频谱表明截割能量集中在低频区域，同时出现特征频率(幅值最大所对应的频率)，其可作为载荷谱频域特性的参考量。

4.2.3 重构截割载荷时频谱特性

4.2.3.1 小波－正则化

设 $z(\tau)$ 为重构的截割阻力载荷谱，$f(t)$ 为实验截割阻力载荷谱，根据 Cadzow 提出的重构算法建立 Fredholm 方程，即

$$\int_{a}^{b} h(t-\tau) z(\tau) \mathrm{d}\tau = f(t), \quad t \in (a,b) \tag{4.20}$$

式中 $h(t-\tau)$—— 核函数，$h(t-\tau)=\dfrac{\sin \sigma(t-\tau)}{\pi(t-\tau)}$。

由于实验测试得到的载荷谱 $f(t)$ 含有一定的噪声，即 $f_\delta(t)=f(t)+\delta e(t)$，$t \in (a,b)$，这里假设 $\delta=1$ 为高斯白噪声，$f_\delta(t)=f(t)+e(t)$，所以式(4.20) 等价于

$$\int_{a}^{b} h(t-\tau) z(\tau) \mathrm{d}\tau = f_\delta(t) \tag{4.21}$$

式中，$f_\delta(t) \in L_2$，即 $f_\delta(t)$ 属于 Hilbert 空间。

令 $z(t)=\sum_{j=1}^{d} c_j \psi_j(t)$，将其代入式(4.21) 得

$$\int_{a}^{b} h(t-\tau) \sum_{j=1}^{d} c_j \psi_j(t) \mathrm{d}t = f_\delta(t) \tag{4.22}$$

整理得

$$\sum_{j=1}^{d} c_j \int_{a}^{b} h(t-\tau) \psi_j(t) \mathrm{d}t = f_\delta(t) \tag{4.23}$$

化简式(4.23) 得

$$\boldsymbol{CA}=\boldsymbol{F} \tag{4.24}$$

式中

$$\boldsymbol{C}=[c_1 \quad c_2 \quad c_3 \quad \cdots \quad c_j]$$

$$\boldsymbol{A}=\int_{a}^{b} h(t-\tau) \psi_j(t) \mathrm{d}t$$

$$\boldsymbol{F}=[f_1 \quad f_2 \quad f_3 \quad \cdots \quad f_j]$$

令 $r(t)$ 为参差函数，$r(t)=\boldsymbol{CA}-\boldsymbol{F}$，设 $\langle r(t), \psi_i \rangle = 0$，则有下列等式成立：

$$\boldsymbol{C}\langle \boldsymbol{A}, \psi_i \rangle = \langle \boldsymbol{F}, \psi_i \rangle \tag{4.25}$$

与式(4.24) 等价的方程为

$$\boldsymbol{BC}=\boldsymbol{D} \tag{4.26}$$

式中

$$\boldsymbol{B}=\int_{a}^{b}\int_{a}^{b} h(t-\tau) \psi_j \psi_i \mathrm{d}t \mathrm{d}x$$

$$\boldsymbol{C}=(c_1 \quad c_2 \quad c_3 \quad \cdots \quad c_j);$$

$$\boldsymbol{D}=\int_{a}^{b} f_{\delta}(t)\psi_i \mathrm{d}t$$

由于上述方程具有不适定性，因此需要进行正则化处理，根据其基本思想得

$$(\boldsymbol{B}^{\mathrm{T}}\boldsymbol{B}+\lambda\boldsymbol{I})\boldsymbol{C}=\boldsymbol{B}^{\mathrm{T}}\boldsymbol{D} \tag{4.27}$$

只要求得方程(4.27) 中的系数 $\boldsymbol{C}$，则

$$z(t)=\sum_{j=1}^{d} c_j\psi_j(t) \tag{4.28}$$

就是唯一确定的，由于正则参数未知，因此正则参数的选取至关重要。

4.2.3.2　正则参数的选取

广义交叉法(GCV) 由于在求解正则参数时具有计算简单、效率高的特点，因此，根据载荷谱重构模型，基于 Golub 提出的基本思想，给出其应用公式，最小值处取值即为正则参数，正则参数 α 应满足下列等式：

$$\min \mathrm{GCV}(\lambda)=\frac{(\boldsymbol{AZ}-\boldsymbol{F}_{\sigma})^{\mathrm{T}}(\boldsymbol{AZ}-\boldsymbol{F}_{\sigma})}{\mathrm{tr}\left[\boldsymbol{I}-\boldsymbol{A}(\lambda)\right]^{2}} \tag{4.29}$$

式中　$\boldsymbol{A}(\alpha)=\boldsymbol{A}(\boldsymbol{A}^{\mathrm{T}}\boldsymbol{A}+\alpha^{2}\boldsymbol{I})^{-1}\boldsymbol{A}^{\mathrm{T}}$；

tr(•)—— 矩阵 $\boldsymbol{A}$ 的迹。

根据式(4.29) 及实验载荷谱运动参数和结构参数给出了 GCV 曲线，如图 4.9 所示。

由图 4.9 可知，当正则参数 $0\leqslant\lambda\leqslant0.01$ 时，GCV(λ) 的数值急速下降；当正则参数 $0.01<\lambda\leqslant0.10$ 时，GCV(λ) 的值逐渐上升，即当正则参数 $\lambda=0.01$ 时，GCV(λ) 取得最小值。因此，采用广义交叉法得到的正则参数 $\lambda=0.01$。

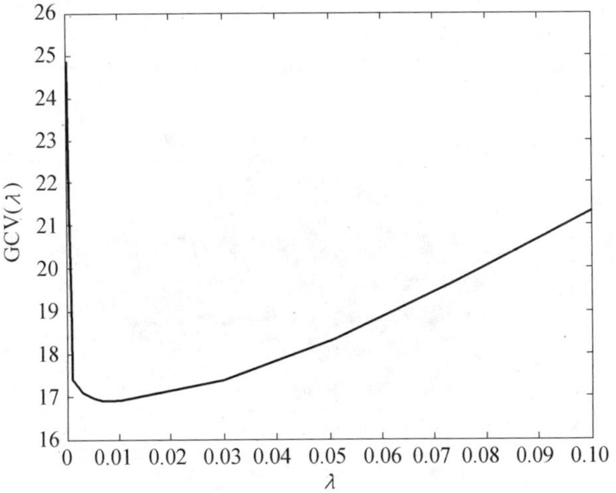

图 4.9　GCV 曲线

4.2.3.3 重构结果与分析

以截取实验载荷谱曲线峰值最大段的前 0.3 s 曲线为研究对象，$\Delta T = 0.01$，$N = 31$，$\lambda = 0.01$，根据上述小波正则化算法，给出其重构载荷谱的效果，如图 4.10 所示。

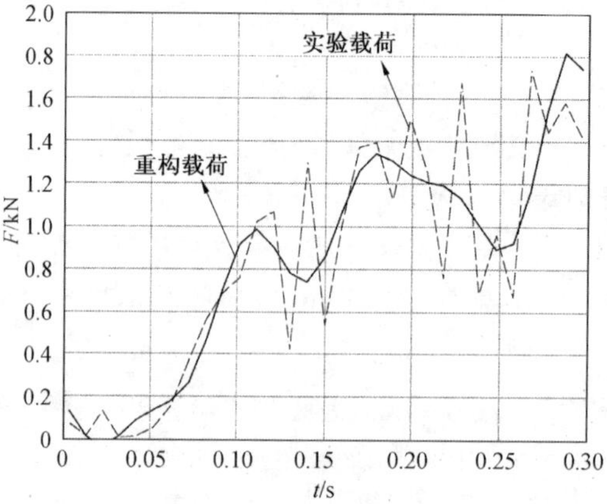

图 4.10　重构效果

图 4.10 表明，截割载荷谱重构效果比较理想，其波形较光滑平稳，总体趋势与实验法有较好的吻合度。为研究重构载荷谱频谱特性的变化，根据小波变换给出了实验与重构载荷谱的三维时频图，如图 4.11 所示。

由图 4.11 可知，重构截割载荷幅值在高频区域比较光滑平稳，信号极其稳定，表明重构后的载荷谱高频成分被滤掉，能够清晰表征截割载荷在去噪后的真实截割状态。为了更加方便清楚地得到时间与频率、频率与幅值的关系，给

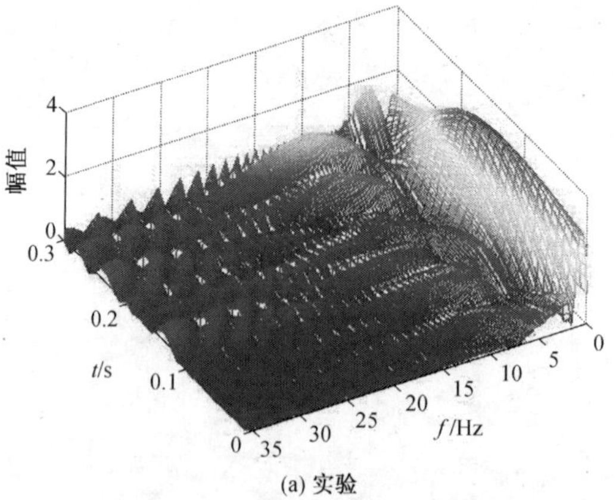

(a) 实验

图 4.11　载荷谱的三维时频图

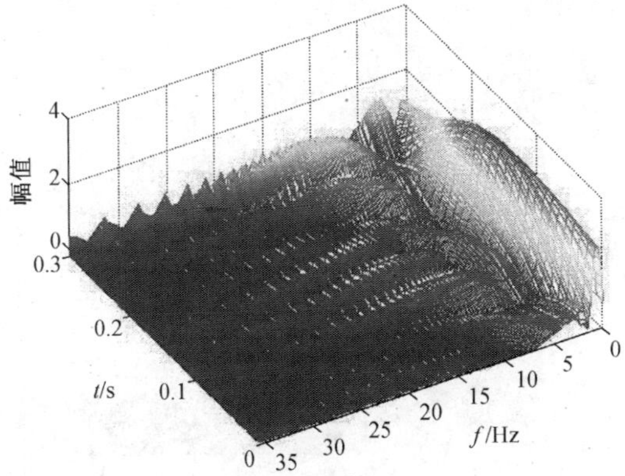

(b) 重构

图 4.11(续)

出了载荷谱的二维时频图，如图 4.12 所示。从图 4.12 可以清晰地看到，随着时间的增长，重构载荷频率与实验载荷频率主要集中连续分布的同一个区域内，特征区别不够明显。随着频率的增加，实验载荷幅值主要集中在低频段，高频区域载荷幅值减小，且不够稳定，重构载荷幅值也集中在低频段，但高频段幅值较小，趋于平稳，表明重构后的载荷噪声较小，其特征便于应用和提取。

为了进一步探索重构后的截割载荷能量分布规律，通过统计分析，给出了截齿截割载荷谱能量百分比在不同频率段的载荷能量分布图，如图 4.13 所示。

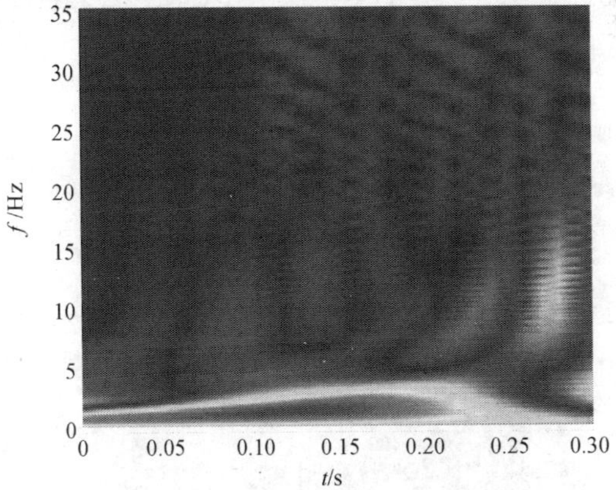

图 4.12　载荷谱的二维时频图

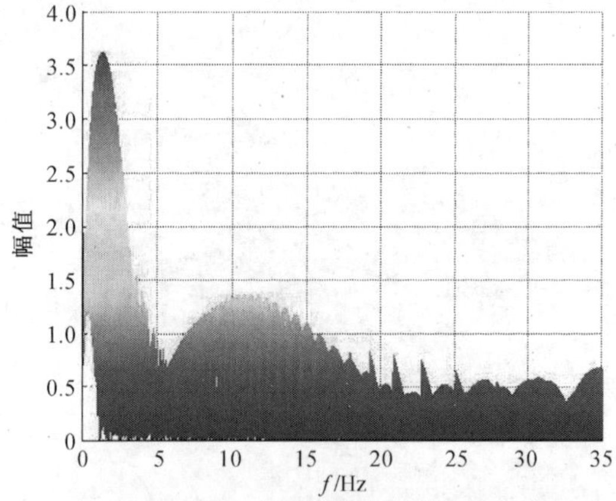

(a) 实验

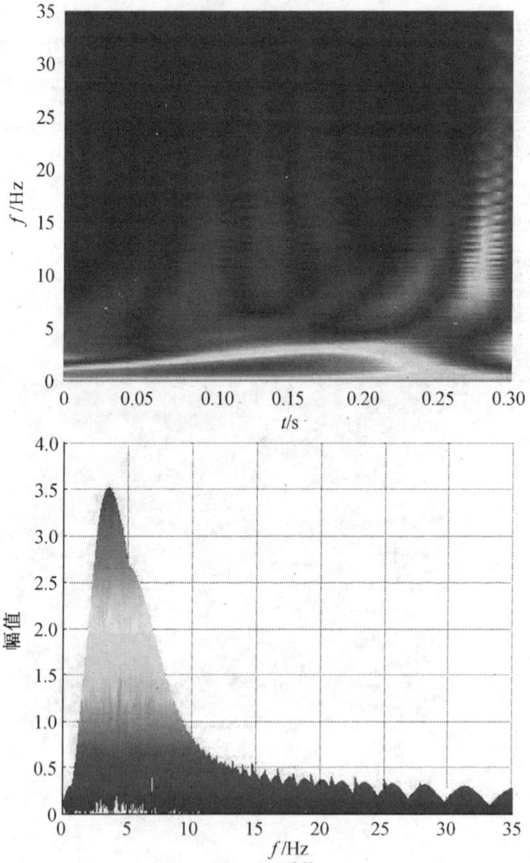

(b) 重构

图 4.12(续)

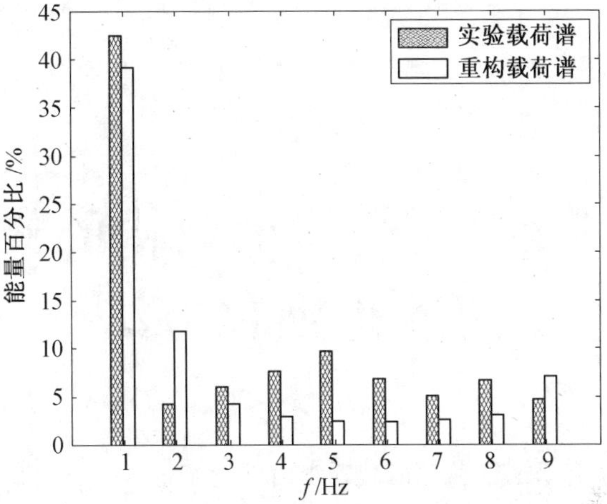

图 4.13　不同频率段的载荷能量分布图

由图 4.13 可以看出，实验与重构的截割载荷谱能量百分比分布的变化趋势相类似，其最大能量百分比主要处在低频段，集中在 1 ~ 3 Hz，随着频率的增大，其能量百分比特征逐渐较小，但重构载荷能量百分比特征在高频段内变化不大，而实验载荷能量百分比特征在高频段呈交替增大减小变化，且两者能量差值变化率在 15% 以内。

利用多截齿参数可调式旋转截割实验台，给出截齿旋转破煤实验载荷谱，分析其时频谱特征，实验载荷谱能量随截割循环次数的增加呈先增大后减小变化，其能量特征可表征截割过程。以实验载荷谱为基础，利用小波正则化方法建立载荷谱重构模型，实现其载荷谱的定量重构，给出不同频段区域载荷的能量分布特征，重构载荷谱能量主要分布在低频段区域，在高频段其能量幅值较小，重构与实验能量差值变化率在 15% 以内。因此，载荷谱的能量分布特征能够表征煤岩破碎状态及过程，为实现高效破碎煤岩判定提供参考。

第5章　载荷谱重构的修正离散正则化方法

截齿截割载荷谱记录着截齿破碎煤岩的动态过程，其蕴含信息直接影响截齿的截割性能和煤岩破碎效率。近年来，国内外学者从理论、仿真和实验的角度对截割载荷谱进行了诸多研究。通过运用刀具切削原理、最大拉应力破坏、库仑－莫尔准则、断裂力学等方法，建立截齿截割煤岩的力学模型，给出截齿结构参数和运动参数对截割载荷的影响变化规律。根据相似理论，利用有限元仿真软件建立相似本构实体模型，仿真研究截齿破碎煤岩过程。基于综合实验截割系统，给定截齿几何参数、运动参数等，实验研究截齿截割载荷谱。上述研究主要是建立截割载荷正问题，据此，笔者从反问题角度考虑，根据有限的实验载荷谱，探究截齿截割载荷的定量反演及求解方法。

5.1　离散正则化方法

5.1.1　截割实验载荷谱

实验设备：具有自主知识产权的多截齿参数可调试旋转截割实验台。

实验系统：主要由截割电机、减速器、联轴器、截割轴、转速转矩传感器、滑环、截割机构、测力装置、模拟煤、截割台架、液压泵站、电控箱及液压缸等组成。

实验条件：截齿楔入角分别为40°和45°，截割阻抗为220～240 kN/m，切削厚度为0.030 m、0.015 m，测试得到的截割阻力曲线如图5.1所示，其中$F=Z/Z_{max}$。

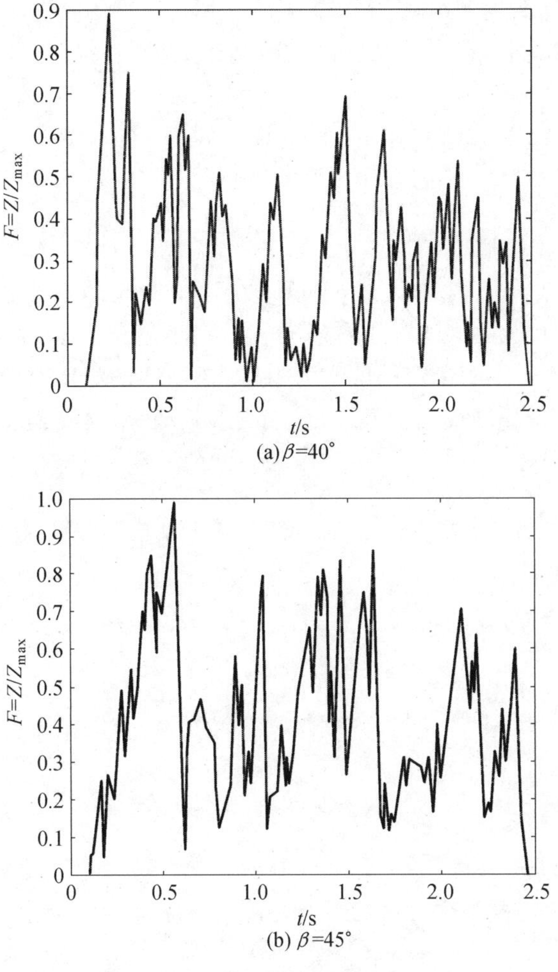

图 5.1　单齿实验的载割阻力曲线

5.1.2　载荷谱的重构模型

设 $z(\tau)$ 为重构截割载荷谱，$f(t)$ 为实验截割载荷谱，根据 Cadzow 提出的重构算法建立 Fredholm 方程为

$$\int_a^b h(t-\tau)z(\tau)\mathrm{d}\tau = f(t), \quad t \in (a,b) \tag{5.1}$$

式中　$h(t-\tau)$—— 核函数，$h(t-\tau)=\dfrac{\sin\sigma(t-\tau)}{\pi(t-\tau)}$。

因为实验得到的载荷谱 $f(t)$ 是含有噪声 $e(t)$ 的测量值，即 $f_\delta(t)=f(t)+e(t)$，$t\in(a,b)$ 其中，$f_\delta(t)\in L_2$ 即 $f_\delta(t)$ 属于 Hilbert空间，且设误差函数 $e(t)$ 的能量有限，即

$$\| e(t) \|_{L_2}^2 = \| f_\delta(t) - f(t) \|_{L_2}^2 \leqslant \delta^2$$

因此与式(5.1) 等价的方程为

$$\int_a^b h(t-\tau)z(\tau)\mathrm{d}\tau = f_\delta(t),\quad t\in(a,b) \tag{5.2}$$

由于式(5.2) 属于第一类 Fredholm 方程，是典型的不适定性问题，具有病态性，即式(5.2) 的解 $z(t)$ 对于右端项 $f_\delta(t)$ 的微小变化较敏感，若此时采用 Cadzow 算法，将得不到稳定的解。为求解式(5.2) 的稳定数值解，则需要对其进行离散化，设采样间隔为 $\Delta T(\Delta T=(b-a)/n)$，$n$ 为采样点数目，$t_k=\tau_k=k\Delta T$，$k=1,2,\cdots,n$，采用矩形公式对其离散近似，得

$$\sum_{i=1}^{n} h(t_k-\tau_i)z(\tau_i)\Delta T = f_\delta(t_k),\quad k=1,2,\cdots,n \tag{5.3}$$

令

$$f_{\delta,k}=f_\delta(t_k),\quad z_i=z(\tau_i),\quad h_{k-i}=h(t_k-\tau_i)$$

$$\boldsymbol{Z}=[z_1\quad z_2\quad \cdots\quad z_{n-1}\quad z_n]^{\mathrm{T}}$$

$$\boldsymbol{F}_\delta=[f_{\delta,1}\quad f_{\delta,2}\quad \cdots\quad f_{\delta,n-1}\quad f_{\delta,n}]^{\mathrm{T}}$$

$$\boldsymbol{A}=(a_{k-i})_{n\times n}$$

当 $k\neq i$ 时，$a_{k-i}=h_{k-i}\Delta T=\dfrac{\sin[\sigma(k-i)\Delta T]}{\pi(k-i)}$；当 $k=i$ 时，$a_{k-i}=h_{k-i}\Delta T=(\sigma\Delta T)/\pi$。

实验与重构的截割载荷谱之间的关联模型为

$$\boldsymbol{Az}=\boldsymbol{F}_\delta \tag{5.4}$$

5.1.3 解算方法

由式(5.4) 可知，当 ΔT 达到足够小的状态时，重构模型系数矩阵 $\boldsymbol{A}$ 趋于零，其解极不稳定，因此需要对其进行正则化处理。

令

$$U^h=\{\boldsymbol{z}:\boldsymbol{z}=[z_1\quad z_2\quad \cdots\quad z_n]^{\mathrm{T}}\},\quad L^h=\{\boldsymbol{F}_\delta:\boldsymbol{F}_\delta=[f_{\delta,1}\quad f_{\delta,2}\quad \cdots\quad f_{\delta,n}]^{\mathrm{T}}\}$$

则 $\boldsymbol{A}$ 为 $U^h\to L^h$ 的一个有界 Fredholm 算子，根据正则化的基本思想，建立稳定平稳泛函方程为

$$M^\alpha[\boldsymbol{z},\boldsymbol{F}_\delta]=\rho^2(\boldsymbol{Az},\boldsymbol{F}_\delta)+\alpha\Omega[\boldsymbol{z}] \tag{5.5}$$

式中　α—— 正则参数，$\alpha>0$。

为进一步求解式(5.5)的重构载荷谱 $z(\tau)$，则需求解式(5.5)的最小值，即 $z(t)$ 的极小解为

$$M^{\alpha}[\boldsymbol{z}_{\mathrm{a}},\boldsymbol{F}_{\delta}]=\inf M^{\alpha}[\boldsymbol{z},\boldsymbol{F}_{\delta}] \tag{5.6}$$

整理式(5.6)得

$$M^{\alpha}[\boldsymbol{z}_{\mathrm{a}},\boldsymbol{F}_{\delta}]=\min(\|\boldsymbol{A}\boldsymbol{z}_{\mathrm{a}}-\boldsymbol{F}_{\delta}\|_{L_2}^2+\alpha\|\boldsymbol{z}_{\mathrm{a}}\|_{L_2}^2) \tag{5.7}$$

设 $\boldsymbol{F}\in R(A)$ 且 $\|\boldsymbol{F}_{\delta}-\boldsymbol{F}\|\leqslant\delta$，则当 $\|\boldsymbol{F}_{\delta}\|^2/\delta^2>1$，即信噪比大于1时，存在唯一的 $\alpha\in(0,\infty)$，使得正则参数 α 满足 Morozov 偏差方程，即

$$\varphi(\alpha)=\rho^2(\boldsymbol{A}\boldsymbol{z}_{\mathrm{a}},\boldsymbol{F}_{\delta})-\delta^2=0 \tag{5.8}$$

式中　δ—— 误差水平参数。

为得到式(5.8)的解，采用 Morozov 偏差原则与牛顿迭代相结合的方法求解，对式(5.8)求导得

$$\begin{aligned}\varphi'(\alpha)&=2(\boldsymbol{A}^{\mathrm{T}}\boldsymbol{A}\boldsymbol{z}_{\mathrm{a}}-\boldsymbol{A}^{\mathrm{T}}\boldsymbol{F}_{\delta})^{\mathrm{T}}\frac{\mathrm{d}\boldsymbol{z}_{\mathrm{a}}}{\mathrm{d}\alpha}\\&=2(\boldsymbol{A}^{\mathrm{T}}\boldsymbol{A}\boldsymbol{z}_{\mathrm{a}}+\alpha\boldsymbol{z}_{\mathrm{a}}-\alpha\boldsymbol{z}_{\mathrm{a}}-\boldsymbol{A}^{\mathrm{T}}\boldsymbol{F}_{\delta})^{\mathrm{T}}\frac{\mathrm{d}\boldsymbol{z}_{\mathrm{a}}}{\mathrm{d}\alpha}\\&=2[(\boldsymbol{A}^{\mathrm{T}}\boldsymbol{A}+\alpha)\boldsymbol{z}_{\mathrm{a}}-\alpha\boldsymbol{z}_{\mathrm{a}}-\boldsymbol{A}^{\mathrm{T}}\boldsymbol{F}_{\delta}]^{\mathrm{T}}\frac{\mathrm{d}\boldsymbol{z}_{\mathrm{a}}}{\mathrm{d}\alpha}\\&=-2\alpha\boldsymbol{z}_{\mathrm{a}}^{\mathrm{T}}\frac{\mathrm{d}\boldsymbol{z}_{\mathrm{a}}}{\mathrm{d}\alpha}\end{aligned}$$

$\dfrac{\mathrm{d}\boldsymbol{z}_{\mathrm{a}}}{\mathrm{d}\alpha}$ 的解为

$$(\boldsymbol{A}^{\mathrm{T}}\boldsymbol{A}+\alpha\boldsymbol{I})\frac{\mathrm{d}\boldsymbol{z}_{\mathrm{a}}}{\mathrm{d}\alpha}=-\boldsymbol{z}_{\mathrm{a}} \tag{5.9}$$

因此，对于选取适当的正则参数初值 $\alpha_0>0$，可采用牛顿迭代格式，即

$$\alpha_{k+1}=\alpha_k-\frac{\varphi(\alpha_k)}{\varphi'(\alpha_k)},\quad k=0,1,\cdots \tag{5.10}$$

综上所述，$\boldsymbol{z}_{\mathrm{a}}$ 满足 Euler 方程，即

$$(\boldsymbol{A}^{\mathrm{T}}\boldsymbol{A}+\alpha\boldsymbol{I})\boldsymbol{z}_{\mathrm{a}}=\boldsymbol{A}^{\mathrm{T}}\boldsymbol{F}_{\delta} \tag{5.11}$$

5.1.4　算法流程

根据上述描述给出了相应的重构算法流程图，如图 5.2 所示。

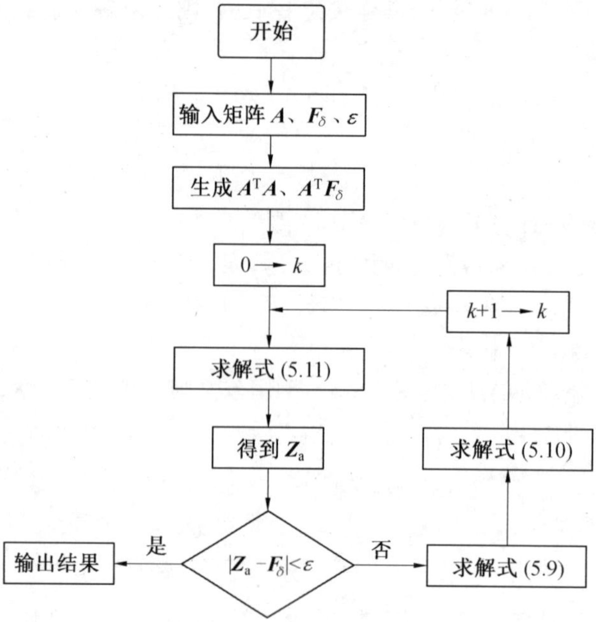

图 5.2　重构算法流程图

5.1.5　模拟结果与分析

以截取 $\beta=40^\circ$ 和 $\beta=45^\circ$ 的前 1 s 实验载荷谱曲线为研究对象，以采样定理为依据，采样间隔为 $\Delta T=0.03$，采样数量 $N=31$，$f=33$ Hz，系数矩阵 $\mathbf{A}=(a_{ki})_{31\times31}$，当楔入角 $\beta=40^\circ$ 和 $\beta=45^\circ$ 时，正则参数初始值分别为 $a_0=\mathrm{e}^{-1.865}$、$0.05\mathrm{e}^{-1.6}$，系数矩阵 $\mathbf{A}$ 的条件数为 $\mathrm{cond}(\mathbf{A})=4.0844\mathrm{e}^{17}$。根据上述算法流程图进行计算机模拟，结果如图 5.3 所示。应用快速傅里叶变换(Fast Fourier Transform，FFT) 给出两者截割载荷幅频特性曲线，如图 5.4 所示。

由图 5.3 可见，重构与实验截割载荷谱有较好的吻合度，其波形特征能够表征煤岩实际破碎状态，符合实际截割状况。由图 5.4 可见，截割能量主要处在低频带，集中在 1 ～ 3 Hz，随着频率的增大，幅值急剧下降，在一定范围内振荡波动，具有不确定性，表明煤岩低频带处于被截割状态，高频带能量逐渐释放，从而揭示单截齿截割载荷谱的频率成分较宽，分辨率较高。

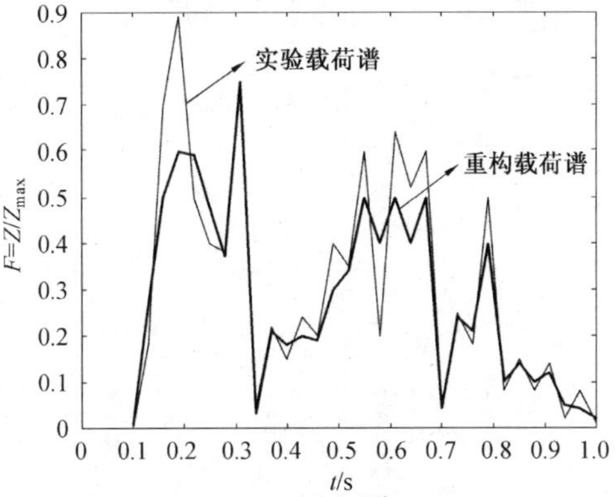

(a) $\beta=40°$

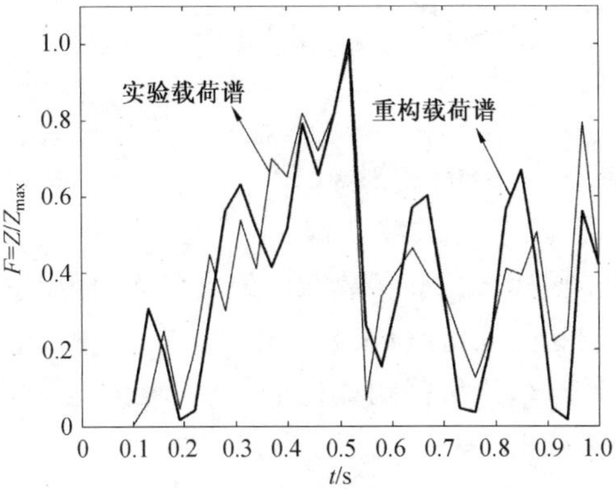

(b) $\beta=45°$

图 5.3　重构截割载荷谱曲线

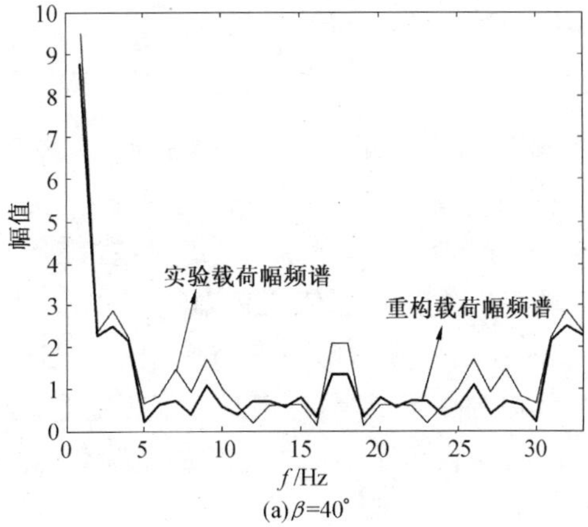

(a) $\beta=40°$

图 5.4　重构截割载荷幅频特性曲线

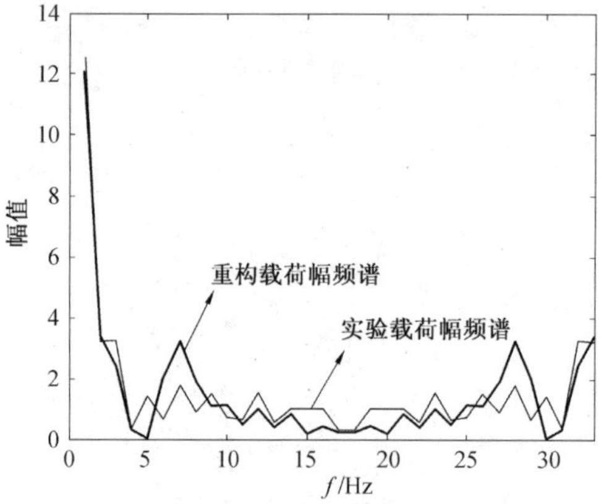

(b) β=45°

图 5.4(续)

5.1.6 载荷谱之间的关联机理

为进一步揭示不同楔入角等参数截齿的载荷谱的拓扑关系，充分考虑载荷谱均值和幅度之间的相关性，探讨其载荷谱的内在关联。根据图 5.3 的重构载荷谱，提取其参量特征值，给出截割载荷的均值、最大值和最小值，建立其载荷谱特征的内在解析关系，见表 5.1。

表 5.1　重构载荷谱的特征值

载荷谱	最大值	最小值	均值
$\beta = 40°$	0.750 0	0.001 0	0.282 9
$\beta = 45°$	1.011 8	0.014 0	0.389 6

基于图 5.5 截割载荷幅频特性曲线，给出 45°和 40°楔入角截齿的截割载荷幅值与频率的相互关系，当频率在 1 ～ 2 Hz 范围内时，两者的幅值线性减小，当频率达到 2 Hz 时，随着频率继续增大，其幅值呈振荡波动，如图 5.5(a) 所示。在相同频率条件下，确定其幅值之间具有正相关性，其相关系数 $R =$ 0.960 3，45°和 40°楔入角幅值分别用 A45、A40 表示。幅值在 2 ～ 4 时，其关联性不明显，表明截齿截割在高频带，载荷谱具有不确定性；幅值在 4 ～ 13 时，其具有正相关性。图 5.5(b) 揭示了不同楔入角的截割载荷谱之间具有实时的关联性。

根据有限的截齿实验载荷谱及其结构和运动参数，确定载荷谱的重构算法和波形特征，应用离散正则化方法，给出截割载荷谱重构和推演的数学模型。

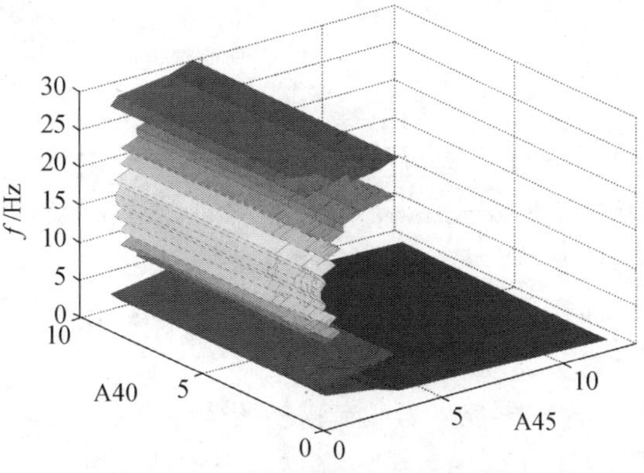

(a) 40°、45°截齿幅值与频率关系图

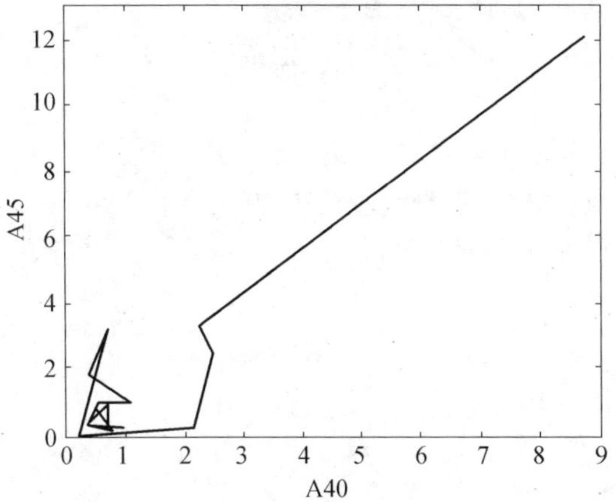

(a) 40°齿幅值与 45°齿幅值关联图

图 5.5　载荷谱的关联特性

重构的 40° 和 45° 楔入角截齿的载荷谱能够表征截齿实际破碎状态，其特征值易辨识和提取，截割能量主要处在低频带，集中在 1 ～ 3 Hz，均值关系为 $F_{45^\circ} \approx 1.4F_{40^\circ}$，幅值在 4 ～ 13 时，具有正相关性，其相关系数 $R=0.8603$，继而表明不同楔入角的截割载荷谱之间具有实时的关联性。

5.2　修正离散正则化解算方法

5.2.1　修正离散正则化

当时间间隔 ΔT 设定很小值时，其载荷谱重构模型的系数矩阵 **A** 近似接近零值，得到的解不够稳定，为了捕获较稳定的解，需要对该重构模型进行相应的正则化处理。

令
$$U^h=\{\boldsymbol{Z}:\boldsymbol{Z}=[z_1\quad z_2\quad \cdots\quad z_n]^{\mathrm{T}}\}$$
$$L^h=\{\boldsymbol{F}_\delta:\boldsymbol{F}_\delta=[f_{\delta,1}\quad f_{\delta,2}\quad \cdots\quad f_{\delta,n}]^{\mathrm{T}}\}$$
则 $\boldsymbol{A}$ 为 $U^h\rightarrow L^h$ 的有界 Fredholm 算子，根据修正离散正则化算法的总体思路，给出稳定的泛函等式为

$$M^\alpha[\boldsymbol{Z},\boldsymbol{F}_\delta]=\rho^2(\boldsymbol{AZ},\boldsymbol{F}_\delta)+\alpha\Omega[\boldsymbol{Z}-\boldsymbol{Z}_0] \tag{5.12}$$

式中　α—— 正则参数，$\alpha>0$；

Z_0—— 截齿截割破碎煤岩载荷谱初始值。

为进一步探究式(5.12) 的截齿破碎煤岩重构载荷谱 $z(t)$ 求解方法，需要求解式(5.12) 的最小值，即 $z(t)$ 为下列等式的极小解：

$$M^\alpha[\boldsymbol{Z}_{\mathrm{a}},\boldsymbol{F}_\delta]=\inf M^\alpha[\boldsymbol{Z},\boldsymbol{F}_\delta] \tag{5.13}$$

整理式(5.13) 得

$$\min f=\|\boldsymbol{AZ}-\boldsymbol{F}_\sigma\|^2+\alpha^2\|\boldsymbol{Z}-\boldsymbol{Z}_0\|^2 \tag{5.14}$$

一般状态下，截齿破碎煤岩实验载荷初始值 Z_0 为零，整理式(5.14)，得

$$f=\|\boldsymbol{AZ}-\boldsymbol{F}_\sigma\|^2+\alpha^2\|\boldsymbol{Z}\|^2=(\boldsymbol{AZ}-\boldsymbol{F}_\sigma)^{\mathrm{T}}(\boldsymbol{AZ}-\boldsymbol{F}_\sigma)+\alpha^2\boldsymbol{Z}^{\mathrm{T}}\boldsymbol{Z} \tag{5.15}$$

对式(5.15) 微分，得

$$\frac{\partial f}{\partial \boldsymbol{Z}}=-2\boldsymbol{A}^{\mathrm{T}}\boldsymbol{F}_\sigma+2\boldsymbol{A}^{\mathrm{T}}\boldsymbol{AZ}+2\alpha^2\boldsymbol{Z}=0 \tag{5.16}$$

整理式(5.16)，得

$$(\boldsymbol{A}^{\mathrm{T}}\boldsymbol{A}+\alpha^2\boldsymbol{I})\boldsymbol{Z}=\boldsymbol{A}^{\mathrm{T}}\boldsymbol{F}_\sigma \tag{5.17}$$

5.2.2　正则参数的选取

设 $\boldsymbol{F}\in R(\boldsymbol{A})$ 为时域范围，满足下列条件：

$$\|\boldsymbol{F}_\delta-\boldsymbol{F}\|\leqslant\delta$$

则当 $\|\boldsymbol{F}_\delta\|^2/\delta^2>1$，即信噪比大于1时，使得重构载荷谱的正则参数 α 满足 Morozov 偏差等式，即

$$\varphi(\alpha)=\rho^2(\boldsymbol{AZ}_{\mathrm{a}},\boldsymbol{F}_\delta)-\delta^2=0 \tag{5.18}$$

式中　δ—— 误差水平参数。

为得到式(5.18) 的解，采用 Morozov 偏差原则结合牛顿迭代方法进行求解，对式(5.18) 求导得

$$\varphi'(\alpha)=2\,(\boldsymbol{A}^{\mathrm{T}}\boldsymbol{Az}_{\mathrm{a}}-\boldsymbol{A}^{\mathrm{T}}\boldsymbol{F}_\delta)^{\mathrm{T}}\frac{\mathrm{d}\boldsymbol{z}_{\mathrm{a}}}{\mathrm{d}\alpha}$$

$$=2\left(\boldsymbol{A}^{\mathrm{T}}\boldsymbol{A}\boldsymbol{z}_{\mathrm{a}}+\alpha\boldsymbol{z}_{\mathrm{a}}-\alpha\boldsymbol{z}_{\mathrm{a}}-\boldsymbol{A}^{\mathrm{T}}\boldsymbol{F}_{\delta}\right)^{\mathrm{T}}\frac{\mathrm{d}\boldsymbol{z}_{\mathrm{a}}}{\mathrm{d}\alpha}$$

$$=2\left[(\boldsymbol{A}^{\mathrm{T}}\boldsymbol{A}+\alpha)\boldsymbol{z}_{\mathrm{a}}-\alpha\boldsymbol{z}_{\mathrm{a}}-\boldsymbol{A}^{\mathrm{T}}\boldsymbol{F}_{\delta}\right]^{\mathrm{T}}\frac{\mathrm{d}\boldsymbol{z}_{\mathrm{a}}}{\mathrm{d}\alpha}$$

$$=-2\alpha\boldsymbol{z}_{\mathrm{a}}^{\mathrm{T}}\frac{\mathrm{d}\boldsymbol{z}_{\mathrm{a}}}{\mathrm{d}\alpha} \tag{5.19}$$

其中，$\frac{\mathrm{d}\boldsymbol{z}_{\mathrm{a}}}{\mathrm{d}\alpha}$ 需要满足等式

$$(\boldsymbol{A}^{\mathrm{T}}\boldsymbol{A}+\alpha\boldsymbol{I})\frac{\mathrm{d}\boldsymbol{z}_{\mathrm{a}}}{\mathrm{d}\alpha}=-\boldsymbol{z}_{\mathrm{a}} \tag{5.20}$$

牛顿迭代格式为

$$\alpha_{k+1}=\alpha_k-\frac{\varphi(\alpha_k)}{\varphi'(\alpha_k)},\quad k=0,1,\cdots \tag{5.21}$$

因此，设定初值的正则参数 $\alpha_0>0$，将式(5.18)及式(5.19)代入式(5.21)，根据设置的误差水平参数，可得正则参数。

5.2.3　算法流程

下面根据上述算法的描述，给出相对应的截齿破碎煤岩实验载荷谱重构算法的程序流程图，如图 5.6 所示。

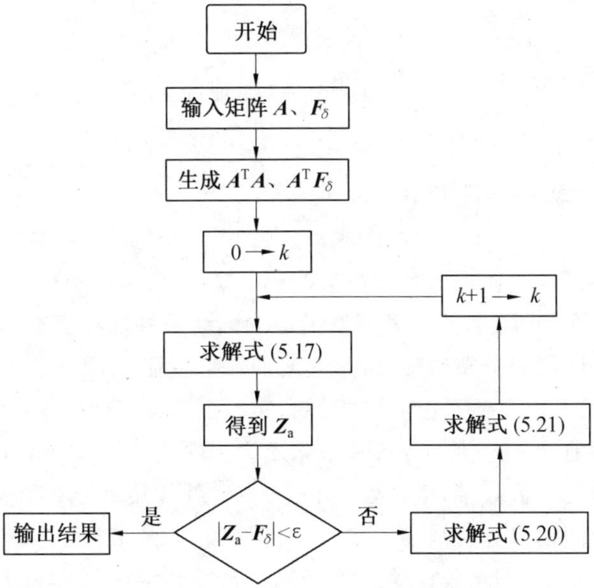

图 5.6　算法的程序流程图

5.2.4 重构结果

以截取镐型截齿楔入角分别为 $\beta=40^\circ$ 和 $\beta=45^\circ$ 的前 0.3 s 的破碎煤岩实验载荷谱曲线为其重构对象，以采样定理作为判断依据，给定 $\Delta T=0.01$，$N=31$，$\boldsymbol{A}=(a_{ki})_{31\times31}$，正则参数分别为 $a_{40}=0.03$，$a_{45}=0.1$，$\mathrm{cond}(\boldsymbol{A})=4.084\ 4\mathrm{e}^{17}$，实验载荷谱的重构结果如图 5.7 所示。

由图 5.7 可知，重构的截割载荷谱曲线宏观趋势比较光滑，波形特征比较容易辨识，其特征值便于判断和提取。从总体趋势上分析，重构截割载荷谱与实验载荷谱有相对较好的吻合度，基本与月牙形的截割面类似，进而验证了该研究方法可较好地定量重构实验载荷谱。

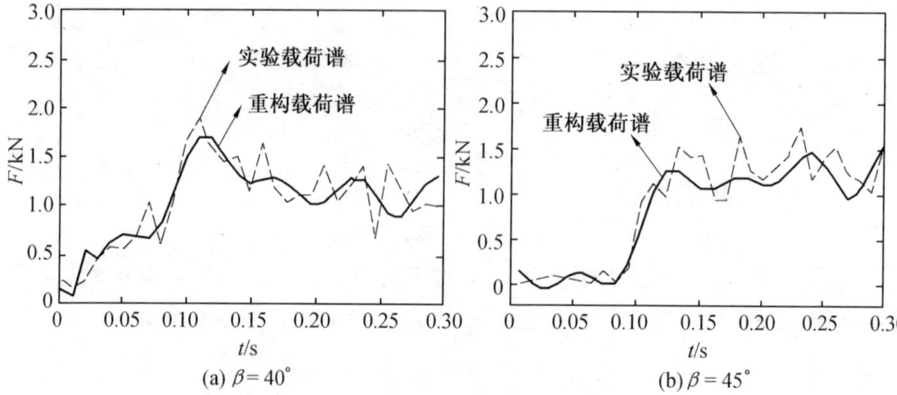

图 5.7　实验载荷谱和重构载荷谱曲线

5.2.5 幅频特性分析

为了更加深入具体地研究截齿重构载荷谱曲线蕴含的内在信息，应用快速傅里叶变换(FFT) 方法，给出两者载荷谱的幅频特性曲线，分析其实验载荷谱及重构载荷谱的能量分布形态，探索其波形形态特征，如图 5.8 所示。

由图 5.8 载荷谱幅频特性曲线可知，实验截割载荷的幅频特性曲线与重构载荷幅频特性曲线从总体上分析其变化规律基本趋势类似。在研究范围内，截割能量主要都位于低频带，集中处在 1～4 Hz，随着频率的不断变大，实验载荷谱及重构载荷的幅值迅速减小，同时也表明煤岩低频带处于被截割状态，高频带能量释放状态，且实验载荷谱的幅值在高频段区域内呈波动状态，而此时的重构载荷谱的幅值变化较小，曲线在高频区域也比较平稳、光滑，说明该修正离

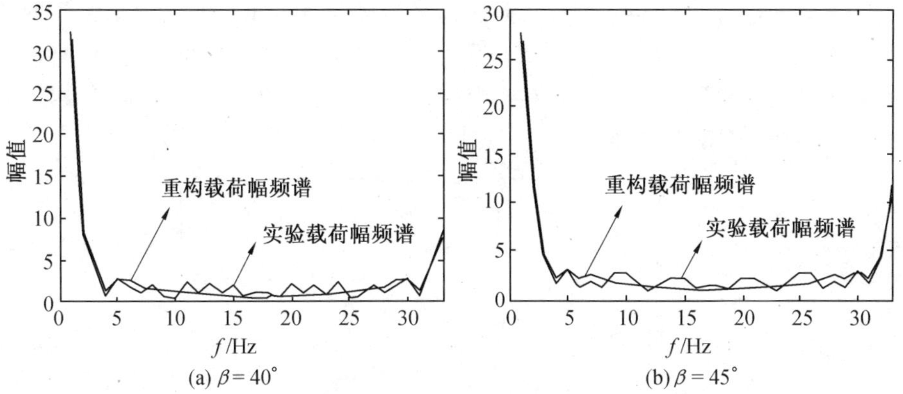

图 5.8　实验载荷幅频谱和重构载荷幅频谱曲线

散正则化算法具有滤波的功能特性，能够有效地滤去实验载荷谱中的高频成分，而需要的低频成分便于实际工程应用，因此，该修正离散正则化算法能够相对很好地对实验载荷谱曲线进行重构。

5.2.6　载荷谱关联机制

为深入研究两种楔入角截齿的载荷谱之间的拓扑关联机理，便于分析不同楔入角截齿的截割载荷的变化规律，通过实验建立起来的重构截割载荷谱关联理论来指导实验，即减少实验的次数便可预测不同楔入角截齿载荷谱间的关系。据此，根据图 5.8 提取载荷谱的特征量，给出两者载荷谱特征量间的关系模型。研究结果表明，楔入角为 40° 截齿载荷谱特征值大于楔入角为 45° 截齿载荷谱特征值，且均值关联解析模型为 $F_{40} \approx 1.2F_{45}$，见表 5.2。

表 5.2　重构载荷谱的特征值

楔入角	重构(实验) 的载荷谱		
	最大值 /kN	均值 /kN	标准差
40°	1.705 20(1.901 5)	1.030 5(1.046 7)	0.401 9(0.446 1)
45°	1.561 59(1.757 9)	0.824 1(0.893 7)	0.546 4(0.609 7)

为探求分析截齿重构载荷谱幅值间的关系，楔入角 45° 和 40° 幅值的表示方式采用 A45、A40，利用皮尔逊相关系数公式，求取两种不同楔入角重构载荷谱的相关系数为

$$r = \frac{N\sum x_i y_i - \sum x_i \sum y_i}{\sqrt{N\sum x_i^2 - (\sum x_i)^2}\sqrt{N\sum y_i^2 - (\sum y_i)^2}} \tag{5.22}$$

结合式(5.22)求得不同楔入角镐型截齿破碎煤岩重构载荷谱幅值间的相关系数 $r=0.9767$,进一步说明楔入角45°和40°幅值间呈正相关性。以楔入角为45°和40°截齿重构载荷谱的均值与幅值间关联的模型为研究基础,建立幅值关联曲线,如图5.9所示。

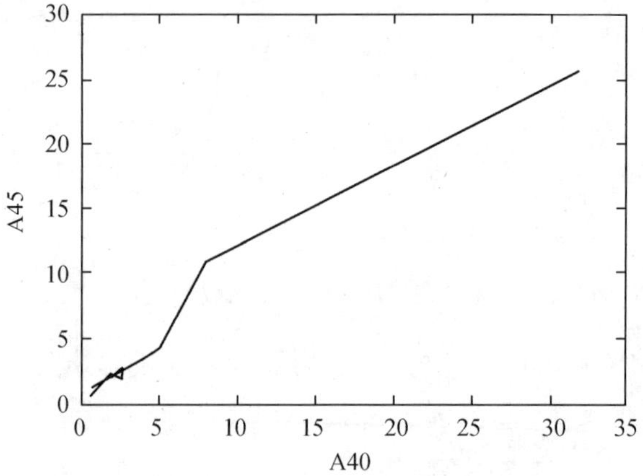

图 5.9　载荷谱的关联特性

由图5.9可知,当载荷谱的幅值相对处于比较低时,其两者间没有任何的相关性,因为截齿初始刚接触截割煤岩时,其截齿与煤岩接触面积和接触时间为瞬间,相对而言比较短,此时的截齿截割破碎煤岩的载荷大小与截齿的楔入角没有任何关联性;当截齿接触煤岩体的面积和截割时间开始逐渐变大时,45°楔入角截齿的幅值与40°楔入角截齿的幅值变化趋势开始同步,其两者变化规律基本呈现正相关的明显特征。

5.2.7　载荷谱的推演

通过修正离散正化算法得到了截齿破碎煤岩重构载荷谱,其特征值很容易识别及提取,也给出了载荷谱特征值间的内在解析关系式。为了更深入地探索载荷谱的预测模型,实现通过一种载荷谱的变化趋势就能够预测相关的另一种载荷谱的变化趋势,据此,考虑楔入角为45°和40°幅值间呈正相关性的基础之上,利用两者载荷谱均值间的解析关系式,在研究范围内,只探索由楔入角为45°推演楔入角为40°的截齿破碎载荷谱,以截齿破碎煤岩载荷谱重构模型为研究基础,建立了截齿破碎载荷谱的推演数学模型:

$$(\mathbf{A}^{\mathrm{T}}\boldsymbol{A}+\alpha\boldsymbol{I})\boldsymbol{z}_{\mathrm{a}}=\boldsymbol{A}^{\mathrm{T}}(1.2\boldsymbol{F}_{\delta}) \tag{5.23}$$

根据式(5.23)进行计算机模拟仿真,得到的载荷谱的推演效果如图5.10

所示。从该推演载荷谱曲线可知，其载荷谱的特征值很容易被辨识和提取，分析了推演载荷谱最大值、均值与截齿重构载荷谱、实验载荷谱的特征值吻合度较理想，符合理论分析计算要求，见表 5.3。

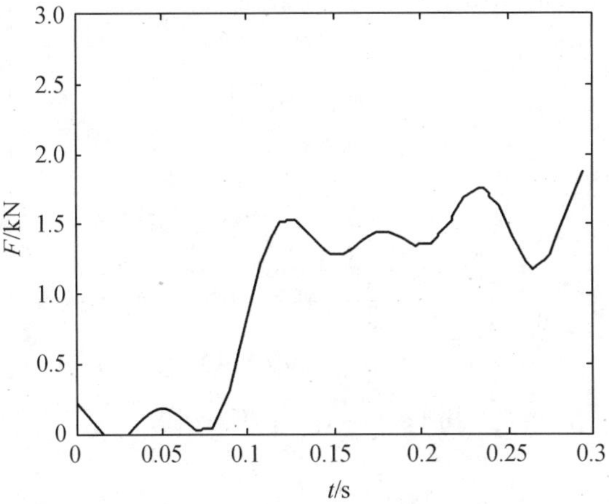

图 5.10　推演载荷谱曲线

表 5.3　楔入角为 40° 载荷谱的特征参量

方法	载荷		
	最大值 /kN	均值 /kN	标准差
实验	1.901 5	1.046 7	0.446 1
重构	1.705 2	1.030 5	0.401 9
推演	1.873 7	0.988 9	0.655 6

为进一步验证推演载荷谱模型的合理性，图 5.11 给出了推演载荷谱的幅频特性曲线，据此捕获其特征值。

分析图 5.11 可知，推演载荷谱的幅频曲线较光滑、稳定，其波形特征与实验载荷谱幅频特性曲线总体变化趋势具有较好的吻合度，而且推演载荷谱幅频特性曲线能够表征截割载荷主要集中在低频，随着频率的增大，幅值在一定范围内波动，且波动不明显，说明该频带载荷趋于非常稳定，截割能量被释放。经过特征值统计分析，推演载荷幅频特性曲线的特征值与实验和重构幅频谱的特征值总体趋势相近，误差在 10% 左右，符合要求。

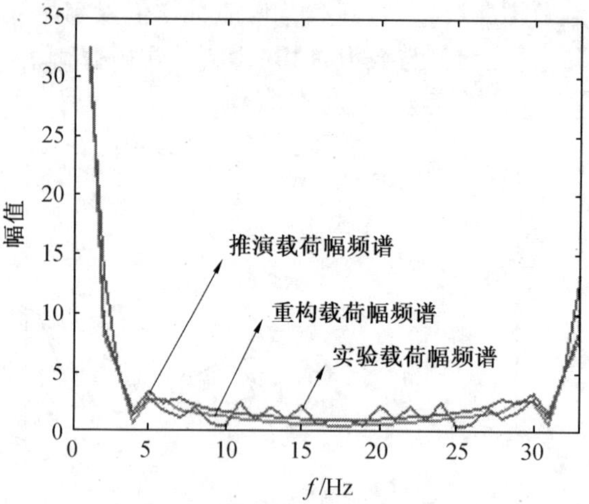

图 5.11　推演载荷幅频谱

第 6 章　载荷谱重构的分段滤子函数正则化方法

求解截割煤岩载荷谱重构模型的直接正则化方法和迭代方法，往往会将核函数矩阵的奇异值进行篡改和修正，破坏核函数矩阵特性，容易出现重构解的平滑现象。针对上述问题，本章提出一种基于分段滤子函数的正则化载荷谱重构方法。结合 TSVD 和 Tikhonov 正则化滤子函数，重新定义滤子函数的表达形式，构造一种分段滤子函数，其目的是避免所有奇异值被修正和篡改，消除载荷谱重构过程出现的平滑现象。本章方法能够对较大奇异值进行较小的修正，对较小奇异值可有效地截断，使其核函数矩阵由严重病态趋于良态。通过正则参数的先验信息选取，证明其良好的收敛性。应用算例进一步验证本章所方法的可行性和有效性，同时系统研究了不同正则参数选取方法对截割煤岩载荷谱重构结果的影响。

6.1　滤子函数的正则化方法

本节给出正则化的滤子函数定义及其相关定理，为开展分段滤子函数的正则化方法奠定研究基础。

定理 6.1　设 X、Y 均为 Hilbert 空间，$\boldsymbol{K}: X \to Y$ 是紧算子，K 的奇异系统为 (μ_i, x_i, y_i)，函数 $q: (0, +\infty) \times (0, \| K \|) \to R$，具有以下性质：

$$|q(\alpha,\mu)| \leqslant 1, \quad \forall \alpha(0,+\infty), \quad \forall \mu \in (0, \|\boldsymbol{K}\|) \tag{6.1}$$

由于 $\forall \alpha(0,+\infty)$，存在常数 $\forall \alpha(0,+\infty)$，使得 $|q(\alpha,\mu)| \leqslant c(\alpha)\mu$，$\forall \mu \in (0, \|\boldsymbol{K}\|)$。

$$\lim_{\alpha \to 0} q(\alpha,\mu) = 1, \quad \forall \mu \in (0, \|\boldsymbol{K}\|) \tag{6.2}$$

则由式(6.3) 定义的算子 $R_\alpha: Y \to X$，则

$$R_\alpha y = \sum_{i=1}^{\infty} \frac{q(\alpha,\mu_i)}{\mu_i} (y, y_i) x_i \tag{6.3}$$

上述是一种正则化方法，满足 $\| R_\alpha \| \leqslant c(\alpha)$。通常情况下，称满足上述性

质的函数 $q(\alpha,\mu)$ 为 K 的正则化滤子函数。

证明 根据奇异值分解相关定理可知，$x^* = \sum_{i=1}^{\infty}(x^*,x_i)x_i, \mu_i(x^*,x_i) = (y,y_i)$，由此可得

$$\|R_\alpha y - x^*\|^2 = \|\sum_{i=1}^{\infty}[q(\alpha,\mu_i)-1](x^*,x_i)x_i\|^2$$
$$= \sum_{i=1}^{\infty}[q(\alpha,\mu_i)-1]^2 \, |(x^*,x_i)|^2 \leqslant \|x^*\|^2 \tag{6.4}$$

对于任意的 $\varepsilon > 0$，$\exists N \in \mathbf{Z}^+$，得

$$\sum_{i=1}^{\infty}[q(\alpha,\mu_i)-1]^2 \, |(x^*,x_i)|^2 \leqslant \frac{\varepsilon^2}{2} \tag{6.5}$$

根据式(6.2)，对于 $\exists \alpha > 0$，可知

$$\sum_{i=1}^{\infty}[q(\alpha,\mu_i)-1]^2 \, |(x^*,x_i)|^2 \leqslant \frac{\varepsilon^2}{2\|x^*\|^2} \tag{6.6}$$

对于任意 $\alpha \in (0,\alpha_0)$，得

$$\sum_{i=1}^{\infty}[q(\alpha,\mu_i)-1]^2 \, |(x^*,x_i)|^2$$
$$= \sum_{i=1}^{N}[q(\alpha,\mu_i)-1]^2 \, |(x^*,x_i)|^2 + \sum_{i=1}^{\infty}[q(\alpha,\mu_i)-1]^2 \, |(x^*,x_i)|^2$$
$$\leqslant \frac{\varepsilon^2}{2\|x^*\|^2}\|x^*\|^2 + \frac{\varepsilon^2}{2} = \varepsilon^2 \tag{6.7}$$

根据式(6.7)可得

$$\lim_{\alpha\to 0} R_\alpha y = x^* \tag{6.8}$$

因此，算子 $R_\alpha: Y \to X$ 是一种正则化方法。

根据式(6.1)可得

$$\|R_\alpha y\|^2 \leqslant \sum_{i}^{\infty}|q(\alpha,\mu_i)|\frac{1}{\mu_i^2}\,|(y,y_i)|^2$$
$$\leqslant c^2(\alpha)\sum_{i}^{\infty}|(y,y_i)|^2$$
$$\leqslant c^2(\alpha)\|y\|^2 \tag{6.9}$$

可知

$$\|R_\alpha\| \leqslant c(\alpha) \tag{6.10}$$

根据定理 6.1 可知，建立不同的滤子函数会得到不同的正则化方法。众所

周知的经典的正则化——直接正则化方法(Tikhonov 和 TSVD),其表达形式均可用其滤子函数进行描述。

对于著名的 Tikhonov 正则化方法而言,其 Tikhonov 正则解是 Tikhonov 泛函的极小值,利用紧算子的奇异系统,可以得到

$$x_\alpha^\delta = R_\alpha y_\delta = \sum_{i=1}^{\infty} \frac{q(\alpha,\mu_i)}{\mu_i}(y_\delta, y_i)x_i \tag{6.11}$$

Tikhonov 正则化滤子函数为

$$q(\alpha,\mu) = \frac{\mu^2}{\alpha+\mu^2} \tag{6.12}$$

式中,$\alpha > 0, 0 < \mu \leqslant \|\boldsymbol{K}\|$,其满足以下条件:

① $\left|\frac{\mu^2}{\alpha+\mu^2}\right| \leqslant 1, \forall \alpha(0,+\infty), \forall \mu \in (0, \|\boldsymbol{K}\|)$;

② $\left|\frac{\mu^2}{\alpha+\mu^2}\right| \leqslant \frac{1}{2\sqrt{\alpha}}\mu, \forall \alpha(0,+\infty), \forall \mu \in (0, \|\boldsymbol{K}\|)$;

③ $\lim\limits_{\alpha\to 0}\left|\frac{\mu^2}{\alpha+\mu^2}\right| = 1, \forall \mu \in (0, \|\boldsymbol{K}\|)$。

对于 TSVD 正则化方法,其滤子函数的表达式为

$$q(\alpha,\mu) = \begin{cases} 1, & \mu \geqslant \alpha \\ 0, & \mu < \alpha \end{cases} \tag{6.13}$$

式(6.13)满足以下性质:

① $|q(\alpha,\mu)| \leqslant 1, \forall \alpha(0,+\infty), \forall \mu \in (0, \|\boldsymbol{K}\|)$;

② $|q(\alpha,\mu)| \leqslant \frac{\mu}{\alpha}, \forall \alpha(0,+\infty), \forall \mu \in (0, \|\boldsymbol{K}\|)$;

③ $\lim\limits_{\alpha\to 0}|q(\alpha,\mu)| = 1, \forall \mu \in (0, \|\boldsymbol{K}\|)$。

6.2　分段滤子函数的正则化方法

6.2.1　分段滤子函数的提出

本节以正则化理论为研究基础,研究正则化的滤子函数对处理不适定性反问题的影响,依据李功胜提出的滤子函数 $q(\alpha,\mu) = \frac{\mu^2}{(\alpha+\mu^{2r})^{\frac{1}{r}}}$(该滤子函数是对 Tikhonov 正则化的滤子函数的推广),能防止较小奇异值所对应的分量被淹没,但由于该滤子函数对较大奇异值进行修正的比较多,使其反求结果的精度会下降。

TSVD正则化的滤子函数虽然能对较大奇异值所对应的分量进行制约,但较小奇异值所对应的分量直接被淹没到零,其中间有用信息和成分无法被有效地辨识和保留,降低反求的稳定性。因此将两种滤子函数结合,构造一种基于分段滤子函数的正则化重构方法,具体表达式为

$$q(\alpha,\mu)=\begin{cases}1, & \mu^{\sigma r}\geqslant\alpha\\ \dfrac{\mu^{\sigma}}{(\alpha+\mu^{\sigma r})^{\frac{1}{r}}}, & \mu^{\sigma r}<\alpha\end{cases} \tag{6.14}$$

式中,$\alpha>0;0<\mu\leqslant\|K\|;r>0;\sigma\geqslant 1$。

式(6.14)作为一种分段的滤子函数,可以建立一种分段滤子函数的正则化法。从式(6.14)可以清晰地看出,该分段滤子函数既能够保证大的奇异值不被过度修正,又可以对小的奇异值进行有效截断,同时不影响解的精确性。本节提出的分段滤子函数的正则化方法可以有效地处理工程问题中遇到的不适定性问题,为求解不适当问题提供了一种稳定的反求方法。下面根据本章方法给出相应的定理及证明。

定理6.2 式(6.14)定义的函数$q(\alpha,\mu)$是结合TSVD和Tikhonov正则化滤子函数而构造的分段滤子函数。

证明

(1) 当$U=\{u_1,u_2,\cdots,u_n\}$时

$$q(\alpha,\mu)\leqslant 1 \tag{6.15}$$

当$\mu^{\sigma r}<\alpha$时

$$\mu^{\sigma}=(\mu^{\sigma r})^{\frac{1}{r}}<(\alpha+\mu^{\sigma r})^{\frac{1}{r}} \tag{6.16}$$

$$q(\alpha,\mu)=\frac{\mu^{\sigma}}{(\alpha+\mu^{\sigma r})^{\frac{1}{r}}}<1 \tag{6.17}$$

(2) 当$\mu^{\sigma r}\geqslant\alpha$时

$$\frac{\mu^{\sigma r}}{\alpha}\geqslant 1\Rightarrow\frac{\mu}{\alpha^{\frac{1}{\sigma r}}}\geqslant 1 \tag{6.18}$$

所以,$q(\alpha,\mu)=1\leqslant\dfrac{1}{\alpha^{\frac{1}{\sigma r}}}\cdot\mu$。

当$\mu^{\sigma r}<\alpha$时

$$q(\alpha,\mu)=\frac{\mu^{\sigma}}{(\alpha+\mu^{\sigma r})^{\frac{1}{r}}} \tag{6.19}$$

当$\sigma=1$时

$$q(\alpha,\mu)=\frac{\mu}{(\alpha+\mu^{r})^{\frac{1}{r}}}\leqslant\frac{\mu}{\alpha^{\frac{1}{r}}} \tag{6.20}$$

当$\sigma>1$时

$$\alpha+\mu^{\sigma r}\geqslant\alpha^{\frac{1}{p}}\cdot\mu^{\frac{\sigma r}{q}}\tag{6.21}$$

令 $p=\sigma,q=\dfrac{\sigma}{\sigma-1}$,所以 $\alpha+\mu^{\sigma r}\geqslant\alpha^{\frac{1}{\sigma}}\cdot\mu^{r(\sigma-1)}$。

基于上述描述,可得如下结论:

$$(\alpha+\mu^{\sigma r})^{\frac{1}{r}}\geqslant\alpha^{\frac{1}{\sigma r}}\cdot\mu^{\sigma-1}\tag{6.22}$$

可以得到

$$\frac{\mu^{\sigma}}{(\alpha+\mu^{\sigma r})^{\frac{1}{r}}}\leqslant\frac{\mu^{\sigma}}{\alpha^{\frac{1}{r\sigma}}\cdot\mu^{\sigma-1}}=\frac{\mu}{\alpha^{\frac{1}{r\sigma}}}\tag{6.23}$$

因此,$\forall\sigma\geqslant1$,可以得到 $q(\alpha,\mu)=\dfrac{\mu}{\alpha^{\frac{1}{\sigma r}}}$。

对于 $\eta>0$,可以得到

$$|q(\alpha,\mu)|=\frac{1}{\alpha^{\frac{1}{\sigma r}}}\cdot\mu=c(\alpha)\mu\tag{6.24}$$

(3) 当 $\alpha\to0,q(\alpha,\mu)=1$,由定理 6.1 可知

$$q(\alpha,\mu)=\begin{cases}1, & \mu^{\sigma r}\geqslant\alpha\\ \dfrac{\mu^{\sigma}}{(\alpha+\mu^{\sigma r})^{\frac{1}{r}}}, & \mu^{\sigma r}<\alpha\end{cases}\tag{6.25}$$

这是一类分段的滤子函数。

其对应的正则化算子为 $R_\alpha:Y\to X$,有

$$R_\alpha y=\sum_{i=1}^{\infty}\frac{q(\alpha,\mu_i)}{\mu}(y,y_i)x_i\tag{6.26}$$

为了更清晰地表达该方法的滤子函数的先进性,给出了该方法的另一种表示。将式(6.25) 代入式(6.26),整理可得

$$R_\alpha y=\sum_{i=1}^{k}\frac{1}{\mu}(y,y_i)x_i+\sum_{i=k+1}^{\infty}\frac{1}{\mu_i}\cdot\frac{\mu_i^{\beta}}{(\alpha+\mu_i^{\beta i})^{\frac{1}{\gamma}}}(y,y_i)x_i\tag{6.27}$$

可以得

$$\begin{aligned}R_\alpha y&=\sum_{i=1}^{k}\frac{1}{\sigma_i}(y,\boldsymbol{u}_i)\boldsymbol{v}_i+\sum_{i=k+1}^{n+1}\frac{1}{\sigma_i}\cdot\frac{\sigma_i^{\beta}}{(\alpha+\sigma_i^{\beta\gamma})^{\frac{1}{\gamma}}}(y,\boldsymbol{u}_i)\boldsymbol{v}_i\\&=\sum_{i=1}^{k}\frac{\boldsymbol{u}_i^{\mathrm{T}}y}{\sigma_i}\boldsymbol{v}_i+\sum_{i=k+1}^{n+1}\left[\frac{\sigma_i^{\beta}}{(\alpha+\sigma_i^{\beta\gamma})^{\frac{1}{\gamma}}}\right]\frac{\boldsymbol{u}_i^{\mathrm{T}}y}{\sigma_i}\boldsymbol{v}_i\end{aligned}\tag{6.28}$$

对式(6.28) 做进一步整理,将其写成矩阵的形式,可以得到的具体形式为

$$R_\alpha y=\frac{\boldsymbol{u}_1^{\mathrm{T}}y}{\sigma_1}v_1+\frac{\boldsymbol{u}_2^{\mathrm{T}}y}{\sigma_2}v_2+\cdots+\frac{\boldsymbol{u}_k^{\mathrm{T}}y}{\sigma_k}v_k+\frac{\sigma_{k+1}^{\beta}}{(\alpha+\sigma_{k+1}^{\beta\gamma})^{\frac{1}{\gamma}}}\frac{\boldsymbol{u}_{k+1}^{\mathrm{T}}y}{\sigma_{k+1}}v_{k+1}+\cdots+$$

$$\frac{\sigma_{n+1}^{\beta}}{(\alpha+\sigma_{n+1}^{\beta\gamma})^{\frac{1}{\gamma}}}\frac{\boldsymbol{u}_{n+1}^{\mathrm{T}}y}{\sigma_{n+1}}v_{n+1}$$

$$=\begin{bmatrix} v_1 & v_2 & \cdots & v_{n+1} \end{bmatrix} \cdot \begin{bmatrix} \frac{1}{\sigma_1} & & & & \\ & \ddots & & & \\ & & \frac{1}{\sigma_k} & & \\ & & & \ddots & \\ & & & & \frac{1}{\sigma_{k+1}} \cdot \frac{\sigma_{k+1}^{\beta}}{(\alpha + \sigma_{k+1}^{\beta\gamma})^{\frac{1}{\gamma}}} \end{bmatrix} \cdot \begin{bmatrix} \boldsymbol{u}_1^{\mathrm{T}} \\ \boldsymbol{u}_2^{\mathrm{T}} \\ \boldsymbol{u}_3^{\mathrm{T}} \\ \vdots \\ \boldsymbol{u}_{n+1}^{\mathrm{T}} \end{bmatrix} \cdot y$$

$$=\begin{bmatrix} v_1 & v_2 & \cdots & v_{n+1} \end{bmatrix} \cdot \begin{bmatrix} 1 & & & & \\ & \ddots & & & \\ & & 1 & & \\ & & & \ddots & \\ & & & & \frac{1}{\sigma_{k+1}} \cdot \frac{\sigma_{k+1}^{\beta}}{(\alpha + \sigma_{k+1}^{\beta\gamma})^{\frac{1}{\gamma}}} \end{bmatrix} \cdot \begin{bmatrix} \sigma_1^{-1} & & & \\ & \sigma_2^{-1} & & \\ & & \ddots & \\ & & & \sigma_{n+1}^{-1} \end{bmatrix} \cdot \begin{bmatrix} \boldsymbol{u}_1^{\mathrm{T}} \\ \boldsymbol{u}_2^{\mathrm{T}} \\ \boldsymbol{u}_3^{\mathrm{T}} \\ \vdots \\ \boldsymbol{u}_{n+1}^{\mathrm{T}} \end{bmatrix} \cdot y$$

$$=\mathbf{V} \cdot \boldsymbol{M}_{\beta,\gamma}^{\alpha} \cdot \boldsymbol{\Sigma}^{-1} \boldsymbol{u} y \tag{6.29}$$

式(6.29)中的 $\boldsymbol{M}_{\beta,\gamma}^{\alpha}$ 可用如下表达式描述：

$$\boldsymbol{M}_{\beta,\gamma}^{\alpha} = \begin{bmatrix} 1 & & & & \\ & \ddots & & & \\ & & 1 & & \\ & & & \ddots & \\ & & & & \frac{1}{\sigma_{k+1}} \cdot \frac{\sigma_{k+1}^{\beta}}{(\alpha + \sigma_{k+1}^{\beta\gamma})^{\frac{1}{\gamma}}} \end{bmatrix} \tag{6.30}$$

可以得出

$$R_{\alpha} = \boldsymbol{V} \boldsymbol{M}_{\beta,\gamma}^{\alpha} \boldsymbol{\Sigma}^{-1} \boldsymbol{U} \tag{6.31}$$

通过分析直接正则化的滤子函数与分段滤子函数可知，考虑 $\boldsymbol{\sigma}_i^{\beta\gamma} \geqslant \alpha$ 部分，当 $1 \leqslant i \leqslant k$，滤子函数从 $\frac{\boldsymbol{\sigma}_i^2}{\alpha + \boldsymbol{\sigma}_i^2}$ 变成 1，有效地减小大奇异值所对应的分量对重构结果的影响程度。考虑 $\boldsymbol{\sigma}_i^{\beta\gamma} < \alpha$ 部分，当 $k \leqslant i \leqslant n+1$，滤子函数从 $\frac{\boldsymbol{\sigma}_i^2}{\alpha + \boldsymbol{\sigma}_i^2}$ 变成 $\frac{\boldsymbol{\sigma}_i^{\beta}}{(\alpha + \boldsymbol{\sigma}_i^{\beta\gamma})^{\frac{1}{\gamma}}}$，该部分不仅保证了小奇异值所对应分量的有用信息和成分被滤波，也提高了重构解的稳定性。

6.2.2　最优渐进阶分析

前面提出的分段滤子函数法，分析了所构造的滤子函数表达式的优越性，为了进一步探讨本章所提出方法的收敛性，需要给出该方法的正则解的误差估计。下述内容为具体证明该方法的误差估计，为具体的测试算例和实际工程应用奠定了研究基础。

定理 6.3　假设 $\boldsymbol{K}x = y$ 的解 $x^+ = (K^* K)^v z \in R\,(K^* K)^v$，$\boldsymbol{z} \in \boldsymbol{X}$ 且 $\|\boldsymbol{z}\| \leqslant E$，若正则参数选择 $\alpha(\delta) = c\left(\frac{\delta}{E}\right)^{\frac{\sigma r}{2v+1}}$，$c$ 是大于零的常数，则有以下误差估计表达式：

$$\| x_{\alpha(\delta)}^{\delta} - x^+ \| = O(\delta^{\frac{2v}{2v+1}}) \tag{6.32}$$

证明　算子方程 $Kx = y$ 的真解与正则解间的误差为

$$\| x_{\alpha}^{\delta} - x^+ \| \leqslant \| R_{\alpha} \| \cdot \delta + \| R_{\alpha} y - x^+ \| \tag{6.33}$$

由定理 6.3 可知

$$\| R_{\alpha} \| \leqslant c(\alpha) = \frac{1}{\alpha^{\frac{1}{\sigma r}}} \tag{6.34}$$

利用算子 $\boldsymbol{K}$ 的奇异系统，得

$$\begin{aligned}
\| R_{\alpha} y - x^+ \|^2 &= \sum_{i=1}^{\infty} |q(\alpha, \mu_i) - 1|^2 \cdot |(x^+, x_i)|^2 \\
&= \sum_{i=1}^{\infty} |q(\alpha, \mu_i) - 1|^2 \cdot |[(K^* K)^v z, x_i]|^2 \\
&= \sum_{i=1}^{\infty} |q(\alpha, \mu_i) - 1|^2 \cdot \left|\left[\sum_{j=1}^{\infty} \mu_j^{2v} (z, x_j) x_j, x_i\right]\right|^2 \\
&= \sum_{i=1}^{\infty} |q(\alpha, \mu_i) - 1|^2 \cdot |\mu_i^{2v} (z, x_i)|^2 \\
&= \sum_{i=1}^{\infty} |q(\alpha, \mu_i) - 1|^2 \cdot \mu_i^{4v} \cdot |(z, x_i)|^2
\end{aligned} \tag{6.35}$$

当 $\mu^{\sigma r} < \alpha$ 时，因为 $0 < q(\alpha, \mu) < 1$，可得

$$|q(\alpha, \mu_i) - 1| < 1 \tag{6.36}$$

根据上述分析可得

$$|q(\alpha, \mu_i) - 1| \cdot \mu_i^{2v} < \mu_i^{2v} = (\mu_i^{\sigma r})^{\frac{2v}{\sigma r}} < \alpha^{\frac{2v}{\sigma r}} \tag{6.37}$$

当 $\mu^{\sigma r} \geqslant \alpha$ 时，$q(\alpha, \mu) = 1$，可得

$$|q(\alpha, \mu_i) - 1| \cdot \mu_i^{2v} = 0 \cdot \mu_i^{2v} = 0 < \alpha^{\frac{2v}{\sigma r}} \tag{6.38}$$

通过以上分析，可得

$$\| R_\alpha y - x^+ \|^2 < \alpha^{\frac{4v}{\sigma r}} \sum_{i=1}^{\infty} |(z, x_i)|^2 = \alpha^{\frac{4v}{\sigma r}} \cdot \| z \|^2 \leqslant \alpha^{\frac{4v}{\sigma r}} \cdot E^2 \tag{6.39}$$

得到具体表达式为

$$\| x_\alpha^\delta - x^+ \| \leqslant \frac{1}{\alpha^{\frac{1}{\sigma r}}} + \alpha^{\frac{2v}{\sigma r}} \cdot E \tag{6.40}$$

若选取 $\alpha(\delta) = c\left(\frac{\delta}{E}\right)^{\frac{\sigma r}{2v+1}}$，则有

$$\begin{aligned}
\| x_{\alpha(\delta)}^\delta - x^+ \| &\leqslant \delta \cdot \left[c\left(\frac{\delta}{E}\right)^{\frac{\sigma r}{2v+1}}\right]^{-\frac{1}{\sigma r}} + \left[c\left(\frac{\delta}{E}\right)^{\frac{\sigma r}{2v+1}}\right]^{\frac{2v}{\sigma r}} \cdot E \\
&= \delta \cdot \left[c^{-\frac{1}{\sigma r}}\left(\frac{\delta}{E}\right)^{\frac{-1}{2v+1}}\right] + c^{\frac{2v}{\sigma r}}\left(\frac{\delta}{E}\right)^{\frac{\sigma r}{2v+1}} \cdot E \\
&= (c^{-\frac{1}{\sigma r}} + c^{\frac{2v}{\sigma r}}) \cdot E^{\frac{1}{2v+1}} \cdot \delta^{\frac{2v}{2v+1}}
\end{aligned} \tag{6.41}$$

从上述分析可得

$$\| x_{\alpha(\delta)}^\delta - x^+ \| = O(\delta^{\frac{2v}{2v+1}}) \tag{6.42}$$

由式(6.42)可知，本节提出的分段滤子函数所构造的正则化方法可以使正则解的误差具有渐进最优阶。本节提出的分段滤子函数法的正则化载荷谱重构方法具有较好的收敛性和稳定性。为了进一步研究本章方法的适用性，下面将通过数值算例以及截割煤岩载荷谱重构算例进一步验证其有效性和可行性。

6.2.3 数值验证

基于分段滤子函数法的正则化重构方法，引入一个 Fredholm 积分方程的求解问题来验证本章方法的可行性。首先将 Fredholm 积分方程根据矩形公式进行离散化处理，给出其离散化方程表达式，计算核函数系数的条件数，选择相应的噪声水平，采用本章方法处理病态的 Fredholm 积分方程，给出相应的重构评价指标，并与直接正则化重构结果进行对比分析，探讨不同重构方法的有效

性。

考虑第一类型的 Fredholm 积分方程：

$$\int_0^{\pi} k(t,s)x(s)\mathrm{d}s = g(t) \tag{6.43}$$

式中，$k(t,s)=\exp(t\cos s)$；$x(s)=\cos s$；$t\in[0,\pi]$。

对式(6.43) 进行离散化，可得

$$\frac{1}{n}\sum_{j=1}^{n} k(t_i,s_j)x(s_j)=g_i^{\delta} \tag{6.44}$$

式中，$t_i=\dfrac{i-1}{n}$；$s_j=\dfrac{j-1}{n}$；$g_i^{\delta}=g(t_i)+\theta_i\delta$，$\theta_i$ 是一个随机数，且 $\|\theta_i\|\leqslant 1$。

为了验证本章提出的分段滤子函数所构造的正则化方法的可行性，选择噪声水平为 $\delta=0.05$，$N=50$。为了深入评价该方法的重构质量及效果，这里给出了评价指标：最大误差和平均误差。

最大误差的表达式为

$$x_{\max}=\left|\frac{x_{\text{real}}-x_{\text{id}}}{\max\limits_{s\in[0,1]}\{x(s)\}}\right|\times 100\% \tag{6.45}$$

平均误差的表达式为

$$\bar{x}=\frac{1}{n}\left|\frac{x_{\text{real}}-x_{\text{id}}}{\max\limits_{s\in[0,1]}\{x(s)\}}\right|\times 100\% \tag{6.46}$$

式中　x_{real}—— 真解；

x_{id}—— 重构解。

通过计算机模拟计算，采用直接正则化方法（Tikhonov 正则化）和本章所提的分段滤子函数构造的正则化方法，都能给出该病态不适定的积分方程的重构解，但重构的效果却不尽相同。为了进一步分析判断研究方法重构效果，表 6.1 给出了两种方法的最大误差和平均误差。

表 6.1　重构误差

方法	最大误差 /%	平均误差 /%
传统方法	9.04	3.80
本章方法	7.50	3.37

分析表 6.1 可以得出，直接正则化方法得到的重构解与真实解之间的最大误差和平均误差分别为 9.04%、3.80%，分段滤子函数所构造的正则化方法的重构解与真实解之间的最大误差和平均误差分别为 7.50%、3.37%。最大误差和平均误差越小，表明重构解的精确度越高。由此可知，本章提出的分段滤子函数所构造的正则化方法比直接正则化方法更能有效地重构出 Fredholm 积

分方程的解。

分段滤子函数所构造的正则化方法比直接正则化方法误差小，主要由于本章提出的分段滤子函数的病态核函数矩阵的大奇异值的修正范围远远小于直接正则化方法，有效地增强了重构值的精确性。而小的奇异值又可以被直接截断，将不稳定的信息截断，有用的信息被保留，提高了重构解的稳定性，使得严重的病态核函数矩阵逐渐变为良态。缓解核函数矩阵的病态性，使得重构结果更接近于实际结果。直接正则化方法在求解过程中存在对重构解的平滑现象，大小奇异值都被修改，核函数矩阵的病态性加剧，使得重构结果与实际结果误差较大，从而可以进一步判定本章方法优于直接正则化方法。通过数值算例可知，本章所提出的分段滤子函数构造的正则化方法具有较好的可行性和有效性，为在截割煤岩载荷中的应用奠定了研究基础。

6.2.4　实验验证与结果分析

本节根据对截割煤岩载荷谱重构问题不适定性的深入分析，得出系统核函数矩阵的病态性和含有较高噪声的测量响应数据是导致载荷谱重构问题不适定性的主要原因，同时给出处理该类不适定问题的反求方法，即引入正则化方法来有效克服系统核函数矩阵的病态性问题。为了验证时域内载荷谱重构的计算反求方法及本章提出的分段滤子函数的正则化方法在工程实际中应用的正确性和有效性，基于上述数值算例，下面给出一个具体的实际工程算例：截齿截割煤岩载荷谱重构例子。为了评价重构载荷与实际载荷的吻合程度，以及评价本章方法的有效性，引入均方根误差(Root Mean Square Error，RMSE) 和迭代次数(Iterations，ITs) 作为评价指标，其均方根误差的形式为

$$\mathrm{RMSE}=\sqrt{\frac{1}{N}\sum_{i=1}^{N}(F_{\mathrm{r}}-F_{\mathrm{a}})} \tag{6.47}$$

式中　F_{a}、F_{r}—— 真实载荷和重构载荷。

6.2.4.1　实验方案

采煤机滚筒上的截齿由叶片和端盘截齿组成，其截齿安装及排列形式对截割效率、产煤量、块煤率有直接影响。叶片角度除了安装角外，还包括截齿的轴向倾斜角及截齿的二次旋转角。一般情况下，叶片上的截齿轴向倾斜角以及截齿二次旋转角是0°，而截齿安装角是存在的。针对端盘截齿，其三个角度都是存在的。通过阅读国内外学者关于截齿角度的研究可知，截齿不同形式的安装角度与煤岩破碎效果密切相关，因此，对截齿截割煤岩的破碎性能的影响也很重要。截齿安装角对采煤机工作机构的截割性能有着直接的影响，为了进一步

研究采煤机滚筒截齿楔入煤岩方式与截割煤岩载荷谱的内在关联，在实验范围内，对截齿安装角进行深入探讨，研究在不同安装角下截齿截割煤岩载荷的变化规律，其参数见表 6.2。

表 6.2　实验方案参数

截齿长度 /mm	齿身长度 /mm	齿柄直径 /mm	齿尖夹角 /(°)
160	90	30	75
坚固性系数	安装角 /(°)	牵引速度 /(m · min^{-1})	截割臂转速 /(r · min^{-1})
1.5	35	0.816	40.8

实验准备工作：确定实验用的截齿类型，按照要求的安装角度进行安装，调整截齿齿座位置，确定截齿在合适的安装位置；通过控制截割臂的位置，调整好截割臂之间的夹角，以此确定需要的截线距大小；调整实验所需的截齿安装角及所需的牵引速度，将模拟截割臂推至模拟煤壁的合适位置。将信号采集系统打开，确定各个参数及方案后，调试设备，将其工作状态调制最佳。准备工作结束后，开始实验操作，开展信号测试与数据采集工作，截齿的三向载荷测试系统由截割机构、测力装置、重力传感器、信号放大器以及 Dasp v10 智能数据采集和信号处理系统等组成，如图 6.1 所示。

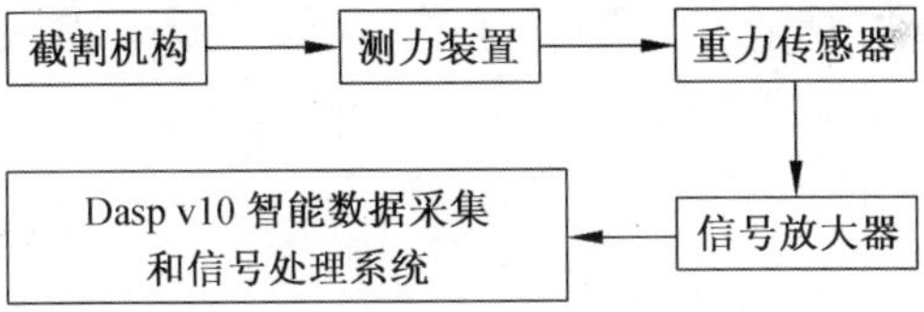

图 6.1　截齿的三向载荷测试系统

图 6.2 给出了沿截齿轴线方向的截割煤岩载荷谱，整个截割煤岩过程持续时间为 10 s，7 次连续截割循环。截齿接触煤岩并开始截割煤岩，随着滚筒转速的增大，在不断进给过程中，发现截割载荷谱随截割厚度的增大而不断增大，当截割厚度处在最大值状态时，在该状态下的截割载荷谱同时达到最大值，即存在峰值。实验台减速进给，截齿截割煤岩载荷开始逐渐减小，该曲线的整体轮廓与月牙形非常类似，符合采煤机滚筒截齿在井下实际旋转截割破碎煤岩的工作状态。

6.2.4.2　载荷谱重构结果分析与讨论

在采用本章提出的截割煤岩载荷谱重构方法之前，首先需要判断是否满足载荷谱重构的充要条件，即是否满足 Picard 准则。如图 6.3 所示，当 $1 \leqslant i \leqslant 12$ 时，与奇异值的下降速度相比，傅里叶系数的下降速度明显快些；当 $12 < i \leqslant 30$

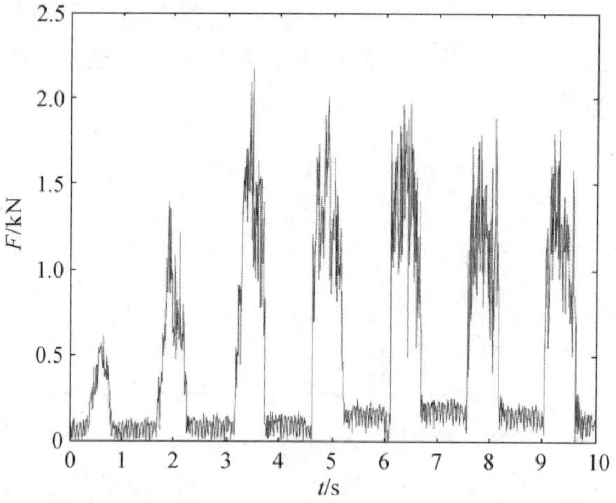

图 6.2　测试截割载荷

时，奇异值的下降速度又开始快于傅里叶系数的下降速度，此时不满足 Picard 准则。当测量数据响应中包含噪声时，若直接对其矩阵求逆，则重构值与真实值相差很大，进一步表明直接求逆的方法是不可取的。基于上述分析，利用提出的正则化方法进一步处理，以此达到重构的目的。

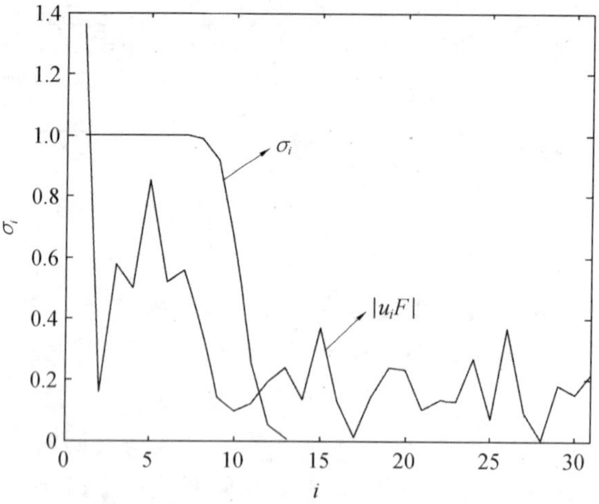

图 6.3　Picard 准则曲线

由于图 6.2 的截割载荷为 7 次截割循环，即 7 个截割周期，而且每个截割周期的截割载荷变化规律都类似于月牙形，因此只需要研究一个周期即可。为了减小和缓解核函数的病态性，选择前 0.3 s 的测量数据作为研究对象，图 6.4 给出了相应的核函数，为采用截割煤岩载荷谱的重构方法奠定了基础。

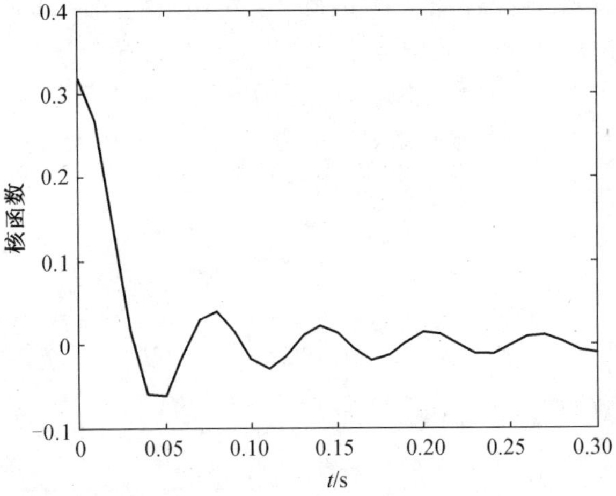

图 6.4　核函数曲线

下面分别利用分段滤子函数构造的 Tikhonov 正则化(简称 NTR) 方法进行截割煤岩载荷谱重构,将利用本章方法重构的截割煤岩载荷谱结果与直接正则化方法中的 Tikhonov 正则化方法(TR 方法) 和迭代方法中采用的共轭梯度法(CG 方法)、超记忆梯度法(SMG 方法) 得到的结果进行对比分析。正则化参数选取根据 L－曲线法、GCV 方法和偏差原理。图 6.5 给出了最佳正则参数在曲线拐点处的最优正则参数为 0.001。结合不同方法重构的截割煤岩载荷谱如图 6.6 所示。图6.7 给出了其利用 GCV 方法确定的正则参数,其正则参数最佳值为0.007。偏差原理给出的最佳正则参数值为 0.003。利用 GCV 方法结合

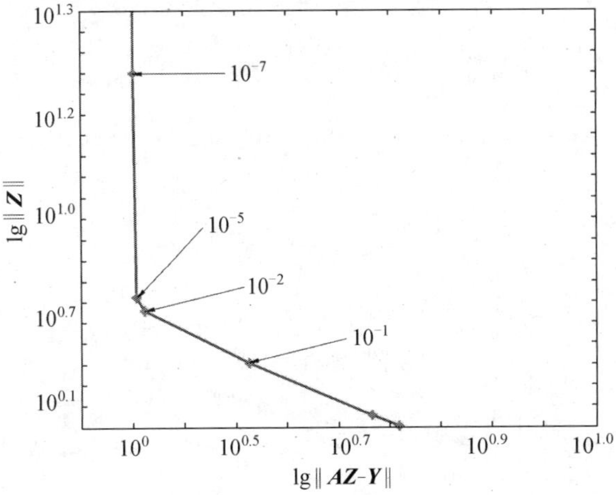

图 6.5　L－曲线法选择正则参数

NTR 方法重构方法，给出截割煤岩载荷谱重构结果，如图 6.8 所示。采用偏差原理选择正则参数，根据上述的正则化方法给出截割煤岩载荷谱重构，如图6.9 所示。利用不同的正则参数选取方法，得到的最优参数值也各不不同，且采用不同的正则化方法得到的截割煤岩载荷谱重构结果存在很大差异。

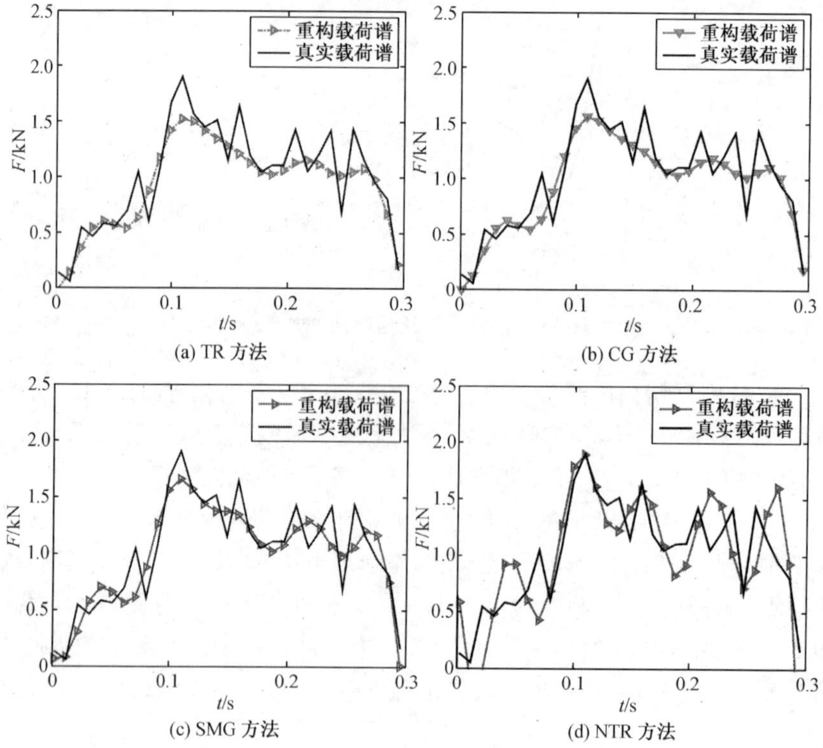

图 6.6　不同方法的重构截割煤岩载荷谱

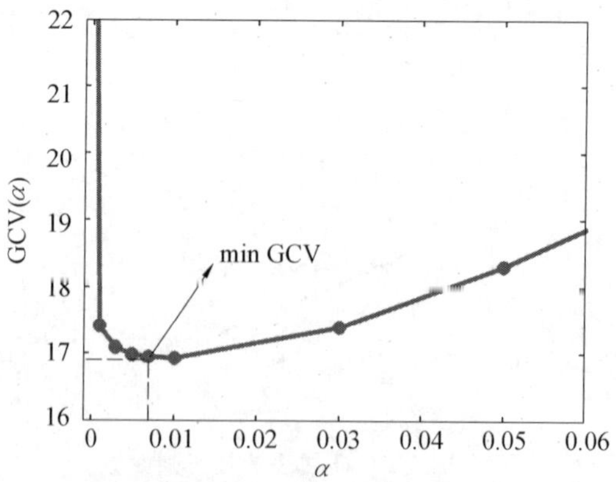

图 6.7　选择正则参数

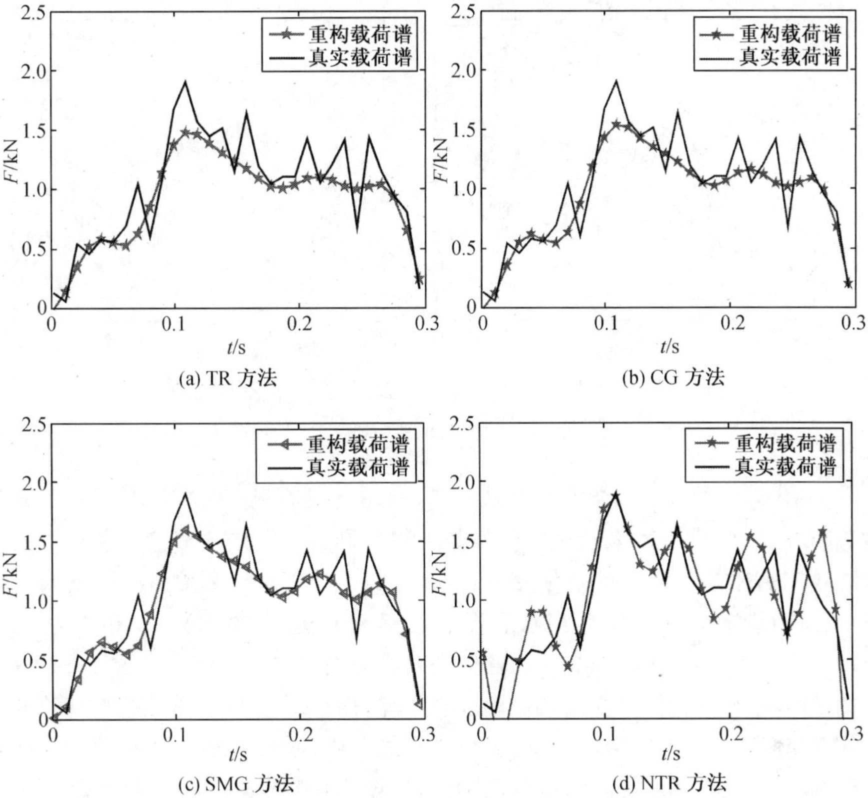

(a) TR 方法　(b) CG 方法

(c) SMG 方法　(d) NTR 方法

图 6.8　GCV 方法不同参数下的重构结果

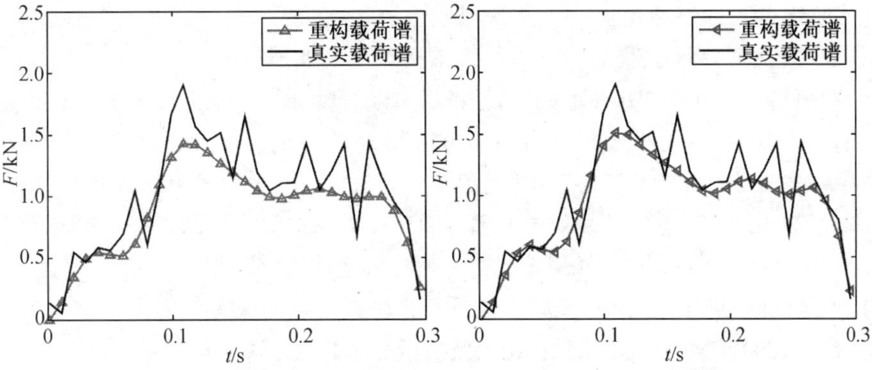

(a) TR 方法　(b) CG 方法

图 6.9　偏差原理法不同参数下的重构结果

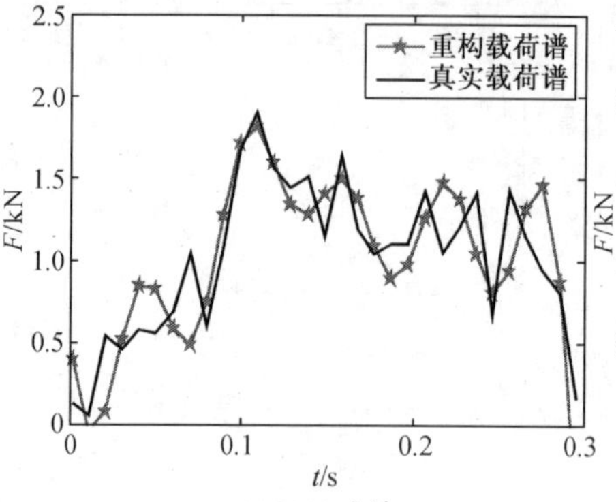

(c) SMG 方法

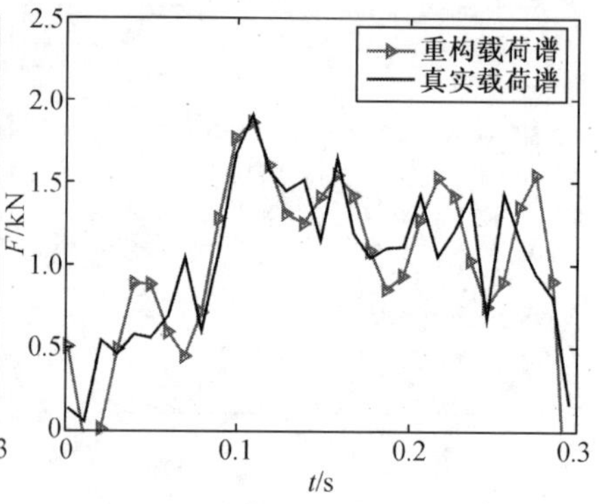

(d) NTR 方法

图 6.9(续)

从图6.6、图6.8和图6.9可以看出,利用上述的正则化方法虽然能够重构出载荷特征,但重构效果及重构质量却不尽相同。为了进一步判断各种正则化方法重构截割煤岩载荷的效果,给出6个时间点(主要包含载荷谱的波峰与波谷)处的重构载荷值和真实载荷值,及其载荷整体的RMSE和Its,见表6.3～6.5。从表6.3～6.5可以看出,TR方法、NTR方法、CG方法和SMG方法的RMSE与ITs各不相同。对于表6.3所示的L－曲线评价指标中,NTR方法的RMSE和Its整体小于TR方法、CG方法和SMG方法。在利用L－曲线方法选取正则参数并求得的截割煤岩重构结果中,NTR方法的截割煤岩重构结果及质量好于其他方法,各个时间点处重构载荷与真实载荷之间的相对误差除了在点0.07处不理想外(存在虚假峰值现象),其他均在15%以内,其原因是L－曲线中正则参数可以将正则解与残差解之间进行平衡,使得正则参数达到相应的最优值,因此,载荷谱重构的结果接近于真实载荷。

对于表6.4,GCV方法、NTR方法的RMSE和ITs与其他方法相比较,NTR方法的RMSE和ITs均小于TR方法、CG方法和SMG方法。在利用GCV方法选取正则参数并求得的截割煤岩载荷谱重构结果中,TR方法的RMSE和ITs与CG方法和SMG方法相比较均大于NTR方法,各个时间点处重构载荷与真实载荷之间的相对误差较大,上述4种研究方法对于载荷峰值处的重构不够理想,主要是由于该类重构方法具有平滑作用,使得载荷波峰或者载荷波谷处无法有效重构。总体分析,NTR方法的截割煤岩载荷谱重构结果及质量好于其他方法。对于表6.5,NTR方法的RMSE和ITs均小于TR方法、CG方法及SMG方法,但在载荷波峰和载荷波谷处重构载荷与真实载荷的相对误差较大。在利用偏差原理方法选取正则参数并求得的截割煤岩载荷谱重构结果中,NTR方法的截割煤岩载荷谱重构结果及质量好于其他研究方法。

通过分析可知，在 L－曲线方法所得载荷谱重构结果中，NTR 方法的 RMSE、ITs 和选取时间点处的相对误差值小于 GCV 方法和偏差原理方法中采用 NTR 方法的 RMSE、ITs。在 GCV 方法所得重构结果中，NTR 方法的 RMSE、ITs 小于偏差原理方法中采用 NTR 方法的 RMSE、ITs。在利用 L－曲线方法选取正则参数时，NTR 方法拥有最小的 RMSE、ITs 和最小的相对误差。与其他重构方法相比，NTR 方法结合 L－曲线能够更好地重构截割煤岩载荷谱，主要因为 NTR 方法的滤子函数将较小奇异值的无用成分进行了有效截断，对较大奇异值修正较其他研究方法少，减小了核函数矩阵的病态性。

表 6.3　L－曲线评价指标

重构方法	时间 /s	真实载荷 /kN	重构载荷 /kN	相对误差 /%	RMSE	ITs
TR 方法	0.070	1.045	0.631	39.62	0.470 2	30
	0.080	0.605	0.870	43.80		
	0.109	1.902	1.525	19.82		
	0.148	1.146	1.278	11.52		
	0.207	1.430	1.123	21.47		
	0.246	0.675	1.011	49.78		
CG 方法	0.070	1.045	0.633	39.43	0.377 5	25
	0.080	0.605	0.881	45.62		
	0.109	1.902	1.558	18.09		
	0.148	1.146	1.307	14.05		
	0.207	1.430	1.150	19.58		
	0.246	0.675	1.015	50.37		
SMG 方法	0.070	1.045	0.606	40.98	0.186 7	19
	0.080	0.605	0.875	44.05		
	0.109	1.902	1.656	14.55		
	0.148	1.146	1.373	19.81		
	0.207	1.430	1.215	15.03		
	0.246	0.675	0.978	49.87		
NTR 方法	0.070	1.045	0.438	86.71	0.078 3	8
	0.080	0.605	0.604	0.590		
	0.109	1.902	1.887	0.790		
	0.148	1.146	1.313	14.57		

续表6.3

重构方法	时间 /s	真实载荷 /kN	重构载荷 /kN	相对误差 /%	RMSE	ITs
NTR 方法	0.207	1.430	1.237	13.49	0.078 3	8
	0.246	0.675	0.673	0.300		

表 6.4 GCV 评价指标

重构方法	时间 /s	真实载荷 /kN	重构载荷 /kN	相对误差 /%	RMSE	ITs
TR 方法	0.070	1.045	0.624	40.29	0.604 7	35
	0.080	0.605	0.851	40.61		
	0.109	1.902	1.480	22.19		
	0.148	1.146	1.239	8.11		
	0.207	1.430	1.088	23.92		
	0.246	0.675	0.998	47.85		
CG 方法	0.070	1.045	0.633	39.43	0.424 1	28
	0.080	0.605	0.876	44.79		
	0.109	1.902	1.541	18.98		
	0.148	1.146	1.292	12.74		
	0.207	1.430	1.136	20.55		
	0.246	0.675	1.014	50.22		
SMG 方法	0.070	1.045	0.629	39.80	0.282 7	22
	0.080	0.605	0.886	46.44		
	0.109	1.902	1.599	15.93		
	0.148	1.146	1.338	16.75		
	0.207	1.430	1.180	17.48		
	0.246	0.675	1.009	49.48		
NTR 方法	0.070	1.045	0.459	56.07	0.080 6	10
	0.080	0.605	0.699	15.53		
	0.109	1.902	1.872	1.57		
	0.148	1.146	1.412	23.21		
	0.207	1.430	1.274	10.9		
	0.246	0.675	0.672	0.44		

表 6.5　偏差原理评价指标

重构方法	时间 /s	真实载荷 /kN	重构载荷 /kN	相对误差 /%	RMSE	ITs
TR 方法	0.070	1.045	0.610	41.63	0.688 9	38
	0.080	0.605	0.824	36.19		
	0.109	1.902	1.426	25.03		
	0.148	1.146	1.149	0.26		
	0.207	1.430	1.045	26.92		
	0.246	0.675	0.975	44.44		
CG 方法	0.070	1.045	0.629	39.80	0.500 2	30
	0.080	0.605	0.864	42.81		
	0.109	1.902	1.509	20.66		
	0.148	1.146	1.265	10.38		
	0.207	1.430	1.111	22.31		
	0.246	0.675	1.007	49.19		
SMG 方法	0.070	1.045	0.489	53.20	0.310 5	25
	0.080	0.605	0.755	24.79		
	0.109	1.902	1.814	4.63		
	0.148	1.146	1.409	22.95		
	0.207	1.430	1.265	11.54		
	0.246	0.675	0.674	0.148		
NTR 方法	0.070	1.045	0.452	56.75	0.091 8	13
	0.080	0.605	0.712	17.69		
	0.109	1.902	1.890	0.63		
	0.148	1.146	1.412	23.21		
	0.207	1.430	1.272	11.05		
	0.246	0.675	0.674	0.15		

本节依据正则化理论，提出一种分段滤子函数的正则化载荷谱重构方法。从理论分析角度可以看出，当$\boldsymbol{\sigma}_i^{\beta\gamma} \geqslant \alpha$时，滤子函数从$\dfrac{\boldsymbol{\sigma}_i^2}{\alpha + \boldsymbol{\sigma}_i^2}$变成1，消除了对大奇异值的修改，提高了重构解的精确性。当$\boldsymbol{\sigma}_i^{\beta\gamma} < \alpha$时，滤子函数从$\dfrac{\boldsymbol{\sigma}_i^2}{\alpha + \boldsymbol{\sigma}_i^2}$变成

$\frac{\boldsymbol{\sigma}_i^{\beta}}{(\alpha+\boldsymbol{\sigma}_i^{\beta\gamma})^{1/\gamma}}$，有效地截断了小奇异值所对应的无用成分，提高了重构解的稳定性。

数值算例表明，采用 TR 方法的重构解与真实解的最大误差和平均误差分别为 9.04％、3.80％，本章方法的最大误差和平均误差分别为 7.50％、3.37％，可知本章方法的误差明显小于 TR 方法，原因在于本章提出的分段滤子函数对大奇异值的修正明显小于 TR 方法，小奇异值又可以被直接截断，严重的病态核函数矩阵逐渐变为良态，使得重构解更接近于真解。截割煤岩载荷谱重构实例表明，本章提出的方法拥有最小的 RMSE 和最少的 Its，结合 L－曲线方法能较好地实现截割煤岩载荷谱重构，主要在于本章提出的分段滤子函数是分段函数，既可以对小奇异值的不可信成分进行选择截断，又可保证大奇异值不被无限制修正。

第7章　载荷谱重构的估计扩展熵项正则化方法

前面提出的新型滤子函数法解决了载荷谱重构出现的平滑现象，但当载荷谱导致系统矩阵同时处于严重病态和噪声水平较高时容易出现虚假载荷峰值现象，传统的载荷谱重构方法通常在载荷波峰、波谷处重构，效果不够理想。为有效处理上述问题，基于范数估计和熵理论，本章提出一种估计扩展熵项的正则化方法(Estimated Extended Entropy Term Regularization，EEETR)，将处理不适定性反问题程序转化为一类无约束优化求解问题，引入新共轭梯度法(New Conjugate Gradient，NCG)进行目标泛函求解，构造一种新的载荷谱重构方法，简称为EEETR－NCG方法，并证明其稳定性和收敛性。通过数值算例和截割煤岩载荷谱重构实例，验证了本章方法的可行性和有效性，并进行相关参数对载荷谱重构影响的研究。

7.1　估计扩展熵项的正则化方法

为了探寻处理载荷谱导致系统矩阵同时处于严重病态和噪声水平较高时容易出现虚假载荷峰值现象的方法，本节基于范数估计和熵理论，将传统的正则项采用范数估计和熵函数组合形式替代，定义为估计扩展熵项，提出一种基于估计扩展熵项的正则化载荷谱重构方法。

7.1.1　估计扩展熵项的提出

估计扩展熵研究方法的思路是将载荷谱重构问题转化为最优化问题的求解，其中可以将最优化目标泛函重新描述为

$$\min J(\boldsymbol{Z}_{id}) = \| \boldsymbol{AZ} - \boldsymbol{Y} \|^2 + \lambda \sum_{i=1}^{n} \boldsymbol{Z}_i \ln \boldsymbol{Z}_i \tag{7.1}$$

式中　λ—— 正则参数。

令 $\Omega(\boldsymbol{Z}_i)=\sum_{i=1}^{n}\boldsymbol{Z}_i\ln\boldsymbol{Z}_i$，称为正则熵项，式(7.1) 重新描述为

$$\min J(\boldsymbol{Z}_{\mathrm{id}})=\|\boldsymbol{AZ}-\boldsymbol{Y}\|^2+\lambda\Omega(\boldsymbol{Z}_i) \tag{7.2}$$

在一些复杂情况下，如重构对象较为复杂，而对于 Tikhonov 正则化技术又不太完善，存在重构质量及效果差、对噪声敏感等缺点。本章根据动力学不适定问题重构的病态性特点，利用范数估计方法和熵函数对 Tikhonov 正则化技术的正则熵项进行重新设计，提出一种估计扩展熵项的正则化重构方法。

根据范数估计思想，利用范数估计表示法，式(7.2) 的正则熵项可以被重新描述，即

$$\Omega(\boldsymbol{Z}_i)=\sum_{i=1}^{n}[1+\ln(1+|\boldsymbol{Z}_i|^{p_i})]\ln[1+\ln(1+|\boldsymbol{Z}_i|^{p_i})] \tag{7.3}$$

式中　$|\cdot|$——1 − 范数；

p_i——熵参数。

式(7.3) 中的 $|\boldsymbol{Z}|$ 还可以被进一步地扩展描述，根据范数理论与方法，近似地表述为

$$|\boldsymbol{Z}|\approx(\boldsymbol{Z}^2+q)^{\frac{1}{2}} \tag{7.4}$$

将式(7.4) 代入式(7.3)，整理后得

$$\Omega(\boldsymbol{Z}_i)\approx\sum_{i=1}^{n}\{1+\ln[1+(\boldsymbol{Z}_i^2+q)^{\frac{p_i}{2}}]\}\cdot\ln\{1+\ln[1+(\boldsymbol{Z}_i^2+q)^{\frac{p_i}{2}}]\} \tag{7.5}$$

式中　q——预定熵参数。

结合式(7.1) 和式(7.5)，给出一种估计扩展熵项的正则化重构方法模型：

$$\min J(\boldsymbol{Z}_{\mathrm{id}})=\|\boldsymbol{AZ}-\boldsymbol{Y}\|^2+\lambda\sum_{i=1}^{n}\{1+\ln[1+(\boldsymbol{Z}_i^2+q)^{\frac{p_i}{2}}]\}\cdot \ln\{1+\ln[1+(\boldsymbol{Z}_i^2+q)^{\frac{p_i}{2}}]\} \tag{7.6}$$

从式(7.6) 可以看出，本章提出基于估计扩展熵项的正则化方法与 Tikhonov 正则化方法完全不同，本章方法的重点在于构造了一个扩展的稳定熵项，该稳定项主要考虑了 1 − 范数估计，对噪声的抗噪能力更强，具有很好的鲁棒性，同时提出的扩展熵项的正则化重构方法中，利用一个更好的扩展熵项使正则解变得更稳定，从而更适合于复杂物体及噪声较高环境的结构载荷谱重构研究。

7.1.2　迭代求解法

由上述分析可知，不适定性反问题的重构是病态的，其解通常是非稳态的，

需要寻求一种稳定求解的方法。式(7.6) 被认为是一类无约束优化问题，利用优化算法处理无约束优化问题的目标函数。共轭梯度法作为一种有效处理问题的手段，近年来得到了广泛的应用，该方法并不十分完善，存在一些不足。研究人员相继提出了相应的改进技术，并成功地将其应用于工程实际中以解决相应的不适定问题。本章重点研究一种新共轭梯度(NCG) 技术结合 EEETR 方法，即 EEETR－NCG 法。

本章提出了一种新的共轭梯度(NCG) 技术来求解式(7.6)，共轭梯度(CG) 法的迭代形式描述为

$$Z_{k+1} = Z_{k+1} + \alpha_k h_k \tag{7.7}$$

式中　α_k—— 步长。

通过标准 Armijo 线搜索条件计算

$$\alpha_k = \max\{\rho^j, j = 0,1,2,\cdots\} \tag{7.8}$$

$$f(Z_k + \alpha_k h_k) \leqslant f(Z_k) + \delta\alpha_k g_k^{\Omega} h_k \tag{7.9}$$

式中，$\rho \in (0,1)$；$\delta \in (0,0.5)$。

式(7.7) 中的 h_k 代表搜索方向，具体表达式如下：

当 $k=0$ 时

$$h_k = -g_k \tag{7.10}$$

当 $k \geqslant 1$ 时

$$h_k = -g_k + \beta_k h_{k-1} \tag{7.11}$$

式中　g_k——$J(Z_k)$ 在点 k 的梯度；

β_k—— 共轭参数。

g_k 的表达式为

$$g_k = \nabla J(Z_k) \tag{7.12}$$

基于 PRP 共轭梯度法，新的共轭梯度法的搜索方向 h_k^{new} 可以表示为：

当 $k=0$ 时

$$h_k^{\mathrm{new}} = -g_k \tag{7.13}$$

当 $k \geqslant 1$ 时

$$h_k^{\mathrm{new}} = -g_k + \beta_k^{\mathrm{PRP}} s_k h_{k-1}^{\mathrm{new}} \tag{7.14}$$

其中，各个参数的具体表达式为

$$s_k = \min\{\theta_k, 1\}, \quad \theta_k = \frac{c_1 \ \| g_{k-1} \|^2}{L_k \ \| h_{k-1}^{\mathrm{new}} \|^2}, \quad L_k = \max\left\{\frac{\| g_k - g_{k-1} \|}{\| v_{k-1} \|}, L_{k-1}\right\} \tag{7.15}$$

$$c_1 \in (0,1), \quad v_k = \alpha_{k-1} h_{k-1}^{\mathrm{new}}, \text{当 } k=0 \text{ 时 } L_0 > 0, \quad \beta_k^{\mathrm{PRP}} = \frac{g_k^{\Omega}(g_k - g_{k-1})}{\| g_{k-1} \|} \tag{7.16}$$

EEETR－NCG 法流程如下：

步骤 1　给定初始值 $Z_0, c_1 \in (0,1), L_0 > 0$，设 $h_0 = -g_0, k = 0$。

步骤 2　如果 $\| g_k \| = 0$，则停止，转到下一步。

步骤 3　基于式(7.8) 计算 α_k。

步骤 4　令 $Z_{k+1} = Z_k + \alpha_k h_k^{\text{new}}$。

步骤 5　基于式(7.14) 计算 h_k^{new}。

步骤 6　令 $k := k + 1$，然后返回步骤 2。

定理 7.1　如果 h_k^{new} 由式(7.14) 得到，α_k 由式(7.8) 和式(7.9) 计算得到，则对于 $k \geqslant 0$，有

$$g_k^{\Omega} h_k^{\text{new}} \leqslant -(1 - c_1) \| g_k \|^2 \tag{7.17}$$

证明　当 $k = 0$ 时，可得 $g_k^{\Omega} h_k^{\text{new}} = -\| g_k \|^2$，因此定理 7.1 成立。

当 $k \geqslant 1$ 时，由于步长 α_k 由式(7.8) 计算得到，所以 $\alpha_k \leqslant 1$，由此可得到

$$\begin{aligned} g_k^{\Omega} h_k^{\text{new}} &= -\| g_k \|^2 + \beta_k^{\text{PRP}} \min\{\theta_{k-1}, 1\} g_k^{\Omega} h_k^{\text{new}} \\ &\leqslant -\| g_k \|^2 + \frac{\| g_k \| \, \| g_k - g_{k-1} \|}{\| g_{k-1} \|^2} \theta_{k-1} \left| g_k^{\Omega} h_k^{\text{new}} \right| \\ &\leqslant -\| g_k \|^2 + \frac{L_k \| v_{k-1} \| \, \| h_k^{\text{new}} \|}{\| g_{k-1} \|^2} \theta_{k-1} \| g_k \|^2 \\ &\leqslant -\| g_k \|^2 + \frac{L_k \| h_k^{\text{new}} \|}{\| g_{k-1} \|^2} \theta_{k-1} \| g_k \|^2 \\ &= -(1 - c_1) \| g_k \|^2 \end{aligned} \tag{7.18}$$

因此，结论被证明。

根据下列两个假设条件(A)，进一步地说明本章方法具有全局收敛性。

(i) 目标函数在如下水平集中有界：

$$\Omega = \{ z \in \mathbf{R}^n \mid f(z) \leqslant f(z_0) \} \tag{7.19}$$

(ii)g 是连续可微的梯度函数，满足 Lipschitz 条件，即存在常数 $L > 0$，使得对任意的 $x, y \in \Omega$，有

$$\| g(x) - g(y) \| \leqslant L \| x - y \| \tag{7.20}$$

定理 7.2　假设条件 A 成立，步长 α_k 由式(7.8) 计算，搜索方向 d_k^{new} 由式(7.20) 计算得到，存在一个常数 $u > 0$，使得

$$\alpha_k \geqslant \frac{-g_k^{\Omega} h_k^{\text{new}}}{\| h_k^{\text{new}} \|^2} \tag{7.21}$$

$$\sum_{k=0}^{\infty} \frac{\| g_k \|^4}{\| h_k^{\text{new}} \|^2} < \infty \tag{7.22}$$

证明　令 $u = \min\left\{ (1 - u_1), \dfrac{\rho(1-\delta)}{L} \right\}$。当 $\alpha_k = 1$ 时，根据定理 7.1 可得

$$g_k^{\Omega} h_k^{\text{new}} \leqslant -(1-\mu_1)\|g_k\|^2 \tag{7.23}$$

由于 $-g_k^{\Omega} h_k^{\text{new}} \leqslant \|g_k\| \|h_k^{\text{new}}\|$，有

$$\|h_k^{\text{new}}\| \geqslant (1-\mu_1)\|g_k\| \tag{7.24}$$

则

$$\|h_k^{\text{new}}\|^2 \geqslant (1-\mu_1)\|g_k\| \|h_k^{\text{new}}\| \geqslant -(1-\mu_1) g_k^{\Omega} h_k^{\text{new}} \tag{7.25}$$

$$\alpha_k = 1 \geqslant \frac{-(1-\mu_1) g_k^{\Omega} h_k^{\text{new}}}{\|h_k^{\text{new}}\|^2} \tag{7.26}$$

式(7.21) 被证明。

当 $\alpha_k < 1$ 时，$\rho^{-1}\alpha_k$ 并不满足式(7.21)，有

$$f(z_k + \rho^{-1}\alpha_k h_k^{\text{new}}) > f(z_k) + \delta\rho^{-1}\alpha_k h_k^{\text{new}} \tag{7.27}$$

根据中值定理，有

$$\begin{aligned} f(z_k + \rho^{-1}\alpha_k h_k^{\text{new}}) - f(z_k) &= \rho^{-1}\alpha_k h_k^{\text{new}} g\ (z_k + t_k\rho^{-1}\alpha_k h_k^{\text{new}})^2 \\ &\leqslant \rho^{-1}\alpha_k g_k^{\Omega} h_k^{\text{new}} + L\rho^{-2}\alpha_k^2 \|h_k^{\text{new}}\|^2 \end{aligned} \tag{7.28}$$

式中，$t_k \in (0,1)$。

根据定理 7.2 可得

$$\delta\rho^{-1}\alpha_k g_k^{\Omega} h_k^{\text{new}} \leqslant \rho^{-1}\alpha_k g_k^{\Omega} h_k^{\text{new}} + L\rho^{-2}\alpha_k^2 \|h_k^{\text{new}}\|^2 \tag{7.29}$$

则

$$\alpha_k \geqslant -\frac{\rho(1-\delta) g_k^{\Omega} h_k^{\text{new}}}{L\ \|h_k^{\text{new}}\|^2} \geqslant \mu\ \frac{-g_k^{\Omega} h_k^{\text{new}}}{\|h_k^{\text{new}}\|^2} \tag{7.30}$$

式(7.22) 被证明。

根据式(7.30) 及假设条件(A) 可知

$$\begin{aligned} \sum_{k=0}^{k} \delta\mu\ (1-\mu_1)^2 \frac{\|g_k\|^4}{\|h_k^{\text{new}}\|} &\leqslant \sum_{k=0}^{k} \delta\mu\ \frac{\|g_k\|^2}{\|h_k^{\text{new}}\|} \leqslant \sum_{k=0}^{k} -\delta\alpha_k g_k^{\Omega} h_k^{\text{new}} \\ &\leqslant \sum_{k=0}^{k} (f_k - f_{k-1}) < \infty \end{aligned} \tag{7.31}$$

结论被证明。

定理 7.3　假设步长 α_k 和搜索方向 d_k^{new} 由迭代算法产生，使得

$$\lim_{k\to\infty} \|g_k\| = 0 \tag{7.32}$$

证明　由于步长 α_k 和搜索方向 d_k^{new} 由式(7.1) 计算得到，因此有

$$\begin{aligned} \|h_k^{\text{new}}\| &\leqslant \|g_k\| + |\beta_k| \min\{\theta_{k-1}, 1\} \|h_k^{\text{new}}\| \\ &\leqslant \|g_k\| + \frac{\|g_k\| \|g_k - g_{k-1}\|}{\|g_{k-1}\|^2} \cdot \\ &\quad \frac{\|\mu\| \|g_{k-1}\| \|z_{k-1}\|}{\|h_k^{\text{new}}\|^2 \|g_k - g_{k-1}\|} \|h_k^{\text{new}}\| \\ &= \|g_k\| + \mu\alpha_k \|g_k\| \leqslant (1+\mu)\|g_k\| \end{aligned} \tag{7.33}$$

可得

$$\frac{\| g_k \|^4}{\| d_k \|^2} \geqslant \frac{\| g_k \|^4}{\| d_k \|^2 (1+\mu)^2} = \frac{\| g_k \|^2}{(1+\mu)^2} \tag{7.34}$$

结论得以证明。

7.1.3 数值验证

为了论证本章所提出的基于估计扩展熵项的正则化重构方法的稳定性和有效性，接下来将通过 Fredholm 积分方程的求解来进行测试验证。首先将该 Fredholm 积分方程进行离散化处理成线性代数矩阵方程。由于 Fredholm 积分方程通常是不适定的，离散后的矩阵方程也是不适定的，直接进行求逆运算不可能得到真实的解，这主要是由其病态性引起的。接下来将通过本章提出的估计扩展熵项所构造的正则化方法结合新型共轭梯度方法来求解该问题。

本节给出的例子是一个严重不适定的 Fredholm 积分方程，第一类方程由以下公式给出：

$$\int_0^1 e^{ts} x(s) ds = \frac{e^{t+2}-1}{t+2}, \quad t \in [0,1] \tag{7.35}$$

令 $c(t)=e^{ts}, y(t)=\dfrac{e^{t+2}-1}{t+2}$，可得

$$\int_0^1 c(t) x(s) ds = y(t), \quad t \in [0,1] \tag{7.36}$$

经过离散化并整理得

$$\frac{\pi}{n}\sum_{i=0}^{n} c(t_i, \tau_k) x(t_i) = y(\tau_k), \quad k=0,1,\cdots,n \tag{7.37}$$

式中，$t_i = \dfrac{\pi i}{n}$；$\tau_k = \dfrac{\pi k}{2}$。

式(7.37)作为一个不适定问题，需要采用相应的正则化方法来求解，利用本章提出的估计扩展熵项的正则化方法结合新共轭梯度方法，其重构误差见表7.1，其中 Tikhonov 正则化结合共轭梯度方法简称为 TR－CG 方法，Tikhonov 正则化结合新共轭梯度方法简称为 TR－NCG 方法，估计扩展熵项的正则化结合共轭梯度方法简称为 EEETR－CG 方法，估计扩展熵项的正则化结合新共轭梯度方法简称为 EEETR－NCG 方法。

表 7.1　重构误差

评价指标	重构方法				
	TR	TR－CG	TR－NCG	EETR－CG	EEETR－NCG
最大误差/%	9.08	8.87	8.52	8.01	7.85
平均误差/%	3.82	3.71	3.68	3.59	3.42

从 7.1 表可以看出，TR、TR－CG、TR－NCG、EEETR－CG 以及 EEETR－NCG 方法的最大误差和平均误差各不相同，其大小分别为 9.08% 和 3.82%，8.87% 和 3.71%，8.52% 和 3.68%，8.01% 和 3.59%，7.85% 和 3.42%。从其误差的大小可以进一步判断，本章所提出的 EEETR－NCG 方法更能准确和有效地重构 Fredholm 积分方程的解。

与其他研究方法相比较，EEETR－NCG 方法的误差最小，表明该方法优于其他方法，进一步证明了 EEETR－NCG 方法的重构效果更加明显。其主要原因在于本章提出的估计扩展熵项起到了有效的作用，能够将重构解的虚假峰值合理地消除，其中奇异值较小的分量同样被有效地去除，避免累计误差的存在使得较小奇异值将其无限放大而导致重构结果偏离实际结果。数值算例验证了本章提出的 EEETR－NCG 方法的稳定性和有效性，同时还可表明数值上所得到的重构效果基本上与理论分析的结果一致，为下面的实验验证奠定了基础。

7.2　实验验证与结果分析

7.2.1　EEETR－NCG 方法的参数化

前面数值算例表明，应用本章提出的 EEETR－NCG 方法能够有效地解决数学中遇到的不适定（病态）问题。为了进一步验证本章方法在实际采煤机截割煤岩工程中的应用，本节给出一个采煤机截齿安装角度较大且切削厚度较深的截割条件下的实验研究，实验在多截齿旋转截割试验台上开展，实验步骤及操作流程与第 6 章一致。

镐型齿截割煤岩的截割阻力主要是通过齿套来进行传递的，经力传感器就可测量出其值的大小。轴向载荷 F_z 被定义为传感器测力方向与截齿轴线方向相一致，径向载荷 F_y 被定义为传感器测力方向与截齿轴线方向相垂直，如图 7.1(a) 所示。图 7.1(b) 给出了截齿的受力状态，其中 O 为齿套支撑点，β 为截齿的切向安装角，Z 为截割阻力，Y 为推进阻力，f 为摩擦阻力，l_1 为齿尖到支撑点的距离，l_2 为传感器到支撑点的距离。基于上述描述，给出截齿的力平衡和力矩平衡方程为

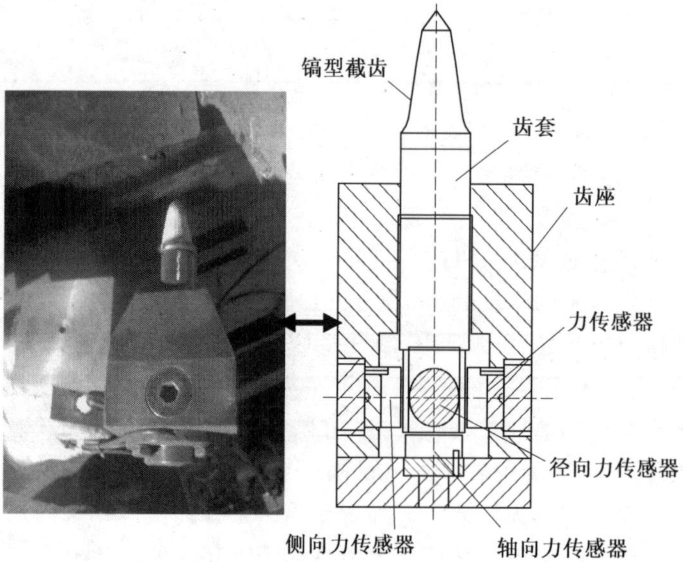

(a) 测力装置

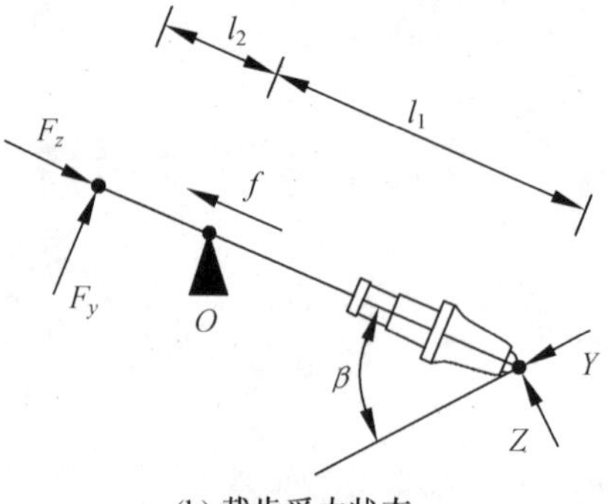

(b) 截齿受力状态

图 7.1　测力装置及截齿受力

$$\begin{cases} Y\cos\beta + Z\sin\beta - f = F_z \\ (Y\sin\beta - Z\cos\beta)l_1 + F_y l_2 = 0 \\ l_1 f = (l_1 + l_2) f_n F_y \end{cases} \tag{7.38}$$

设 $k_l = l_2/l_1$，进一步对式(7.38)进行简化处理，整理得到 Z 与 F_z，F_y 以及 β 的内在关系式，即

$$Z = F_z\sin\beta + F_y[f_n\sin\beta(1 + k_l) + k_l\cos\beta] \tag{7.39}$$

式中　f_n—— 截齿齿套与支撑结构之间的摩擦系数，通常 $f_n=0.1$；

k_l—— 截齿与传感器结构尺寸系数，$k_l=0.739$，当 $\beta=30°\sim 50°$，$Z=(1.0\sim 1.8)F_z$。

实验条件：截齿的安装角为 45°，坚固性系数为 2.0，最大切削厚度为 20 mm，截割臂转速为 40.8 r/min，牵引速度为 0.8 m/min。图 7.2 (a) 所示为实验的轴向载荷，图 7.2 (b) 所示为实验的径向载荷，图 7.2 (c) 所示为依据式(7.39) 换算后得到的截割阻力。

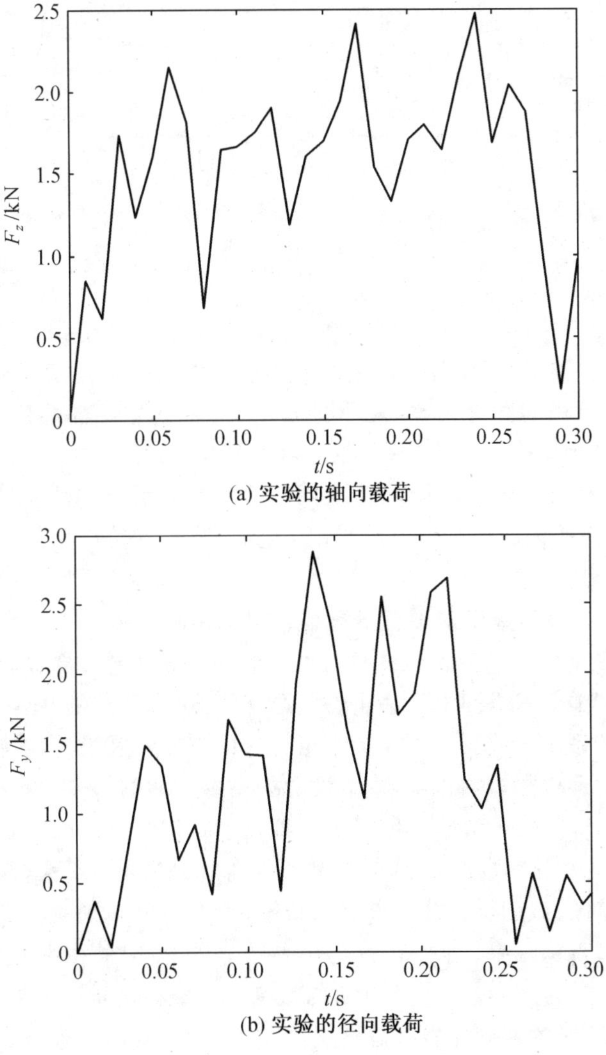

(a) 实验的轴向载荷

(b) 实验的径向载荷

图 7.2　截割载荷与截割阻力

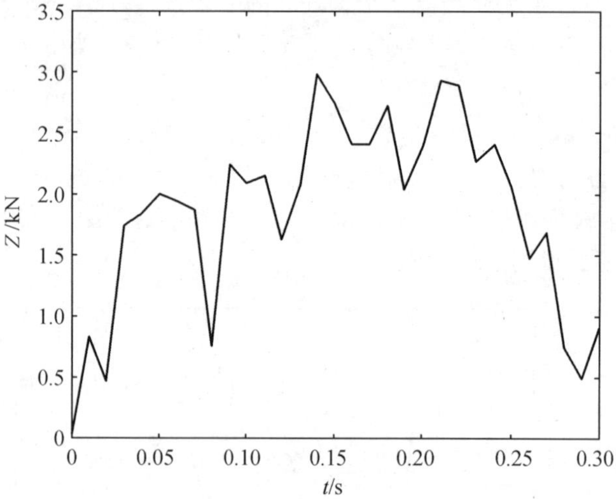

(c) 截割阻力

图 7.2(续)

进一步分析图 7.2 (c) 可知，通过式(7.39) 计算得到的截割阻力与图 7.2 (a) 的实验轴向载荷相比，其幅值大小各不相同，但其波动规律类似。与图 7.2 (b) 的实验径向载荷相比，发现图 7.2 (b) 的实验径向载荷对截割阻力的波动情况及变化规律影响非常小，即可判定 Z 与 F_z 近似成正比，进一步说明图 7.2 (a) 的实验轴向载荷总体能反映图 7.2 (c) 的截割阻力的大小及变化趋势。因此，下面所说的截割阻力及其相关特征描述，就可以用图 7.2 (a) 的实验轴向载荷近似地表述。

7.2.1.1 熵参数 p 对载荷谱重构结果的影响

本章所提出的 EEETR－NCG 方法包含 p 和 q 两个重要的研究熵参数，为了深入研究相关熵参数对载荷谱重构的影响程度，本节分别开展了不同熵参数对载荷影响的系统研究。为了验证本章方法的有效性及稳定性，首先研究熵参数 p 对载荷谱重构的影响程度，本节设置的熵参数如下：$q=0.01$，$p=0.1$，0.5，1.0，1.5，2.0，2.5，3.0，4.0，其截割煤岩载荷谱重构结果如图 7.3(a) ～ (h) 所示。图 7.3(a) 为熵参数 $p=0.1$ 时的截割煤岩载荷谱重构结果，图 7.3(b) 为熵参数 $p=0.5$ 时的截割煤岩载荷谱重构结果，图 7.3(c) 为熵参数 $p=1.0$ 时的截割煤岩载荷谱重构结果，图 7.3(d) 为熵参数 $p=1.5$ 时的截割煤岩载荷谱重构结果，图 7.3(e) 为熵参数 $p=2.0$ 时的截割煤岩载荷谱重构结果，图 7.3(f) 为熵参数 $p=2.5$ 时的截割煤岩载荷谱重构结果，图 7.3(g) 为熵参数 $p=3.0$ 时的截割煤岩载荷谱重构结果，图 7.3(g) 为熵参数 $p=4.0$ 时的截割煤岩载荷谱重构结果。

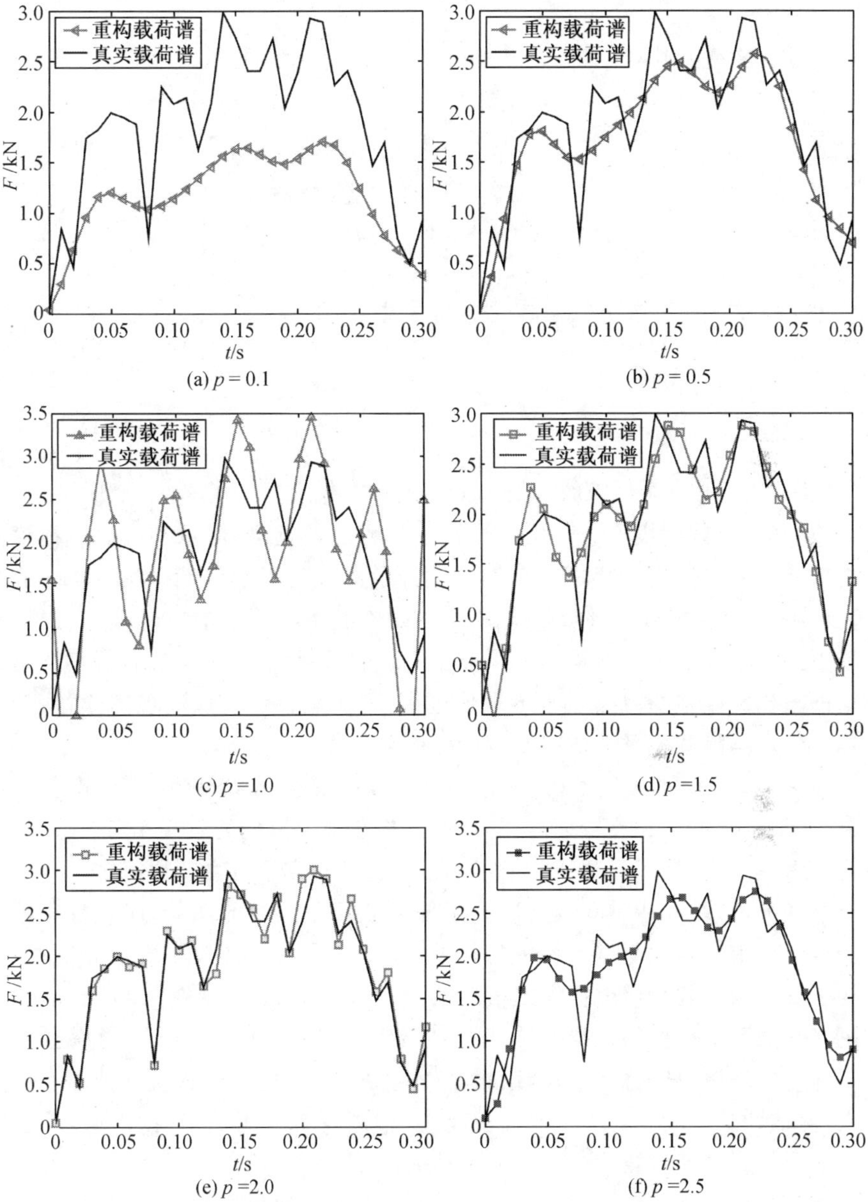

图 7.3　不同熵参数 p 下的载荷谱重构曲线

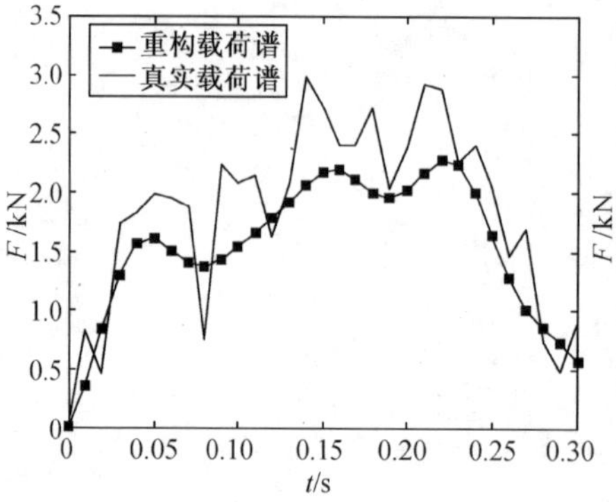

(g) p =3.0

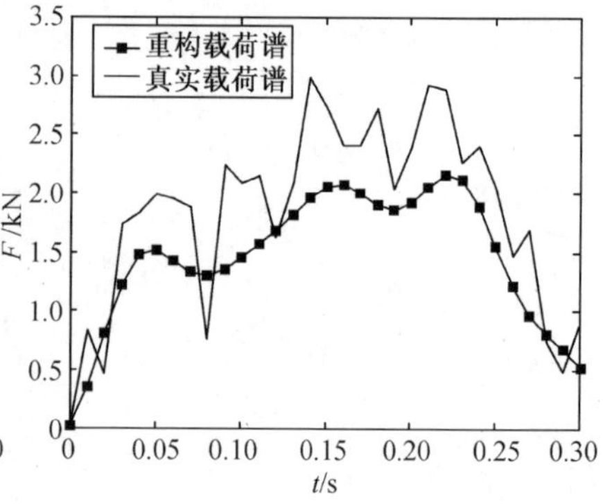

(h) p =4.0

图 7.3(续)

由图 7.3 可以看出，利用相同的截割煤岩载荷谱重构方法，当研究的参数发生改变时，其截割煤岩载荷均能够被不同程度地重构，但截割煤岩载荷谱重构的效果及质量却各不相同。从时域曲线的总体趋势观察，其中 7.3(a) 和图 7.3(b) 的截割煤岩载荷谱重构效果严重偏离了实际的截割煤岩载荷，说明该参数下的截割煤岩载荷谱重构效果非常不理想，即该参数下不适合截割煤岩载荷谱的重构。其主要原因在于 p 取值过小，削弱了估计扩展熵项的作用，使得本章方法对消除载荷平滑效应没有起到明显的作用。

由图 7.3(c) 和图 7.3(d) 可以看出，截割煤岩载荷谱重构的效果与图 7.3(a) 和图 7.3(b) 相比较而言，其截割煤岩载荷谱重构的效果相对较好，但也不是非常理想，只是部分载荷特征能够被重构和识别。其主要原因在于 p 值尽管有所变大，但在一些时间点处出现了虚假波峰和波谷的现象，虚假现象的出现会增加截割煤岩载荷谱重构解的误差，误差的存在会被较小的奇异值扩大，削弱了截割煤岩载荷谱重构解的精确性。由图 7.3(g) 和图 7.3(h) 可以看出，截割煤岩载荷谱重构的效果与图 7.3(e) 和图 7.3(f) 相比较而言，载荷谱重构效果非常不理想，且载荷谱重构结果比较光滑。其主要原因在于 p 值尽管变得很大，但估计扩展熵项的作用范围被超出，偏离真实作用的范畴，因此，严重影响了估计扩展熵项对载荷谱重构准确性的作用。

通过对比图 7.3(e) 和图 7.3(f) 的截割煤岩载荷特征及细节可以清楚地看出，图 7.3(e) 所示截割煤岩载荷的特征能够较好地被辨识和重构，截割煤岩重构载荷的虚假波峰和波谷现象被有效地消除，该参数下的载荷谱重构效果相对来说比较接近实际的煤岩载荷特征。其主要原因在于 p 值变大，估计扩展熵项开始起到了有效的作用，能够将截割煤岩重构载荷虚假的峰值合理地消除，其中奇异值较小的分量同样被有效地去除，避免累计误差的存在使得较小奇异值将其无限放大而导致截割煤岩载荷谱重构结果偏离实际的截割煤岩载荷。

通过分析不同熵参数 p 下的截割煤岩载荷谱重构结果，以此判断最佳参数组合对截割煤岩载荷谱重构结果的影响，给出了 10 个时间点处（载荷谱波峰和波谷）的截割煤岩重构载荷与实际截割煤岩载荷的相对误差以及整个时间历程的 RMSE 和 Its 值，具体结果详见表 7.2。当熵参数 q 固定时，随着熵参数 p 的不断增大，截割煤岩载荷谱的重构值与实际截割煤岩载荷值的相对误差以及整个时间历程的 RMSE 和 Its 值呈现先减小后增大的变化趋势。在熵参数 $p=2.0$ 时，EEETR－CG 方法的相对误差以及整个时间历程上的 RMSE 和 ITs 值比其他熵参数 p 下的相对误差以及整个时间历程上的 RMSE 和 ITs 值都小。

表 7.2　不同参数 p 下的载荷谱重构结果评价指标

参数 p	时间 /s	真实载荷 /kN	重构载荷 /kN	相对误差 /%	RMSE	ITs
0.1	0.01	0.837 2	0.294 0	64.883	3.858 5	22
	0.05	1.994 0	1.199 0	39.870		
	0.08	0.750 6	1.023 0	36.291		
	0.09	2.244 0	1.066 0	52.496		
	0.12	1.623 0	1.341 0	17.375		
	0.14	2.984 0	1.562 0	47.654		
	0.19	2.034 0	1.481 0	27.188		
	0.21	2.929 0	1.634 0	44.213		
	0.26	1.468 0	0.978 6	33.338		
	0.29	0.485 5	0.479 0	1.338		
0.5	0.01	0.837 2	0.366 0	56.283	0.671 1	18
	0.05	1.994 0	1.812 0	9.127		
	0.08	0.750 6	1.527 0	103.43		
	0.09	2.244 0	1.616 0	27.98		
	0.12	1.623 0	1.990 0	22.612		
	0.14	2.984 0	2.311 0	22.554		
	0.19	2.034 0	2.183 0	7.325		
	0.21	2.929 0	2.439 0	16.729		
	0.26	1.468 0	1.420 0	3.269		
	0.29	0.485 5	0.840 9	73.203		
	0.01	0.837 2	0.002 1	99.749		

续表7.2

参数 p	时间 /s	真实载荷 /kN	重构载荷 /kN	相对误差 /%	RMSE	ITs
1.0	0.05	1.994 0	2.262 0	13.440	0.153 9	12
	0.08	0.750 6	1.598 0	112.89		
	0.09	2.244 0	2.499 0	11.363		
	0.12	1.623 0	1.344 0	17.190		
	0.14	2.984 0	2.743 0	8.076		
	0.19	2.034 0	2.031 1	0.143		
	0.21	2.929 0	3.458 0	18.061		
	0.26	1.468 0	2.625 0	78.814		
	0.29	0.485 5	0.002 3	99.526		
1.5	0.01	0.837 2	0.001 1	99.868	0.114 7	9
	0.05	1.994 0	2.051 0	2.859		
	0.08	0.750 6	1.608 0	114.22		
	0.09	2.244 0	1.970 0	12.210		
	0.12	1.623 0	1.872 0	15.342		
	0.14	2.984 0	2.542 0	14.812		
	0.19	2.034 0	2.214 0	8.849		
	0.21	2.929 0	2.920 0	0.307		
	0.26	1.468 0	1.853 0	26.226		
	0.29	0.485 5	0.472 5	2.677		
2.0	0.01	0.837 2	0.791 1	5.506	0.050 4	5
	0.05	1.994 0	1.875 6	5.938		
	0.08	0.750 6	0.720 1	4.063		
	0.09	2.244 0	2.293 0	2.184		
	0.12	1.623 0	1.643 2	1.245		
	0.14	2.984 0	2.805 9	5.968		
	0.19	2.034 0	2.041 6	0.374		
	0.21	2.929 0	3.000 0	2.424		
	0.26	1.468 0	1.580 1	7.636		
	0.29	0.485 5	0.441 6	9.042		

续表7.2

参数 p	时间 /s	真实载荷 /kN	重构载荷 /kN	相对误差 /%	RMSE	ITs
2.5	0.01	0.837 2	0.276 1	67.021	0.088 7	8
	0.05	1.994 0	1.953 0	2.056		
	0.08	0.750 6	1.606 0	113.962		
	0.09	2.244 0	1.768 0	21.212		
	0.12	1.623 0	2.052 0	26.432		
	0.14	2.984 0	2.457 0	17.661		
	0.19	2.034 0	2.281 0	12.143		
	0.21	2.929 0	2.639 0	9.901		
	0.26	1.468 0	1.458 0	0.068		
	0.29	0.485 5	0.806 5	66.117		
3.0	0.01	0.837 2	0.356 9	57.370	1.715 8	18
	0.05	1.994 0	1.607 0	19.408		
	0.08	0.750 6	1.370 0	82.521		
	0.09	2.244 0	1.432 0	36.185		
	0.12	1.623 0	1.781 0	9.735		
	0.14	2.984 0	2.069 0	30.664		
	0.19	2.034 0	1.958 0	3.736		
	0.21	2.929 0	2.175 0	25.742		
	0.26	1.468 0	1.279 0	12.874		
	0.29	0.485 5	0.728 5	50.051		
4.0	0.01	0.837 2	0.346 4	58.624	2.188 9	20
	0.05	1.994 0	1.516 0	23.972		
	0.08	0.750 6	1.297 0	72.795		
	0.09	2.244 0	1.350 0	39.840		
	0.12	1.623 0	1.624 0	0.062		
	0.14	2.984 0	1.959 0	34.350		
	0.19	2.034 0	1.854 0	8.849		
	0.21	2.929 0	2.055 0	29.839		
	0.26	1.468 0	1.214 0	17.302		
	0.29	0.485 5	0.678 4	39.732		

出现上述现象的主要原因如下：由于当 p 较小时，本章方法的估计扩展熵项的作用没有起到效果，存在的误差导致被较小奇异值有所放大，使其载荷相对误差非常大，整个时间历程的RMSE和Its值同样很大。当 p 值逐渐变大时，本章方法的扩展熵项开始逐渐起到作用，对于虚假曲线峰值的屏蔽的作用凸显出来。当参数 p 值达到 2.0 时，本章方法的估计扩展熵项的作用发挥到了极致，此时截割煤岩载荷谱的重构值与实际截割煤岩载荷值的相对误差达到最小，载荷谱的虚假峰值现象基本被消除，整个时间历程的 RMSE 和 ITs 值相比 p 的其他值下的整个时间历程的 RMSE 和 ITs 值更小。当 p 值继续变大时，本章方法的估计扩展熵项超出了理想作用的区域范围，使得截割煤岩载荷谱的重构值与实际截割煤岩载荷值相差较大。熵参数 p 值存在最佳值，能够使截割煤岩载荷谱的重构值与实际截割煤岩载荷值的相对误差达到最小，载荷谱的虚假峰值现象在该参数作用下基本被消除。

综合上述对截割煤岩载荷谱重构的时域图形及其评价指标（相对误差、整个时间历程的 RMSE 和 ITs 值）的分析可知，当参数 $q=0.01$ 固定时，熵参数 p 的最佳选择为 2.0。在该参数下，本章 EEETR－CG 方法在煤岩载荷谱重构的效果及质量方面，与熵参数 p 在 0.1,0.5,1.0,1.5,2.5,3.0,4.0 处的载荷谱重构效果相对比较，本章提出的方法能够消除载荷谱重构过程中出现的虚假波峰和波谷现象，具有更好的载荷谱重构效果。

7.2.1.2 熵参数 q 对载荷谱重构结果影响

7.2.1.1 节重点研究了当熵参数 q 固定时，熵参数 p 的最佳参数选择。为了深入研究熵参数 q 对煤岩载荷谱重构的影响程度，在熵参数 $p=2.0$ 固定的情况下，探讨熵参数 q 取不同值时对载荷谱重构的影响。本节采用相同的研究方法，在熵参数 $p=2.0$ 固定的情况下，其熵参数 q 设定如下：0.000 1,0.001,0.01,0.1,1.0，其截割煤岩载荷谱重构结果如图 7.4(a) ～ (e) 所示。图7.4(a) 为熵参数 $q=0.000\ 1$ 下的截割煤岩载荷谱重构结果，图7.4(b) 为熵参数 $q=0.001$ 下的截割煤岩载荷谱重构结果，图 7.4(c) 为熵参数 $q=0.01$ 下的截割煤岩载荷谱重构结果，图 7.4(d) 为熵参数 $q=0.1$ 下的截割煤岩载荷谱重构结果，图7.4(e) 为熵参数 $q=1.0$ 下的截割煤岩载荷谱重构结果。

由图 7.4(a) ～ (e) 可知，利用相同的截割煤岩载荷谱重构方法，当研究的参数发生改变时，其截割煤岩载荷均能够被不同程度地重构，但截割煤岩载荷谱重构的效果及质量却各不相同。从时域曲线的总体趋势观察，其中 7.4(a) 和图 7.4(e) 的截割煤岩载荷谱重构值明显偏离实际的截割煤岩载荷，说明该参数下的截割煤岩载荷谱重构效果非常不理想，即该参数下不适合截割煤岩载荷谱的重构。其主要原因在于 q 取值过小或者过大，淡化了估计扩展熵项的作

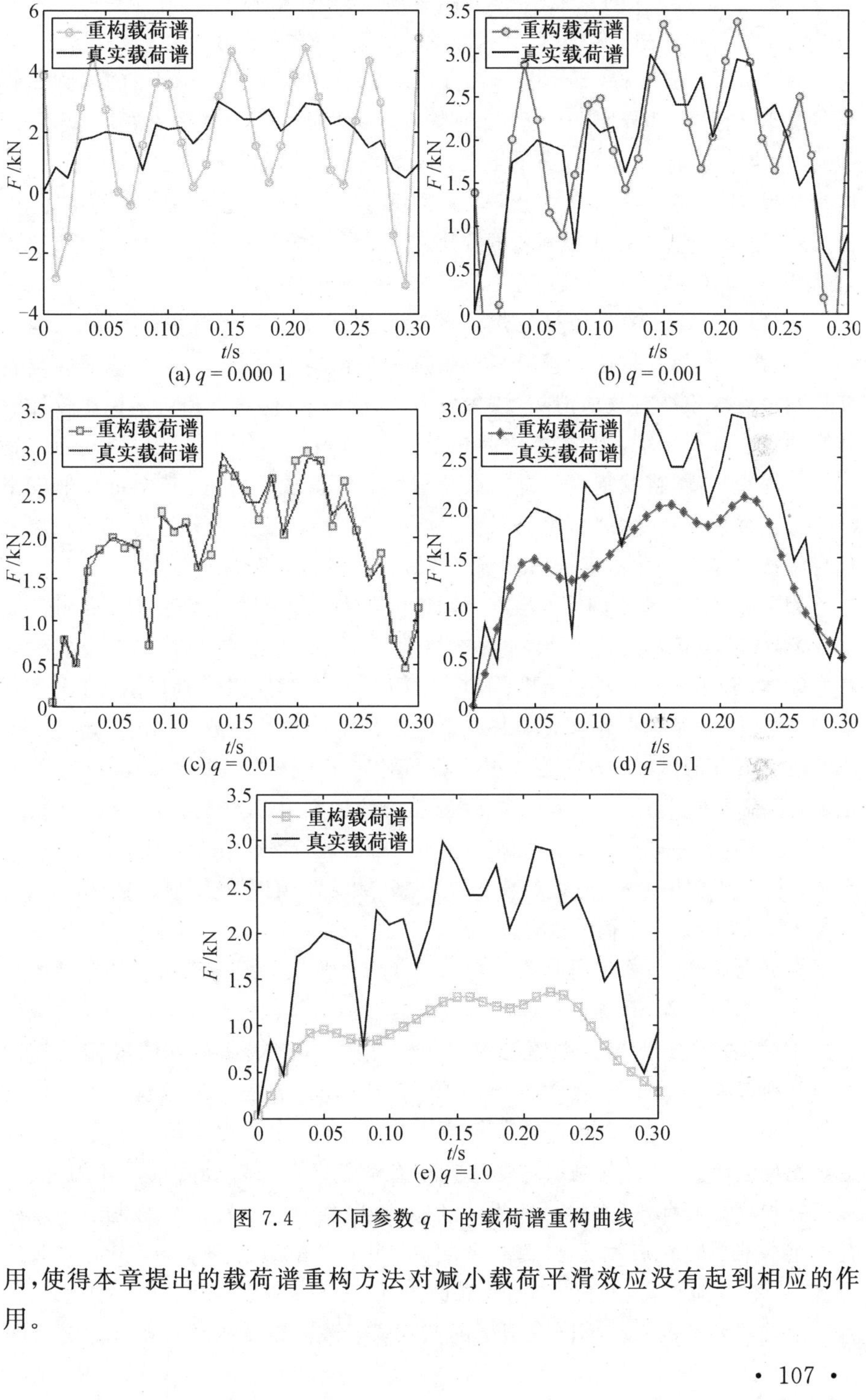

图 7.4　不同参数 q 下的载荷谱重构曲线

用,使得本章提出的载荷谱重构方法对减小载荷平滑效应没有起到相应的作用。

分析图 7.4(b) 和图 7.4(d) 时可以看出，截割煤岩载荷谱重构的效果与图 7.4(a) 和图 7.4(e) 相比较而言，其截割煤岩载荷谱重构的效果相对较好，但也不是非常理想，图 7.4(b) 只是部分载荷特征能够被重构和识别，该参数下的重构结果也不是最理想的。其主要原因在于 q 值尽管有所变大，但在一些时间点处却出现了虚假波峰和波谷的现象，虚假现象的出现会增加截割煤岩载荷谱重构解的误差，误差的存在会被较小的奇异值扩大，影响了截割煤岩载荷谱重构解的精确性。图 7.4(d) 虽然载荷总体趋势可见，但其重构的载荷过于光滑，其峰值点误差较大，无法准确识别，导致其重构载荷与实际载荷存在一定的差距。

通过图 7.4(c) 的时域截割煤岩载荷谱特征及细节分析中可以清楚地看出，截割煤岩载荷的特征能够较好地被辨识和重构，截割煤岩重构载荷的虚假波峰和波谷现象被有效地消除，该参数下的载荷谱重构效果相对来说比较接近实际的煤岩载荷特征。其主要原因在于 q 值比较适中，估计扩展熵项逐渐起到了一定作用，能够将截割煤岩重构载荷虚假的峰值现象降低，其中奇异值较小的分量同样被有效地去除，避免累计误差的存在使得较小奇异值将其无限放大而导致截割煤岩载荷谱重构结果偏离实际的截割煤岩载荷。

为了进一步分析不同熵参数与不同重构方法的截割煤岩载荷结果，以此判断最佳参数组合对载荷谱重构结果的影响规律，下面给出了截割煤岩载荷谱重构的评价指标 RMSE 及 ITs，另外也给出了 10 个时间点处的截割煤岩载荷谱重构值和实际截割煤岩载荷值及其相对误差，具体结果详见表 7.3。当熵参数 p 固定时，熵参数 q 不断增大，EEETR－CG 方法的 RMSE、ITs 值以及截割煤岩载荷谱重构值与实际截割煤岩载荷值的相对误差会随着熵参数 q 先减小后增大，且在熵参数 $q=0.01$ 时，EEETR－CG 方法的 RMSE 和 ITs 值以及截割煤岩载荷谱重构值与实际截割煤岩载荷值的相对误差明显小于其他参数下的 RMSE 和 ITs 值以及截割煤岩载荷谱重构值与实际截割煤岩载荷值的相对误差。

根据上述分析，通过研究图 7.4(a) ～ (e) 截割煤岩载荷谱重构的时域图形及其评价指标(RMSE 和 ITs 以及截割煤岩载荷谱重构值与实际截割煤岩载荷值的相对误差) 可以得出，当熵参数 $p=2.0$ 固定时，熵参数 q 的最佳选择为 0.01。在该参数条件下，本章提出的 EEETR－CG 方法在煤岩载荷谱重构的效果及质量方面，与熵参数 q 在其他值下相对比较，本章提出的方法在处理不适定性反问题方面，尤其是载荷谱重构中载荷波峰和波谷处的重构较为理想，显得更加稳定及有效。为了验证图 7.2(a) 轴向载荷与图 7.2(c) 截割阻力对载荷谱重构结果的影响程度，通过仿真可知，在熵参数组合为 $p=2.0, q=0.01$ 时，图 7.2(a) 轴向载荷谱的重构效果最佳，如图 7.5 所示。

通过对熵参数 q 在不同取值下的截割煤岩载荷谱重构评价指标综合分析

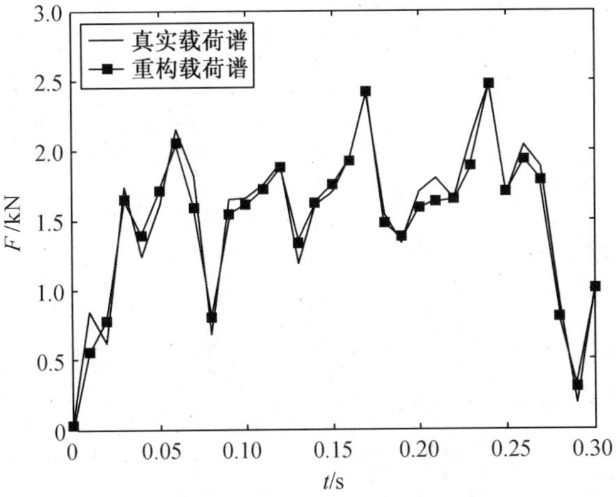

图 7.5　轴向载荷谱重构结果

可知，利用本章提出的方法所得到截割煤岩载荷谱重构的最佳熵参数组合为 $p=2.0$，$q=0.01$。本章提出的估计扩展熵项的正则化载荷谱重构方法在一定程度上具有很好的稳定性，有效地缩短了求解的计算量，提升了截割煤岩载荷谱重构的精度，尤其是截割煤岩载荷波峰和波谷处的载荷得到了很好的重构，同时也消除了载荷谱重构过程中出现的虚假载荷波峰和波谷的现象。其主要原因在于本章提出的方法的估计扩展熵项起到了明显的消除虚假载荷峰值的作用，避免了虚假载荷成分的出现，使得重构的截割煤岩载荷值更接近于实际的截割煤岩载荷值，提高了截割煤岩载荷谱重构的精确性，载荷细节信息得到了有效辨识，增强了该方法在实际解决截割煤岩载荷谱重构问题的适用性，为解决该类问题在实际工程应用提供了一种研究手段。

表 7.3　不同参数 q 下的载荷谱重构结果评价指标

参数 q	时间 /s	真实载荷 /kN	重构载荷 /kN	相对误差 /%	RMSE	ITs
0.000 1	0.01	0.837 2	−2.815 0	436.239	0.266 9	60
	0.05	1.994 0	2.721 0	36.459		
	0.08	0.750 6	1.571 0	109.299		
	0.09	2.244 0	3.623 0	61.453		
	0.12	1.623 0	0.173 8	89.291		
	0.14	2.984 0	3.178 0	6.501		
	0.19	2.034 0	1.524 0	25.073		
	0.21	2.929 0	7.549 0	62.137		

续表7.3

参数 q	时间 /s	真实载荷 /kN	重构载荷 /kN	相对误差 /%	RMSE	ITs
0.000 1	0.26	1.468 0	4.341 0	195.708	0.266 9	60
	0.29	0.485 5	−3.041 0	726.364		
0.001	0.01	0.837 2	0.002 1	99.749	0.099 5	15
	0.05	1.994 0	2.229 0	11.785		
	0.08	0.750 6	1.600 0	113.162		
	0.09	2.244 0	2.407 0	7.264		
	0.12	1.623 0	1.428 0	12.015		
	0.14	2.984 0	2.712 0	9.115		
	0.19	2.034 0	2.031 0	0.147		
	0.21	2.929 0	3.365 0	14.885		
	0.26	1.468 0	2.502 0	70.435		
	0.29	0.485 5	0.176 4	63.666		
0.01	0.01	0.837 2	0.791 1	5.506	0.050 4	5
	0.05	1.994 0	1.875 6	5.938		
	0.08	0.750 6	0.720 1	4.063		
	0.09	2.244 0	2.293 0	2.184		
	0.12	1.623 0	1.643 2	1.245		
	0.14	2.984 0	2.805 9	5.968		
	0.19	2.034 0	2.041 6	0.374		
	0.21	2.929 0	3.000 0	2.424		
	0.26	1.468 0	1.580 1	7.636		
	0.29	0.485 5	0.441 6	9.042		
0.1	0.01	0.837 2	0.341 5	59.209	2.375 9	62
	0.05	1.994 0	1.480 0	25.777		
	0.08	0.750 6	1.268 0	68.931		
	0.09	2.244 0	1.318 0	41.265		
	0.12	1.623 0	1.621 0	0.123		
	0.14	2.984 0	1.915 0	35.824		
	0.19	2.034 0	1.813 0	10.865		

续表7.3

参数 q	时间 /s	真实载荷 /kN	重构载荷 /kN	相对误差 /%	RMSE	ITs
0.1	0.21	2.929 0	2.008 0	31.444	2.375 9	62
	0.26	1.468 0	1.188 0	19.073		
	0.29	0.485 5	0.659 0	35.736		
1.0	0.01	0.837 2	0.243 6	70.903	5.143 9	125
	0.05	1.994 0	0.957 3	51.990		
	0.08	0.750 6	0.740 9	1.292		
	0.09	2.244 0	0.850 3	62.107		
	0.12	1.623 0	1.075 0	33.764		
	0.14	2.984 0	1.253 0	58.009		
	0.19	2.034 0	1.189 0	41.543		
	0.21	2.929 0	1.308 0	55.343		
	0.26	1.468 0	0.790 2	46.171		
	0.29	0.485 5	0.399 0	17.817		

7.2.2　不同载荷谱重构方法的比较与分析

通过 7.2.1 节的分析与探讨给出了利用 EEETR－CG 方法截割煤岩载荷谱重构的最佳参数组合为 $p=2.0$，$q=0.01$。为了深入研究本章方法的优越性，本节采用最佳参数组合为 $p=2.0$，$q=0.01$，研究利用 TR、TR－CG、TR－NCG、EEETR、EEETR－CG 和 EEETR－NCG 方法下的截割煤岩载荷谱重构情况，进行比较分析探讨其截割煤岩载荷谱重构的效果及质量，截割煤岩载荷谱重构曲线如图 7.6(a) ～ (f) 所示。图 7.6(a) 给出了利用 TR 方法的截割煤岩载荷谱重构结果，图 7.6(b) 给出了利用 TR－CG 方法的截割煤岩载荷谱重构结果，图7.6(c) 给出了采用 TR－NCG 方法的截割煤岩载荷谱重构结果，图 7.6(d) 给出了采用EEETR方法的截割煤岩载荷谱重构结果，图 7.6(e) 给出了采用 EEETR－CG 方法的截割煤岩载荷谱重构结果，图 7.6(f) 给出了采用 EEETR－NCG 方法的截割煤岩载荷谱重构结果。从图 7.6(a) ～ (f) 可以看出，截割煤岩载荷均能够被不同程度地重构，但截割煤岩载荷谱重构的效果及质量却各不相同。

从整个时间历程的截割煤岩载重构曲线总体趋势观察，图 7.6(a) 的截割

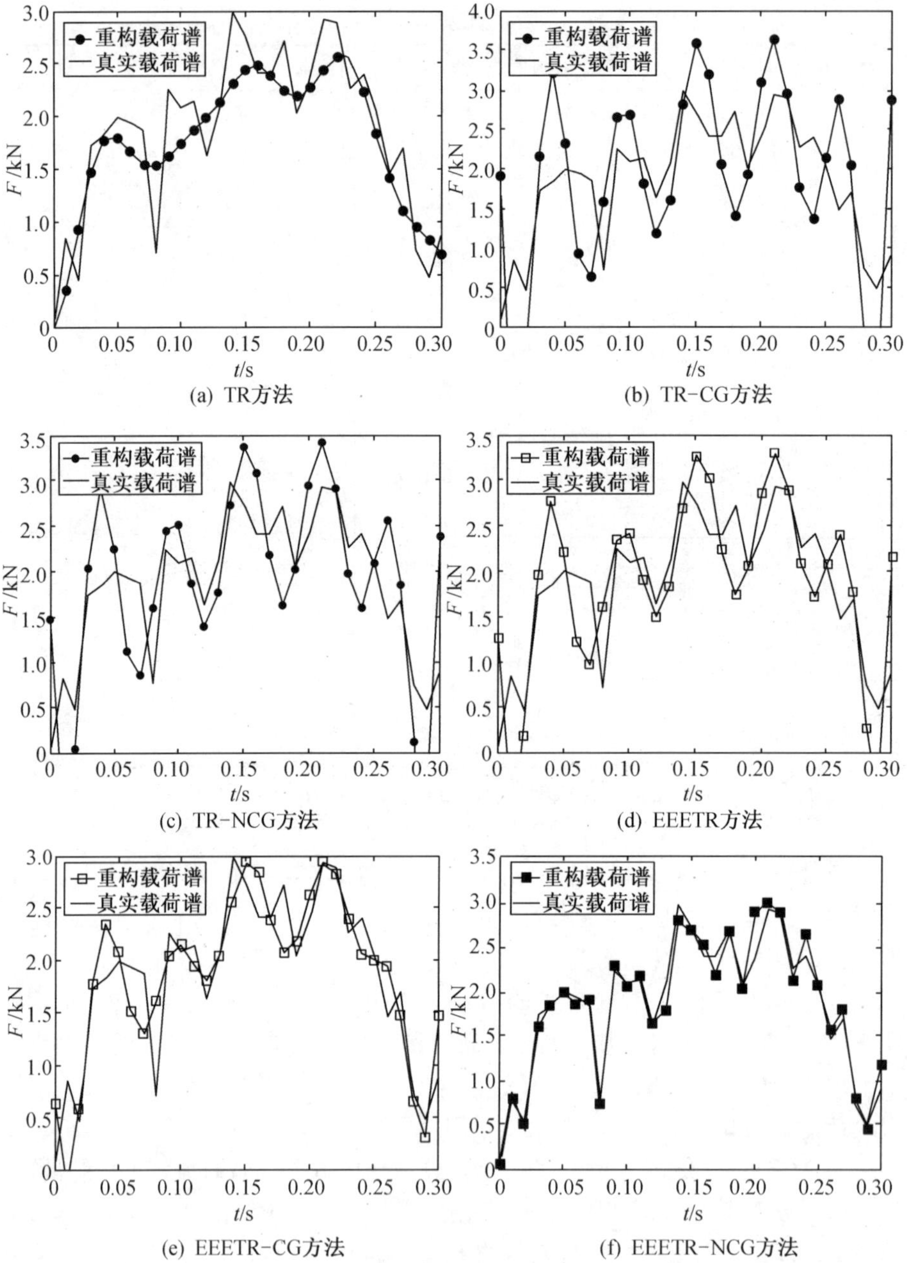

图 7.6　不同方法的载荷谱重构曲线

煤岩载荷谱重构的效果不理想，其相应的载荷谱重构值严重偏离实际的截割煤岩载荷，主要由于 TR 方法对截割煤岩载荷具有平滑的作用，使得截割煤岩载荷波峰和波谷被平滑地过滤掉。图 7.6(b) 采用 TR－CG 方法得到的截割煤岩载荷谱重构效果虽然平滑效应有所减弱，载荷的总体特征可以被辨识出来，但重构的截割煤岩载荷在波峰和波谷与实际的截割煤岩载荷相差太大，导致截割煤岩载荷谱重构的准确性明显降低，无法与实际的截割煤岩载荷接近。

图 7.6(c) 采用 TR－NCG 方法得到的截割煤岩重构载荷尽管波峰和波谷处的值相比图 7.5(b) 有所减小，但也出现了虚假的截割煤岩载荷波峰和波谷。图 7.6(d) 采用 EEETR 方法得到的截割煤岩载荷谱重构结果相比于图 7.6(c) 在峰值处的重构值更小些，尽管与实际的截割煤岩载荷波峰及波谷处还存在一定的差距，但差距相比于其他方法更小。图 7.6(e) 采用 EEETR－CG 方法得到的截割煤岩载荷谱重构效果在载荷波峰和波谷处明显优于图 7.6(a) ～ (d) 的截割煤岩重构载荷，而且虚假波峰出现的次数也明显少于图 7.6(a) ～ (d)。

通过对图 7.6(f) 的时域截割煤岩载荷谱特征及细节分析中可以清楚地看出，截割煤岩载荷的特征能够较好地被辨识和重构，截割煤岩重构载荷的虚假波峰和波谷现象被有效地消除，采用 EEETR－NCG 方法的截割煤岩载荷谱重构效果相对来说比较接近实际的煤岩载荷特征。其主要原因在于本章提出 EEETR－NCG 方法的估计扩展熵项开始起到了有效的作用，能够将截割煤岩重构载荷虚假的峰值合理地消除，其中奇异值较小的分量同样被有效地去除，避免累计误差的存在使得较小奇异值将其无限放大而导致截割煤岩载荷谱重构结果偏离实际的截割煤岩载荷。

进一步定量判定不同研究方法的截割煤岩载荷谱重构效果及质量，以此给出最佳的截割煤岩载荷谱重构方法。下面给出 10 个时间点处(载荷谱波峰和波谷) 的截割煤岩重构载荷与实际截割煤岩载荷的相对误差以及整个时间历程的 RMSE 和 Its 值，具体结果详见表 7.4。采用 TR 方法得到的截割煤岩载荷谱重构值与实际截割煤岩载荷值及其之间的相对误差非常大，该方法对于载荷波峰和波谷处的重构效果非常不理想，主要是由于 TR 方法具有明显的平滑效应，使得载荷波峰和波谷处的重构值远远偏离实际截割煤岩载荷值，此时的整个时间历程的 RMSE 和 Its 值也非常大，该方法下的载荷谱重构只能重构出载荷的总体变化趋势，无法准确重构出载荷波峰和波谷处的值。采用 TR－CG 得到的截割煤岩载荷谱重构值与实际截割煤岩载荷值及其之间的相对误差尽管也很大，但是出现了明显的波峰和波谷，重构的载荷波峰及波谷与实际的截割煤岩载荷的波峰和波谷还是有一定的距离，且整个时间历程的 RMSE 和 Its 值与 TR 方法相比明显减小。采用 TR－NCG 得到的截割煤岩载荷谱重构值与实际截割煤岩载荷值及其之间的相对误差明显比 TR 方法和 TR－CG 方法小很多,重构的载荷波峰与波谷处的值与实际的截割煤岩载荷的波峰和波谷值比TR方法和TR－CG方法更好些,且整个时间历程的RMSE和Its值与TR方法和TR－CG方法相比也显著降低。当采用EEETR方法得到的截割煤岩载荷谱重构值与实际截割煤岩载荷值及其之间的相对误差明显比TR方法、TR－CG方法和TR－NCG方法小很多,重构的载荷波峰和波谷处的值与实际的截割煤岩载荷的波峰和波谷值比TR方法、TR－CG方法及TR－NCG方法更好些,且整个时间历程的RMSE和Its值与TR方法、TR－CG方法和TR－NCG方法相比明显小很多。其主要原因在于EEETR方法的估计扩展熵项的开始起到作用,削弱了上述方法中存在的虚假载荷波峰和波谷,使得重构的截割煤岩载荷值与实际截割煤岩载荷值的误差更小。采用EEETR－CG方法得到的截割煤岩载荷谱重构值与实际截割煤岩载荷值及其之间的相对误差变得越来越小,说明本章方法的估计扩展熵项的作用更加明显,对于虚假曲线峰值的屏蔽作用凸显出来。采用EEETR－NCG方法时,本章方法的估计扩展熵项作用发挥到了极致,此时截割煤岩载荷谱的重构值与实际截割煤岩载荷值的相对误差达到最小,截割煤岩载荷谱虚假峰值现象基本被有效地消除,整个时间历程的RMSE和ITs值达到最小。

通过对截割煤岩载荷谱重构的时域曲线及其评价指标(选取10个时间处的载荷谱重构值与实际载荷值之间的相对误差、整个时间历程的RMSE和ITs值)的分析可知,与TR方法、TR－CG方法、TR－NCG方法、EEETR方法、EEETR－CG方法相比较,在10个时间点处(载荷谱的波峰和波谷)的截割煤岩载荷谱重构值与实际截割煤岩载荷值之间的相对误差达到最小,整个时间历程的RMSE值分别为0.760 6、0.128 7、0.097 4、0.081 2、0.078 5和0.050 4,整个时间历程的Its值分别为29、25、18、16、13和5,本章提出的EEETR－CG方法拥有最小的RMSE和Its值,因此在煤岩载荷谱重构的效果及质量方面更好些,能有效地处理载荷谱重构过程中出现的虚假载荷波峰和载荷波谷现象,提高了截割煤岩载荷谱重构的准确性,有效地解决了载荷波峰和波谷处很难准确重构的难题,为处理载荷谱重构提供了一种有效的方法。

表7.4　不同方法载荷谱重构的评价指标

重构方法	时间 /s	真实载荷 /kN	重构载荷 /kN	相对误差 /%	RMSE	ITs
TR	0.01	0.837 2	0.366 7	56.199	0.760 6	29
	0.05	1.994 0	1.794 0	10.030		
	0.08	0.750 6	1.514 0	101.705		
	0.09	2.244 0	1.600 0	28.698		
	0.12	1.623 0	1.972 0	21.503		

续表7.4

重构方法	时间 /s	真实载荷 /kN	重构载荷 /kN	相对误差 /%	RMSE	ITs
TR	0.14	2.984 0	2.290 0	23.257	0.760 6	29
	0.19	2.034 0	2.000 0	1.671		
	0.21	2.929 0	2.416 0	17.514		
	0.26	1.468 0	1.408 0	4.087		
	0.29	0.485 5	0.831 9	71.349		
TR－CG	0.01	0.837 2	0.091 1	89.118	0.128 7	25
	0.05	1.994 0	2.330 0	16.851		
	0.08	0.750 6	1.595 0	112.49		
	0.09	2.244 0	2.658 0	18.449		
	0.12	1.623 0	1.171 0	27.849		
	0.14	2.984 0	2.808 0	5.898		
	0.19	2.034 0	1.932 0	5.014		
	0.21	2.929 0	3.648 0	24.547		
	0.26	1.468 0	2.877 0	95.980		
	0.29	0.485 5	0.021 0	95.674		
TR－NCG	0.01	0.837 2	0.006 1	99.271	0.097 4	18
	0.05	1.994 0	2.245 0	12.587		
	0.08	0.750 6	1.599 0	113.02		
	0.09	2.244 0	2.446 0	9.001		
	0.12	1.623 0	1.389 0	17.417		
	0.14	2.984 0	2.727 0	8.612		
	0.19	2.034 0	2.003 1	1.519		
	0.21	2.929 0	3.409 0	16.387		
	0.26	1.468 0	2.560 0	74.386		
	0.29	0.485 5	0.126 8	73.882		
EEETR	0.01	0.837 2	0.183 8	78.045	0.081 2	16
	0.05	1.994 0	2.203 0	10.481		
	0.08	0.750 6	1.601 0	113.29		
	0.09	2.244 0	2.341 0	4.322		

续表7.4

重构方法	时间 /s	真实载荷 /kN	重构载荷 /kN	相对误差 /%	RMSE	ITs
EEETR	0.12	1.623 0	1.497 0	7.763	0.081 2	16
	0.14	2.984 0	2.910 0	2.479		
	0.19	2.034 0	2.011 1	1.125		
	0.21	2.929 0	3.290 0	12.325		
	0.26	1.468 0	2.402 0	63.623		
	0.29	0.485 5	0.261 1	46.220		
EEETR－CG	0.01	0.837 2	0.122 2	85.403	0.078 5	13
	0.05	1.994 0	2.077 0	4.162		
	0.08	0.750 6	1.607 0	114.09		
	0.09	2.244 0	2.104 0	6.238		
	0.12	1.623 0	1.809 0	11.460		
	0.14	2.984 0	2.567 0	13.974		
	0.19	2.034 0	2.188 0	7.571		
	0.21	2.929 0	2.943 0	0.477		
	0.26	1.468 0	1.946 0	32.561		
	0.29	0.485 5	0.299 3	38.352		
EEETR－NCG	0.01	0.837 2	0.791 1	5.506	0.050 4	5
	0.05	1.994 0	1.875 6	5.938		
	0.08	0.750 6	0.720 1	4.063		
	0.09	2.244 0	2.293 0	2.184		
	0.12	1.623 0	1.643 2	1.245		
	0.14	2.984 0	2.805 9	5.968		
	0.19	2.034 0	2.041 6	0.374		
	0.21	2.929 0	3.000 0	2.424		
	0.26	1.468 0	1.580 1	7.636		
	0.29	0.485 5	0.441 6	9.042		

结合范数估计和熵理论，本章提出一种估计扩展熵项的正则化载荷谱重构方法。将传统正则项用范数估计和熵函数的组合形式替代，定义为估计扩展熵项，将处理最小目标泛函的过程转化为一类无约束优化问题，利用新共轭梯度

法进行目标泛函求解，用数值算例验证本章提出方法的可行性，避免重复求解正则方程带来的累计误差，减少迭代次数，提高载荷谱重构解的精确性。实验研究确定了估计扩展熵项的熵参数最优组合形式，即当 $p=2.0$，$q=0.01$ 时，EEETR－CG 方法在煤岩载荷谱重构效果方面，与 TR 方法、TR－CG 方法、TR－NCG 方法、EEETR 方法、EEETR－CG 方法相比，在 10 个时间点（波峰和波谷）处截割煤岩载荷谱重构值与真实截割煤岩载荷值相对误差最小，整个时间历程的 RMSE 值分别为 0.760 6、0.128 7、0.097 4、0.081 2、0.078 5 和 0.050 4，整个时间历程的 Its 值分别为 29、25、18、16、13 和 5。EEETR－CG 方法拥有最小 RMSE 和 Its 值，表明估计扩展熵项能够将小奇异值中有用的信息从杂乱无章的成分中区分出来，并把对应的无序分量变成有序排列，有效地提高了载荷在尖点处重构精度，消除了载荷谱重构过程出现的虚假波峰（波谷）现象，提高了截割煤岩载荷谱重构准确性，有效地解决了载荷波峰和波谷处难以准确重构的问题。

第 8 章　载荷谱重构的分数阶法

截割煤岩载荷谱重构问题的方法属于整数阶范畴，分数阶法及其在载荷谱重构中的应用鲜见报道，在截割煤岩载荷谱重构的实际工程研究更是空白。刘春生等通过研究将分数阶微积分理论与正则化技术相结合的分数阶正则化方法应用在矿山机械领域，指出其是未来重点关注的研究方向，目前国内缺乏关于分数阶正则化载荷谱重构的相关理论研究，具体工程应用还不够成熟。

本章针对整数阶法在载荷谱重构过程中出现的载荷突变现象，提出一种截割煤岩载荷谱重构的分数阶法。基于分数阶微积分的数学思想理论，将处理载荷谱重构的整数阶正则化推演至分数阶，本章给出一种改进的分数阶正则化滤子函数，定义了整数阶、分数阶和改进分数阶滤子函数及其渐进性的表达形式。本章所提出的方法将截割载荷谱重构过程转化为一类无约束优化问题，采用新超记忆梯度法求解目标泛函。通过数值算例及截齿截割煤岩载荷谱重构的实际例子，验证本章方法具有很好的鲁棒性和抗噪能力，并对相关参数对截割煤岩载荷谱重构结果的影响开展了深入的研究与探讨。

8.1　分数阶 Tikhonov 正则化

在整数阶 Tikhonov 正则化方法中，由于系统系数矩阵的不适定性，抗噪能力弱，正则解容易出现突变现象等问题。为克服整数阶 Tikhonov 正则化方法的不足，Hochstenbach 及 Reichel 联合给出了一种处理不适定问题的分数阶 Tikhonov 正则化方法，该方法描述为

$$\min J(\boldsymbol{Z}) = \| \boldsymbol{AZ} - \boldsymbol{Y} \|_s^2 + \lambda^2 \ \| \boldsymbol{Z} \|_2^2 \tag{8.1}$$

$$\| \boldsymbol{Z} \|_S^2 = \boldsymbol{Z}^{\mathrm{T}} \boldsymbol{SZ} \tag{8.2}$$

$$\boldsymbol{S} = (\boldsymbol{AA}^{\mathrm{T}})^{\frac{\alpha-1}{2}} \tag{8.3}$$

式中　α—— 分数阶次，其范围在 0 到 1 之间。

分数阶 Tikhonov 正则化方法的方程表达式为

$$[(\boldsymbol{A}^{\mathrm{T}}\boldsymbol{A})^{\frac{\alpha+1}{2}} + \lambda^2 \boldsymbol{I}]\boldsymbol{Z} = (\boldsymbol{A}^{\mathrm{T}}\boldsymbol{A})^{\frac{\alpha-1}{2}} \boldsymbol{A}^{\mathrm{T}}\boldsymbol{Y} \tag{8.4}$$

基于奇异值分解(SVD) 理论与方法,将式(8.1) 中的矩阵进行分解,得

$$\boldsymbol{A}=\boldsymbol{U\Sigma V}^{\mathrm{T}}=\sum_{i=1}^{n}u_i\sigma_i\boldsymbol{v}_i^{\mathrm{T}} \tag{8.5}$$

$$\boldsymbol{U}=(u_1 \quad u_2 \quad \cdots \quad u_n) \tag{8.6}$$

$$\boldsymbol{V}=(v_1 \quad v_2 \quad \cdots \quad v_n) \tag{8.7}$$

$$\boldsymbol{\Sigma}=\mathrm{diag}(\sigma_1,\sigma_2,\cdots,\sigma_n) \tag{8.8}$$

式中　$\boldsymbol{U}$、$\boldsymbol{V}$—— 由左、右奇异值构成的正交矩阵。

将式(8.5) 和式(8.6) 代入式(8.4),整理得

$$[(\boldsymbol{\Sigma}^{\mathrm{T}}\boldsymbol{\Sigma})^{\frac{\alpha+1}{2}}+\lambda^2\boldsymbol{I}]\boldsymbol{V}^{\mathrm{T}}\boldsymbol{Z}=(\boldsymbol{\Sigma}^{\mathrm{T}})^{\alpha}\boldsymbol{U}^{\mathrm{T}}\boldsymbol{Y} \tag{8.9}$$

由式(8.9) 可知,分数阶 Tikhonov 正则化方法的滤波因子的表达式为

$$\Omega_{\mathrm{FT}}(\sigma_i)=\frac{\sigma^{\alpha+1}}{\sigma_i^{\alpha+1}+\lambda^2} \tag{8.10}$$

同理,可得到分数阶 Tikhonov 正则化方法的渐进性表达式为

$$\Omega_{\mathrm{FT}}(\sigma_i)=\frac{\sigma^{\alpha+1}}{\lambda^2}+o(\sigma_i^{2\alpha+2}),\quad \sigma_i\to 0 \tag{8.11}$$

$$\Omega_{\mathrm{FT}}(\sigma_i)=1+o(\sigma_i^{-\alpha-1}),\quad \sigma_i\to\infty \tag{8.12}$$

Tikhonov 正则化方法和分数阶 Tikhonov 正则化方法的主要区别:两种方法的收敛速度不同,奇异值衰减到零时的速率各不相同;两者滤波因子的收敛快慢不同,从式(8.10) ～ (8.12) 可知,Tikhonov 正则化方法的滤波因子比分数阶 Tikhonov 正则化方法的滤波因子收敛明显快,表明 Tikhonov 正则化方法得到的正则解比较光滑,间接说明分数阶正则化方法的正则解能够克服解的光滑性。

从两者方法的渐进性可判断,与整数阶 Tikhonov 正则化方法相比,分数阶 Tikhonov 正则化方法对较小奇异值所对应分量辨识得多。因此,分数阶 Tikhonov 正则化重构方法的稳定性优于整数阶 Tikhonov 正则化重构方法的稳定性。

8.2　改进分数阶 Tikhonov 正则化

8.2.1　改进分数阶 Tikhonov 正则化

基于分数阶微积分数学理论,对 8.1 节的分数阶 Tikhonov 正则化重构方法的模型进行重新描述,建立一种改进分数阶 Tikhonov 正则化重构方法(Improved Fractional Tikhonov Regularization,IFTR)。该方法的模型被描

述为

$$\min J(\boldsymbol{Z}) = \| \boldsymbol{AZ} - \boldsymbol{Y} \|_M^2 + \| \boldsymbol{LZ} \|_2^2 \tag{8.13}$$

$$\| \boldsymbol{Z} \|_M^2 = \frac{1}{2} \boldsymbol{Z}^{\mathrm{T}} \boldsymbol{MZ} \tag{8.14}$$

式中　$\boldsymbol{M}$—— 对称半正定矩阵。

定义正则化矩阵为对角矩阵与调整系数矩阵和右奇异向量转置的乘积形式：

$$\boldsymbol{L} = \boldsymbol{\Gamma N V}^{\mathrm{T}} \tag{8.15}$$

式中　$\boldsymbol{L}$—— 正则化矩阵；

$\boldsymbol{N}$—— 对角矩阵；

$\boldsymbol{V}^{\mathrm{T}}$—— 右列正交矩阵的奇异值分解；

$\boldsymbol{\Gamma}$—— 调整系数矩阵。

引入分数阶次的目的是避免小奇异值所对应分量的有用成分被全部淹没，缓解其被淹没的速率，筛选有用信息被保留。通过引入调整系数矩阵可缓解载荷谱重构出现的突变现象。$\boldsymbol{\Gamma}$ 被设置为单位矩阵，可以描述为

$$\boldsymbol{\Gamma} = I_n = \mathrm{diag}(1, 1, \cdots, 1) \tag{8.16}$$

$$\boldsymbol{N} = \begin{bmatrix} \max\{\lambda^2 - \sigma_1^2, 0\} & & & \\ & \max\{\lambda^2 - \sigma_2^2, 0\} & & \\ & & \ddots & \\ & & & \max\{\lambda^2 - \sigma_n^2, 0\} \end{bmatrix} \tag{8.17}$$

式中　$\boldsymbol{N}$—— 一个对角矩阵。

改进的分数阶 Tikhonov 正则化方法的方程为

$$[(\boldsymbol{A}^{\mathrm{T}}\boldsymbol{A})^{\frac{\alpha+1}{2}} + \boldsymbol{L}^{\mathrm{T}}\boldsymbol{L}]\boldsymbol{Z} = (\boldsymbol{A}^{\mathrm{T}}\boldsymbol{A})^{\frac{\alpha-1}{2}}\boldsymbol{A}^{\mathrm{T}}\boldsymbol{Y} \tag{8.18}$$

将奇异值分解式子代入式(8.18)，整理得

$$[(\boldsymbol{\Sigma}^{\mathrm{T}}\boldsymbol{\Sigma})^{\frac{\alpha+1}{2}} + \boldsymbol{L}^2]\boldsymbol{V}^{\mathrm{T}}\boldsymbol{Z} = (\boldsymbol{\Sigma}^{\mathrm{T}})^{\alpha}\boldsymbol{U}^{\mathrm{T}}\boldsymbol{Y} \tag{8.19}$$

整理式(8.19)得

$$\boldsymbol{Z} = \boldsymbol{V}[(\boldsymbol{\Sigma}^{\mathrm{T}}\boldsymbol{\Sigma})^{\frac{\alpha+1}{2}} + \boldsymbol{L}^2]^{-1}(\boldsymbol{\Sigma}^{\mathrm{T}})^{\alpha}\boldsymbol{U}^{\mathrm{T}}\boldsymbol{Y} \tag{8.20}$$

为了进一步分析和改进分数阶 Tikhonov 正则化方法在稳定性方面的优越性，下面给出本章方法的滤波因子，即

$$\Omega_{\mathrm{IFT}}(\sigma_i) = \begin{cases} 1, & 1 \leqslant i \leqslant k \\ \dfrac{\sigma^{\alpha+1}}{\lambda^2}, & k < i < n \end{cases} \tag{8.21}$$

则改进的分数阶 Tikhonov 正则化方法的渐进性表达式为

$$\Omega_{\mathrm{IFT}}(\sigma_i)=\frac{\sigma^{\alpha+1}}{\lambda^2}+o(\sigma_i^{2\alpha+2}),\quad \sigma_i\rightarrow 0 \tag{8.22}$$

$$\Omega_{\mathrm{IFT}}(\sigma_i)=1+o(\sigma_i^{-\alpha-1}),\quad \sigma_i\rightarrow \infty \tag{8.23}$$

为了分析比较整数阶正则化、分数阶正则化及改进分数阶正则化 3 种方法,下面从滤波因子渐进性及滤波因子与奇异值间的内在关联进行分析。与整数阶 Tikhonov 正则化重构方法的滤波因子的渐进性相比较,分数阶 Tikhonov 正则化重构方法的滤波因子收敛速度落后于整数阶。

上述分析表明,整数阶 Tikhonov 正则化重构方法将较小奇异值所对应分量给完全淹没,该方法获取的重构解具有明显的光滑性。而分数阶 Tikhonov 正则化重构方法能将较小奇异值所对应分量辨识表达出来,该方法获取的重构解光滑性弱于整数阶方法。因此,基于上述论述可知,分数阶重构方法优于整数阶方法。

通过分析式(8.11) 和式(8.12) 以及式(8.22) 和式(8.23) 可知,两种研究方法的滤波因子的渐进性描述一致,可从其随奇异值的变化趋势给出两种研究方法在重构结果上的区别。图 8.1 给出了 3 种不同方法滤波因子随奇异值变化曲线。

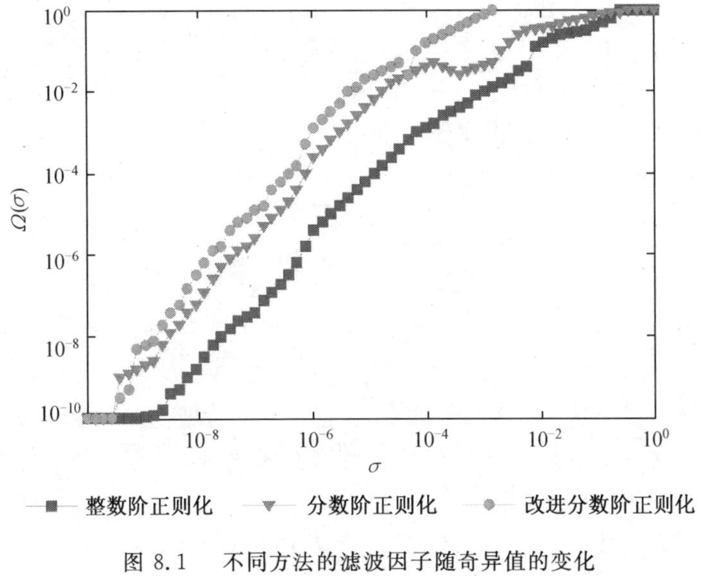

图 8.1　不同方法的滤波因子随奇异值的变化

从图 8.1 可以看出,针对较小奇异值,与分数阶滤波因子相比,本章方法的滤波因子相对被抑制得少,增强了重构问题的稳定性,针对较大奇异值,与分数阶滤波因子相比,本章方法比分数阶正则化重构方法对应的分量保持得多,有效地提高了重构问题的精确性。

本章方法与其他方法相比，将整数阶正则化推演至分数阶次，定义正则化矩阵为对角矩阵与调整系数矩阵和右奇异向量转置的乘积形式。引入分数阶次的目的是避免小奇异值所对应分量有用成分全部被淹没，提高了载荷谱重构稳定性。调整系数矩阵的引入解决了载荷谱重构过程出现的突变现象，提高了载荷谱重构的准确性。

据此以下开展了相关的研究工作，试图通过从数学角度来深入证明本章方法具有很好的收敛性，为后续开展本章方法在数学领域和工程领域的应用奠定研究基础，从而提供一种理论分析方法。

为了深入分析、判断、改进分数阶正则化方法的稳定性，现给出其稳定研究方法，可以通过差异原理，对于任意 $\lambda > 0$，使得如下表达式成立：

$$\| \boldsymbol{AZ} - \boldsymbol{Y} \|_2 = \omega l \tag{8.24}$$

式中　ω—— 一个独立于 l 的常数，$\omega > 1$。

l 等同于 δ，其满足

$$\| \boldsymbol{e} \|_2 \leqslant l = \delta \tag{8.25}$$

其中　$\boldsymbol{e}$—— 噪声矢量。

利用式(8.22) 和式(8.23)，可得

$$\| \boldsymbol{Z} \|_2^2 = \sum_{i=1}^{n} \frac{\Omega_{\mathrm{IFT}}^2(\sigma_i)\ (\boldsymbol{u}_i^{\mathrm{T}} \boldsymbol{y})^2}{\boldsymbol{\sigma}_i^2} = \sum_{i=1}^{k} \frac{(\boldsymbol{u}_i^{\mathrm{T}} \boldsymbol{y})^2}{\boldsymbol{\sigma}_i^2} + \sum_{i=k+1}^{n} \frac{\sigma_i^{2\alpha+2}\ (\boldsymbol{u}_i^{\mathrm{T}} \boldsymbol{y})^2}{\lambda^4 \boldsymbol{\sigma}_i^2} \tag{8.26}$$

分别对式(8.26) 的 λ 和 α 求偏导，可得

$$\frac{\partial}{\partial \lambda} \| \boldsymbol{Z} \|_2^2 = -4 \sum_{i=k+1}^{n} \frac{\sigma_i^{2\alpha}\ (\boldsymbol{u}_i^{\mathrm{T}} \boldsymbol{y})^2}{\lambda^5} \tag{8.27}$$

$$\frac{\partial}{\partial \alpha} \| \boldsymbol{Z} \|_2^2 = 2 \sum_{i=k+1}^{n} \frac{\sigma_i^{2\alpha} \ln \sigma\ (\boldsymbol{u}_i^{\mathrm{T}} \boldsymbol{y})^2}{\lambda^4} \tag{8.28}$$

从式(8.27) 和式(8.28) 可知，$\lambda \rightarrow \| \boldsymbol{Z} \|_2^2$ 是一个单调递减函数，当 $\| \boldsymbol{A} \| < 1$ 时，可以得到 $\ln \sigma < 0$。由此可以判断出 $\alpha \rightarrow \| \boldsymbol{Z} \|_2^2$ 同样也是一个单调的递减函数。随着正则参数的变大，正则解的范数也随之逐渐减小。由于 $\alpha \rightarrow \| \boldsymbol{Z} \|_2^2$ 是一个单调递减函数，在 $\alpha < 1$ 时，减小 α 可以获取较大的正则解。据此，给出以下定理说明阐述。

定理 8.1　对于 $l > 0$，正则参数 $\lambda = \lambda(l)$ 满足式(8.24)，使

$$\frac{\mathrm{d}\lambda}{\mathrm{d}l} > 0 \tag{8.29}$$

证明　有以下形式

$$\| \boldsymbol{AZ} - \boldsymbol{y} \|_2^2 = \sum_{i=1}^{n} \left[1 - \Omega_{\mathrm{NFTR}}(\sigma_i)\right]^2 (\boldsymbol{u}_i^{\mathrm{T}} \boldsymbol{y})^2 \tag{8.30}$$

将式(8.30)进行整理，可得

$$\omega^2 l(\lambda)^2 = \sum_{i=1}^{n}\left(1-\frac{\boldsymbol{\sigma}_i^{\alpha+1}}{\lambda^2}\right)^2(\boldsymbol{u}_i^{\mathrm{T}}\boldsymbol{y})^2 \tag{8.31}$$

对式(8.31)的 λ 求偏导，整理可得

$$2\omega^2 l(\lambda)\frac{\mathrm{d}l}{\mathrm{d}\lambda} = 2\sum_{i=1}^{n}\left(1-\frac{\boldsymbol{\sigma}_i^{\alpha+1}}{\lambda^2}\right)\frac{\boldsymbol{\sigma}_i^{\alpha+1}}{\lambda^3}(\boldsymbol{u}_i^{\mathrm{T}}\boldsymbol{y})^2 \tag{8.32}$$

由 $\frac{\mathrm{d}l}{\mathrm{d}\lambda}>0$，可知

$$\frac{\mathrm{d}\lambda}{\mathrm{d}l}>0 \tag{8.33}$$

因此，结论得以证明。

为了进一步分析改进的分数阶正则化方法的最优阶次，下面给出了相关的定理及证明，证明过程如下。

设 $\boldsymbol{C}^{\mathrm{T}}\boldsymbol{C}=(\boldsymbol{A}^{\mathrm{T}}\boldsymbol{A})^{-\gamma}$，$\boldsymbol{L}^{\mathrm{T}}\boldsymbol{L}=\lambda\boldsymbol{I}$，式(8.19)可以表示为

$$[\boldsymbol{C}^{\mathrm{T}}\boldsymbol{C}+\lambda(\boldsymbol{C}^{\mathrm{T}}\boldsymbol{C})^{-\gamma}]\boldsymbol{Z}=\boldsymbol{C}^{\mathrm{T}}\boldsymbol{y} \tag{8.34}$$

式中　$\boldsymbol{C}^{\mathrm{T}}$、$\boldsymbol{L}^{\mathrm{T}}$——$\boldsymbol{C}$ 和 $\boldsymbol{L}$ 的转置；

$\gamma=(\alpha-1)/2$。

便于进一步分析，假设一个 Hölder - type 型平滑假设，即无误差问题(8.13)的最小范数解，其满足形式的平滑条件，对于某个常数 c，使

$$\hat{z}\in R[(\boldsymbol{A}^{\mathrm{T}}\boldsymbol{A})^{\vartheta}] \tag{8.35}$$

$$\|\hat{z}\|_{\vartheta}:=\left(\sum_{n\geqslant 1}\boldsymbol{\sigma}_i^{-2\vartheta}\,|\langle z,u_n\rangle|^2\right)^{\frac{1}{2}}\leqslant c$$

式中　$(\sigma_n;u_n,v_n)_{n\geqslant 1}$——算子 A 的奇异系统；

ϑ——参数，控制一个先验假设参数在时域范围内。

定理 8.2　设 $y\in\mathrm{range}(A)$，$\|y-y^{\mathrm{d}}\|\leqslant\delta$，$\Omega_{\mathrm{IFT}}(\sigma)$ 是一个正则化滤波因子，且假定对于任意的 $0\leqslant\vartheta\leqslant\vartheta^*$，使

$$\sup_{0<\sigma\leqslant\sigma_1}\sigma^{-1}|\Omega_{\mathrm{IFT}}(\sigma)|\leqslant\kappa\lambda^{-\tilde{\omega}} \tag{8.36}$$

或者

$$\sup_{0<\sigma\leqslant\sigma_1}\sigma^{\vartheta^*}|1-\Omega_{\mathrm{IFT}}(\sigma)|\leqslant\kappa_{\vartheta^*}\lambda^{\tilde{\omega}\vartheta^*} \tag{8.37}$$

其中，$\tilde{\omega}>0$，κ 和 κ_{ϑ^*} 是独立于 δ 的常数，ϑ^* 的定义和 ϑ 相同，然后用先验参数选择

$$\lambda=p\left(\frac{\delta}{c}\right)^{\frac{1}{\tilde{\omega}}(\vartheta+1)},\quad p>0 \tag{8.38}$$

因此，对于 $0\leqslant\vartheta\leqslant\vartheta^*$，由该方法产生的滤波因子具有最优阶。

定理 8.3　对于 $-1\leqslant\alpha\leqslant 1$，正则化滤波因子 $\Omega_{\mathrm{IFT}}(\sigma)$ 满足定理 8.2 中的

$\tilde{\omega}=1/(\alpha+1)$ 和 $\vartheta^*=\alpha+1$。

证明 正则化滤波因子 $\Omega_{\mathrm{IFT}}(\sigma)$ 在 $(0,\infty)$ 是连续的，其正则特性很容易被证明。给出以下表达式：

$$\lim_{\sigma\to 0}\sigma^{-1}\left|\Omega_{\mathrm{IFT}}(\sigma)\right|=\lim_{\sigma\to\infty}\sigma^{-1}\left|\Omega_{\mathrm{IFT}}(\sigma)\right|=0 \tag{8.39}$$

$$\lim_{\sigma\to 0}\left|1-\Omega_{\mathrm{IFT}}(\sigma)\right|\sigma^{\vartheta}=0 \tag{8.40}$$

$$\lim_{\sigma\to\infty}\left|1-\Omega_{\mathrm{IFT}}(\sigma_i)\right|\sigma^{\vartheta}=\begin{cases}\infty, & \vartheta>\alpha+1\\ 1, & \vartheta=\alpha+1\\ 0, & \vartheta<\alpha+1\end{cases} \tag{8.41}$$

只要 $\vartheta<\alpha+1$，定理 8.2 中的上榷界是局部极大值，可以用简单的微积分来推导，从而可得

$$\sup_{0<\sigma\leqslant\sigma_1}\sigma^{-1}\left|\Omega_{\mathrm{IFT}}(\sigma)\right|\leqslant\kappa\lambda^{-\frac{1}{\alpha+1}} \tag{8.42}$$

进一步可以得到

$$\sup_{0<\sigma\leqslant\sigma_1}\left|1-\Omega_{\mathrm{IFT}}(\sigma)\right|\sigma^{\vartheta^*}\leqslant\kappa_{\vartheta^*}\lambda^{\frac{1}{\alpha+1}\vartheta} \tag{8.43}$$

由定理 8.2 及式(8.43) 可知，对于 $-1<\alpha\leqslant 1$ 和 $0\leqslant\vartheta\leqslant\alpha+1$，本章提出的改进分数阶正则化方法拥有最优阶。

8.2.2 迭代求解法

针对式(8.13) 的快速求解，通常情况下该式被视为无约束优化求解问题，可采用各类优化算法，获取其相应的最优解。文献[32] 提出了一种改进的超记忆梯度(ISMG) 方法来求解(8.13) 的目标函数。通常情况下的迭代算法求解式(8.13) 采取以下形式：

$$z_{k+1}=z_k+h_k d_k \tag{8.44}$$

式中 d_k—— 搜索方向；

h_k—— 步长。

对于搜索方向，改进的超记忆梯度法的搜索方向表达式为

$$d_k=\begin{cases}-g_k, & k<m\\ -g_k+\sum_{i=1}^{m}\beta_k^i d_{k-1}, & k\geqslant m+1\end{cases} \tag{8.45}$$

式中 g_k——$J(z_k)$ 在点 z_k 的梯度，$g_k=\nabla J(z_k)$。

β_k^i 定义为

$$\beta_k^i=\frac{\rho\left\|g_k\right\|}{d_{k-i}},\quad \rho\in\left(0,\frac{1}{m}\right) \tag{8.46}$$

对于步长，采用由修正的非单调线搜索来确定，令 $h_k=\beta^{m_k}$，m_k 能够满足以下不等式：

$$f(z_k+\beta^{m_k}d_k)\leqslant f(z_k)+\upsilon\beta^{m_k}(g_k^{\Omega}d_k+\eta\parallel g_k\parallel^2) \tag{8.47}$$

式中，υ、$\beta\in(0,1)$，且 $\eta>0$。

求解步骤：

步骤 1　给定初始值 $x_0\in\mathbf{R}^n$，$\upsilon\in(0,1)$，$\beta\in(0,1)$，$\eta>0$，$\rho\in(0,1/m)$，m 是一个给定的正整数，$0<\varepsilon\leqslant 1$，设 $k=0$。

步骤 2　计算 g_k，如果 $\parallel g_k\parallel\leqslant\varepsilon$，则转到下一步。

步骤 3　基于式(8.45)计算 d_k。

步骤 4　基于式(8.47)计算 h_k。

步骤 5　令 $z_{k+1}=z_k+h_kd_k$。

步骤 6　令 $k:=k+1$，然后返回步骤 2。

定理 8.4　对于任意的线搜索，搜索方向 d_k 由式(8.1)确定，满足

$$g_k^{\Omega}d_k\leqslant(m\rho-1)\parallel g_k\parallel^2 \tag{8.48}$$

证明　如果 $k\leqslant m$，则

$$g_k^{\Omega}d_k=g_k^{\Omega}(-g_k)=-\parallel g_k\parallel^2 \tag{8.49}$$

式中，$\rho\in\left(0,\dfrac{1}{m}\right)$，$0<m\rho<1$，$-1<m\rho-1<0$。

$$g_k^{\Omega}d_k=-\parallel g_k\parallel^2\leqslant(m\rho-1)\parallel g_k\parallel^2 \tag{8.50}$$

如果 $k\geqslant m+1$，根据式(8.49)和式(8.50)可知

$$\begin{aligned}g_k^{\Omega}d_k&=g_k^{\Omega}\Big(-g_k+\sum_{i=1}^{m}\beta_k^id_{k-i}\Big)=-\parallel g_k\parallel^2+\sum_{i=1}^{m}\frac{\rho\parallel g_k\parallel}{\parallel d_{k-i}\parallel}\cdot g_k^{\Omega}d_{k-i}\\&\leqslant-\parallel g_k\parallel^2+\sum_{i=1}^{m}\frac{\rho\parallel g_k\parallel^2\cdot\parallel d_{k-i}\parallel}{\parallel d_{k-i}\parallel}\\&=-\parallel g_k\parallel^2+\sum_{i=1}^{m}\rho\parallel g_k\parallel^2=(m\rho-1)\parallel g_k\parallel^2\end{aligned} \tag{8.51}$$

由以上分析可知

$$g_k^{\Omega}d_k\leqslant(m\rho-1)\parallel g_k\parallel^2 \tag{8.52}$$

结论被证明。

定理 8.5　对于任意的 k，满足

$$\parallel d_k\parallel\leqslant(1+m\rho)\parallel g_k\parallel \tag{8.53}$$

证明　如果 $k\leqslant m$，使得

$$\parallel d_k\parallel=-\parallel g_k\parallel\leqslant(1+m\rho)\parallel g_k\parallel \tag{8.54}$$

如果 $k\geqslant m+1$，根据式(8.1)和(8.20)，可得

$$\parallel d_k\parallel=\parallel -g_k+\sum_{i=1}^{m}\beta_k^id_{k-i}\parallel\leqslant\parallel g_k\parallel+\sum_{i=1}^{m}\frac{\rho\parallel g_k\parallel\cdot\parallel d_{k-i}\parallel}{\parallel d_{k-i}\parallel}$$

$$= \| g_k \| + \sum_{i=1}^{m} \rho \| g_k \| = (m\rho - 1) \| g_k \| \tag{8.55}$$

根据上面推导,可得

$$\| d_k \| \leqslant (1 + m\rho) \| g_k \| \tag{8.56}$$

结论被证明。

根据式(8.55)和式(8.56),可以得到以下结论:

$$\frac{-g_k^{\Omega} d_k}{\| d_k \|^2} \geqslant \frac{1 - m\rho}{(1 + m\rho)^2} \tag{8.57}$$

在本节中,为了进一步研究该算法的全局收敛性,首先给出以下两个假设,这两个假设在文献中被广泛用来分析本章所提出方法的全局收敛性。

假设条件 1 目标函数 $f(z)$ 在如下水平集中有界:

$$\psi = \{ z \in \mathbf{R}^n \mid f(z) \leqslant f(z_0) \} \tag{8.58}$$

假设条件 2 g 代表梯度函数,满足连续和可微,且满足 Lipschitz 条件,对于 $\xi > 0$,使得对任意的 $x, y \in \psi$,都有

$$\| g(x) - g(y) \| \leqslant \xi \| x - y \| \tag{8.59}$$

定理 8.6 假定假设条件 1 和假设条件 2 成立,且 ISMG 算法正确,存在步长 h_k 满足公式(8.31)。

证明 根据公式(8.51),可得

$$\begin{aligned} &\lim_{h \to 0} \frac{f(x_k + h_k d_k) - f(x_k) - \upsilon h_k (g_k^{\Omega} d_k + \eta \| \boldsymbol{g}_k \|^2)}{h_k} \\ &= g_k^{\Omega} d_k - \upsilon (g_k^{\Omega} d_k + \eta \| g_k \|^2) \\ &= (1 - \upsilon) g_k^{\Omega} d_k - \upsilon \eta \| g_k \|^2 < 0 \end{aligned} \tag{8.60}$$

对于存在的 $h'_k > 0$,且 $\forall h \in [0, h'_k]$,下式是成立的:

$$f(x_k + h_k d_k) - f(x_k) - \upsilon h_k (g_k^{\Omega} d_k + \eta \| g_k \|^2) \leqslant 0 \tag{8.61}$$

结论被证明。

定理 8.7 假定假设条件 1 和假设条件 2 成立,且 $\eta \in (0, 1 - m\rho)$,存在一个常数 c,使得

$$f(z_k) - f(z_{k+1}) \geqslant c \| g_k \|^2 \tag{8.62}$$

证明 定义 $\bar{h} = \inf_{\forall k} \{ h_k \}$,因此,只需证明 $\bar{h} > 0$。

用反证法来证明。假定 $\bar{h} = 0$ 成立,然后存在一族$\{h_k\}$,使

$$\lim_{k \to +\infty} h_k = 0 \tag{8.63}$$

设 $h = \frac{h_k}{\beta}$,其中 h_k 是$\{1, \beta, \beta^2, \cdots\}$中的最大值,其满足式(8.62),因此可有 $h = \frac{h_k}{\beta} > h_k$ 并不满足式(8.62)。

所以,可得表达式

$$f(z_k + hd_k) > f(z_k) + \upsilon h(g_k^{\Omega} d_k + \eta \| g_k \|^2) \tag{8.64}$$

$$f(z_k + hd_k) > f(z_k) + \upsilon h g_k^{\Omega} d_k \tag{8.65}$$

基于中值定理,可得

$$f(z_k + hd_k) - f(z_k) = g(z_k + h\zeta_k d_k)^{\mathrm{T}} hd_k \tag{8.66}$$

式中,$\zeta_k \in [0,1]$。

由式(8.65)和式(8.66)可知

$$g(z_k + h\zeta_k d_k)^{\mathrm{T}} d_k < \upsilon g_k^{\Omega} d_k \tag{8.67}$$

从假设条件 2 和柯西－施瓦茨不等式,可得

$$\begin{aligned} g[(z_k + h\zeta_k d_k) - g_k]^{\mathrm{T}} d_k &\leqslant \| g(z_k + h\zeta_k d_k) - g_k \| \cdot \| d_k \| \\ &\leqslant \xi \cdot \zeta_k \cdot h \| d_k \| \cdot \| d_k \| \leqslant \xi h \| d_k \|^2 \end{aligned} \tag{8.68}$$

由式(8.67)和式(8.68)可得

$$(\upsilon - 1) g_k^{\Omega} d_k < [g(z_k + h\zeta_k d_k) - g_k]^2 \leqslant \xi h \| d_k \|^2 \tag{8.69}$$

可知

$$h \geqslant \frac{1-\upsilon}{\xi}\left(\frac{-g_k^{\Omega} d_k}{\| d_k \|^2}\right) \tag{8.70}$$

结合式(8.43)和式(8.34),可得

$$h_k = h\beta \geqslant \frac{\beta(1-\upsilon)}{\xi} \cdot \frac{(1-m\rho)}{(1+m\rho)^2} > 0 \tag{8.71}$$

可以清楚地看到式(8.57)和式(8.62)是矛盾的。因此,可得

$$h > 0 \tag{8.72}$$

结合上述分析,可得

$$\begin{aligned} f(z_k) - f(z_{k+1}) &\geqslant -\upsilon h_k(g_k^{\Omega} d_k + \eta \| g_k \|^2) \\ &\geqslant \upsilon h_k[(1-m\rho) \| g_k \|^2 - \eta \| g_k \|^2] \\ &\geqslant \upsilon \bar{h}(1-m\rho-\eta) \| g_k \|^2 \end{aligned} \tag{8.73}$$

令 $c = \upsilon \bar{h}(1-m\rho-\eta)$,因此,结论被证明。

为了进一步判断该方法的收敛性,下面给出了迭代求解方法的收敛性说明。根据 $\lim\limits_{x \to \infty} \inf \| g_k \| = 0$ 可以清晰地看出,序列 $\{z_k\}$ 包含在 ψ 内,存在一个常数 f^*,使下列表达成立:

$$\lim_{x \to \infty} f(z_k) = f^* \tag{8.74}$$

对于任意的 $\forall x, y \in [a,b]$,假设 $a < x < y < b$,对于任意小的 Δx 能够满足以下两个条件,$a + \Delta x < x$,$b - \Delta x > y$。因为 f 是一个凸函数,所以得到如下表达式:

$$\frac{f(a+\Delta x)-f(a)}{\Delta x}\leqslant\frac{f(y)-f(x)}{y-x}\leqslant\frac{f(b)-f(b-\Delta x)}{\Delta x} \tag{8.75}$$

令 $\Delta x\to 0^+$,可得如下表达式:

$$f'_+(a)\leqslant\frac{f(y)-f(x)}{y-x}\leqslant f'_-(b) \tag{8.76}$$

设 $K=\max\{|f'_+(a)|,|f'_-(b)|\}$,可得

$$\left|\frac{f(y)-f(x)}{y-x}\right|\leqslant K \tag{8.77}$$

整理可得

$$f(y)-f(x)\leqslant K|x-y| \tag{8.78}$$

根据上述综合分析与讨论可以得出结论:式(8.13)中定义的目标函数是可微的,并且 Lipschitz 是连续的。

8.2.3 数值验证

为了论证本章所提出的截割煤岩载荷谱重构的分数阶方法的稳定性和有效性,下面将通过 Fredholm 积分方程的求解问题来进行测试验证。首先将该 Fredholm 积分方程进行离散化处理,这样将得到一个线性代数矩阵方程。

由于 Fredholm 积分方程通常是不适定的,所以离散后的矩阵方程也是不适定的,直接进行求逆运算不可能得到真实的解,这主要是由病态性原因引起的,通过本章所提出的改进分数阶正则化方法来进行求解该问题。

本节给出的例子是一个严重不适定的 Fredholm 积分方程,第一类方程为

$$\int_0^{\pi}\exp(\tau\cos t)x(t)\mathrm{d}t=2\,\frac{\sinh\tau}{\tau},\quad 0\leqslant\tau\leqslant\frac{\pi}{2} \tag{8.79}$$

令 $C(t,\tau)=\exp(\tau\cos t)$,$y(\tau)=2\,\dfrac{\sinh\tau}{\tau}$,可得

$$\int_0^{\pi}C(t,\tau)x(t)\mathrm{d}t=y(\tau),\quad 0\leqslant\tau\leqslant\frac{\pi}{2} \tag{8.80}$$

经过离散化并整理后,可得

$$\frac{\pi}{n}\sum_{i=0}^{n}C(t_i,\tau_k)x(t_i)=y(\tau_k),\quad k=0,1,\cdots,n \tag{8.81}$$

式中,$t_i=\dfrac{\pi i}{n}$;$\tau_k=\dfrac{\pi k}{2}$。

式(8.81)作为一个不适定问题,需要用正则化方法来求解,利用本章方法进行重构,同时与 Tikhonov 正则化和分数阶 Tikhonov 正则化方法进行比对,探求本章方法的优越性,其重构结果误差见表 8.1。其中 Tikhonov 正则化重

构方法简称为 TR，分数阶 Tikhonov 正则化重构方法简称为 FTR。

表 8.1　评价指标

n	噪声水平 /%	重构方法	RE	CC	ITs
20	10	TR	0.113 6	0.895 0	33
	5		0.112 8	0.896 0	30
	1		0.110 9	0.896 6	27
	10	FTR	0.108 0	0.899 4	25
	5		0.106 9	0.921 8	22
	1		0.105 2	0.926 8	20
	10	本章方法	0.048 3	0.985 8	12
	5		0.036 8	0.987 6	10
	1		0.022 4	0.988 2	7
30	10	TR	0.118 3	0.894 6	40
	5		0.118 0	0.895 8	38
	1		0.117 9	0.896 4	33
	10	FTR	0.117 7	0.896 9	30
	5		0.116 3	0.920 0	26
	1		0.111 1	0.921 3	22
	10	本章方法	0.059 1	0.970 9	16
	5		0.050 3	0.971 2	12
	1		0.040 7	0.973 2	11
40	10	TR	0.119 9	0.887 0	48
	5		0.119 6	0.887 6	46
	1		0.118 7	0.888 1	43
	10	FTR	0.118 4	0.888 9	38
	5		0.118 2	0.889 4	32
	1		0.117 4	0.889 9	27
	10	本章方法	0.069 9	0.967 8	18
	5		0.065 3	0.969 5	13
	1		0.061 8	0.960 3	12

续表8.1

n	噪声水平 /%	重构方法	RE	CC	ITs
50	10	TR	0.121 9	0.877 6	52
	5		0.121 4	0.878 0	50
	1		0.120 3	0.878 7	47
	10	FTR	0.119 8	0.879 0	44
	5		0.118 8	0.879 9	34
	1		0.114 4	0.879 9	30
	10	本章方法	0.070 6	0.901 2	20
	5		0.070 1	0.909 3	15
	1		0.068 1	0.911 7	13

为了进一步讨论所用不同方法的质量，并评估重构结果与真实结果的近似程度，提供以下评估指标。

相对误差(Relative Error,RE)：

$$\mathrm{RE}=\frac{\| X^c-X \|}{\| X \|} \tag{8.82}$$

相关系数(Correlation Coefficient,CC)：

$$\mathrm{CC}=\frac{\sum_{i=0}^{n}[X^c-E(X^c)][X-E(X)]}{\| X^c-E(X^c) \| \cdot \| X-E(X) \|} \tag{8.83}$$

在Matlab正则化工具包中进行程序处理，利用Matlab函数cond计算出矩阵$\boldsymbol{A}$的条件数$\mathrm{Cond}(\boldsymbol{A})=2\times 10^{37}$，发现矩阵是奇异的且严重病态的。在测试实验中，噪声向量被选作平均值为零的正态随机分布向量，并归一化为理想的噪声水平，有

$$w=\frac{\| e \|_2}{\| y \|_2} \tag{8.84}$$

式中，$\| e \|_2=\delta=l$，且$\omega=1.01$。

其他参数：$\upsilon=0.5$，$\beta=0.3$，$\eta=0.2$，$m=2$，$\varepsilon=10^{-3}$，当$|g_k|\leqslant 10^{-3}$时，计算机停止迭代。α^*代表最优的参数阶次，$\alpha\in\{0,0.1,0.2,\cdots,1.0\}$，首先，当$n\in[20,30,40,50]$，噪声水平设置为10%、5%和1%时，表8.1列出了重构结果的RE和CC以及迭代步骤。

表8.1显示了将噪声水平无论设置为1%、5%、10%。应用上述研究方法，重构结果的RE和ITs值均随时间的增加而增加，而CC则相反。无论$n\in[20,30,40,50]$，应用上述方法，重构结果的RE和ITs值随着噪声水平的增加而增

加，而 CC 则相反。可以清楚地看出，与标准的 TR 法和 FTR 法相比，采用本章方法的评价指标拥有最小 RE、最少 ITs 和最大 CC。综上所述，表 8.1 表明本章方法的重构结果比其他方法更接近真实解。由此可见，与其他重构方法相比，本章方法的评价指标拥有最小 RE、最少 ITs、最大 CC，说明本章方法优于标准 TR 和 FTR 方法。

通过该数值算例，可知整数阶正则化重构方法、分数阶正则化重构方法与改进分数阶正则化重构方法相比，本章的改进方法提高了重构精度和重构速度，有效地减小了严重不适定的 Fredholm 积分方程的不适定性，为该方法在实际截割煤岩载荷谱重构中的应用奠定了基础。

8.3　实验验证与结果分析

8.3.1　IFTR 方法的参数化

为了讨论不同正则参数、核函数系数和分数阶次对截割煤岩载荷谱重构结果的影响，本节采用的实验条件：截齿安装角为 40°，截割煤岩阻抗为200 kN/m，最大切削厚度为 20 mm，截割臂转速为 41 r/min，牵引速度为 0.82 m/min。

8.3.1.1　正则参数对载荷谱重构结果的影响

所有代码均写在 Matlab 7 和运行在 HP 与 2 GB 的 RAM 和 Windows 7 操作系统。参数设定如下：分数阶次 $\alpha=0.6$，核函数系数 $\xi=1$。现采用本章提出的改进分数阶正则化方法，重点在于减小或者缓解在载荷谱重构过程中出现的突变现象以及噪声干扰过强、正则解过度平滑等现象。

以此探究本章提出的新方法在工程实践应用中的可行性和通用性。在处理问题过程中最为关键的问题是如何利用相应的策略选取最佳的正则化参数，便于最快地获得所研究问题的最优解。基于前几章的内容，L－曲线准则为最合适的正则参数选取方法，根据定义给出了 L－曲线，如图 8.2 所示。

从图 8.2 可以明显地看出，当正则参数的值选择较小时，正则解的范数却非常大，但是对应的残差解的范数却极其小，从这一方面可以进一步判断，产生上述现象有可能是测量误差引起的。相反地，当正则参数的值取较大时，正则解的范数却显得非常小，但对应的残差解的范数却非常大。

L－曲线的拐角暗示着过度，它表示一种折中对于残差解和正则解的范数。对分数阶正则化重构方法中正则化参数的选择，其不能完全保证适用于所有的不适定性的研究系统。大量文献表明，L－曲线准则是一个强大的方法，在确定正则化参数方面，适用解决许多复杂工程和数学问题。

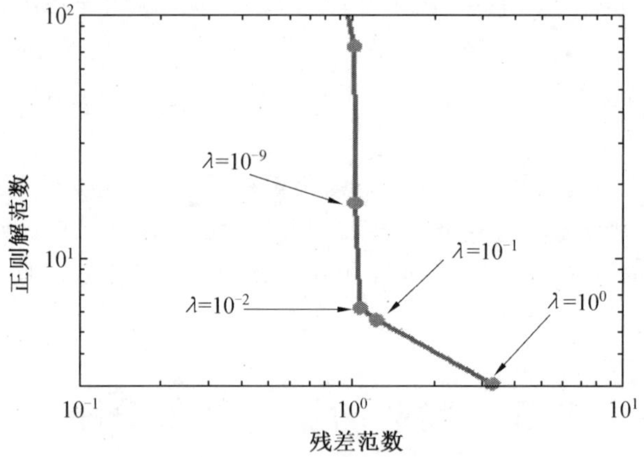

图 8.2　L－曲线法选取正则参数

深入研究不同正则参数选取方法对载荷谱重构的影响，给出最优的正则参数值利用 L－曲线。通过分析 L－曲线准则，从中选取不同的正则参数值，采用本章方法重构截割煤岩载荷，并获得重构结果，如图 8.3 所示。

图 8.3(a) 表明截割煤岩载荷谱重构结果极其不理想，主要是由于正则参数值选取得相对较大。从图 8.3(d) 和图 8.3(e) 发现，即使正则参数的取值较小，截割煤岩载荷谱重构的结果仍然会严重偏离实际的截割煤岩载荷。分析图 8.3(b) 和图 8.3(c) 可知，通过本章方法获得截割煤岩重构结果相对较好。

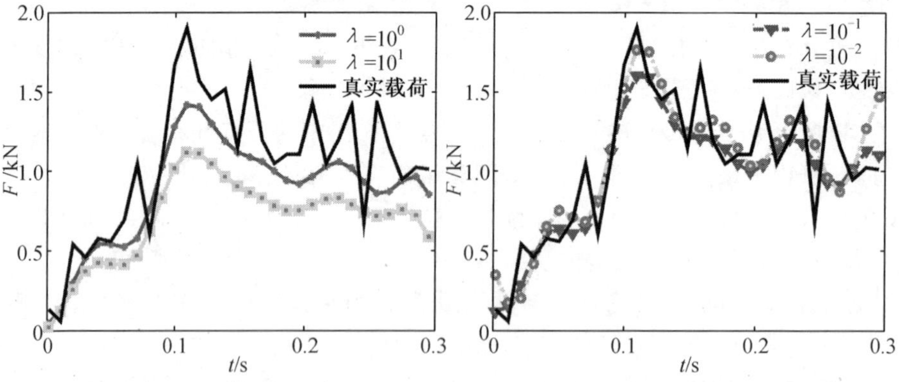

(a) $\lambda=10^0$ 和 $\lambda=10^1$　　(b) $\lambda=10^{-1}$ 和 $\lambda=10^{-2}$

图 8.3　不同正则参数下的载荷谱重构结果

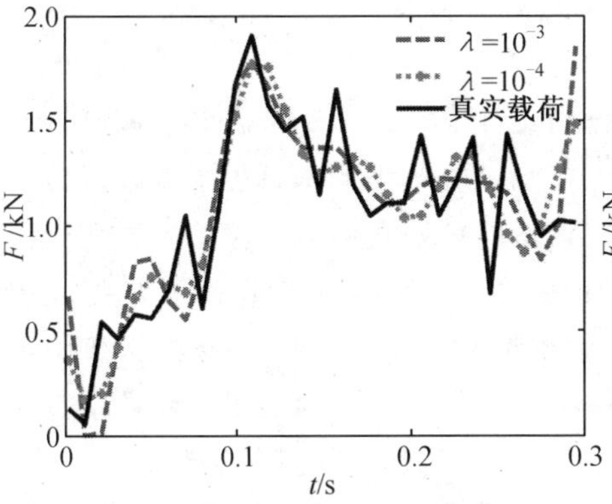

(c) $\lambda=10^{-3}$ 和 $\lambda=10^{-4}$

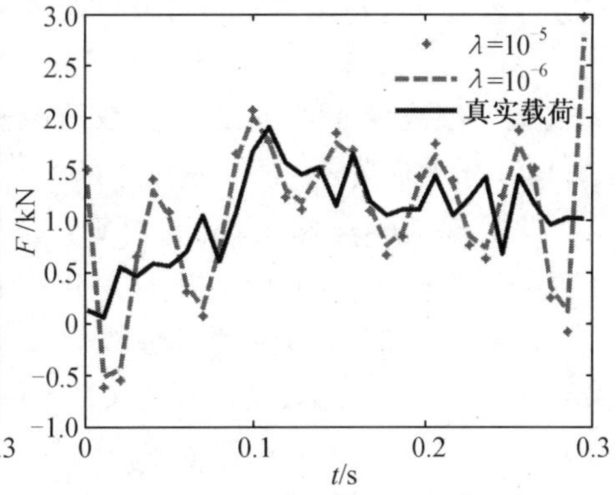

(d) $\lambda=10^{-5}$ 和 $\lambda=10^{-6}$

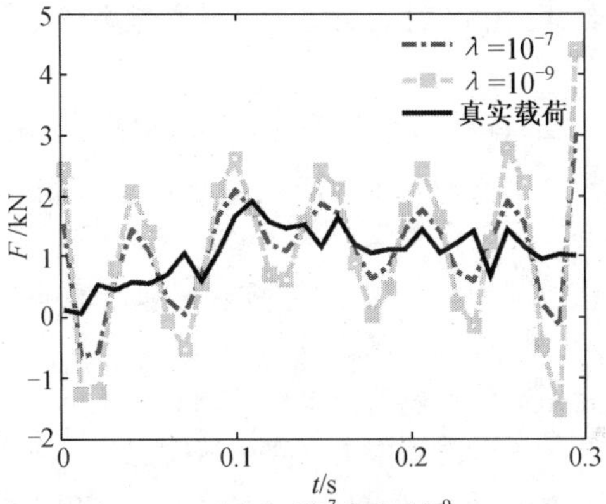

(e) $\lambda=10^{-7}$ 和 $\lambda=10^{-9}$

图 8.3(续)

由上述分析可知，通过L－曲线上选取不同的正则参数值对截割煤岩重构结果的影响。表8.2给出了RMSE值随正则参数取值的变化情况。从表8.2可以明显地得到，L－曲线拐角处的正则参数值与其他位置的正则参数值比较而言，拐角处的截割载荷谱重构效果最为理想。在实验范围内，最佳的正则参数取值为 $\lambda=10^{-2}$。

表 8.2　正则参数对载荷谱重构的影响

λ	10^{1}	10^{0}	10^{-1}	10^{-2}	10^{-3}
RMSE	1.949 6	0.959 4	0.388 4	0.007 6	0.059 1
λ	10^{-4}	10^{-5}	10^{-6}	10^{-7}	10^{-9}
RMSE	0.138 8	0.195 7	0.207 4	0.209 8	0.210 9

8.3.1.2 核函数系数对载荷谱重构结果的影响

核函数系数 ξ 的变化直接影响载荷谱重构的效果，因此研究理想的 ξ 值至关重要。参数设置如下：ξ 取整数值，分别给定为 1、10、20、30、40、50、60、70、80、100，分数阶次 $\alpha=0.6$，正则参数 $\lambda=10^{-2}$。同样，采用本章提出的改进分数阶方法对截割煤岩载荷进行重构研究，探索不同核函数系数对截割煤岩载荷谱重构的影响程度，以便为后续研究分数阶次对重构的结果奠定研究基础。图 8.4 所示为不同核函数系数截割煤岩载荷谱重构结果。图 8.4(a) 给出核函数系数为 1 和 10 时的截割煤岩载荷谱重构结果；图 8.4(b) 给出了核函数系数为 20 和 30 时的截割煤岩载荷谱重构结果；图 8.4(c) 给出了核函数系数为 40 和 50 时的截割煤岩载荷谱重构结果；图 8.4(d) 给出了核函数系数为 60 和 70 时的截割煤岩载荷谱重构结果；图 8.4(e) 给出了核函数系数为 80 和 100 时的截割煤岩载荷谱重构结果。

从图 8.4 可以看出，随着核函数系数的不断增大，截割煤岩载荷谱的重构结果由于核函数系数的不同而各不相同，图 8.4(d) 和图 8.4(e) 的截割煤岩载荷的重构曲线明显与实际的截割煤岩载荷谱相差非常大，主要是由于核函数系数值过大而增加了核函数的病态性，小的奇异值将其病态性放大，使得截割煤岩载荷谱重构值偏离实际的截割煤岩载荷，导致重构效果非常不理想，说明该核函数系数下不适合截割煤岩载荷谱重构。随着核函数系数 ξ 值的不断变大，截割煤岩载荷谱重构结果会严重偏离真实的截割煤岩载荷。图 8.4(b) 和图 8.4(c) 的截割煤岩载荷谱的重构曲线明显比图 8.4(d) 和图 8.4(e) 好得多，但与实际截割煤岩载荷谱的吻合度还差很远，图 8.4(a) 的截割煤岩载荷谱的重构曲线比图 8.4(b) ～ (e) 的截割煤岩载荷谱重构曲线理想，主要是核函数系数变小了，那么核函数的病态性逐渐由严重病态转化为良性状态，使得重构的截割煤岩载荷谱的总体轮廓更接近于实际截割煤岩载荷谱的轮廓。分析图 8.4(a) 可知，核函数系数为 1 的截割煤岩载荷谱重构明显优于核函数系数为 10 的截割煤岩重构载荷谱，说明核函数系数越大，核函数矩阵的病态性越严重，抵抗噪声的能力就越弱，重构的截割煤岩载荷与实际截割煤岩载荷相差就越大。

为深入地定量判断不同核函数系数对截割煤岩重构效果的影响，表 8.3 给出了整个时间历程上的 RMSE 值随核函数系数的变化。当核函数系数从 1 每间隔 10 到 100，整个时间历程上 RMSE 值分别为 0.007 6、0.273 3、0.288 6、0.291 3、0.298 2、0.314 2、0.333 3、0.356 7、0.424 1、0.475 0。从表 8.3 中的 RMSE 值的变化规律可知，整个时间历程上的 RMSE 值随核函数系数的增大而不断变大，说明核函数系数增大会严重加剧核函数矩阵的病态性，导致截割煤岩载荷重构值与实际截割煤岩载荷值相差越来越大。综合以上分析，建议在该实验条件下，核函数系数 ξ 值取为 1 时，截割煤岩载荷谱重构结果更接近于真实的截割煤岩载荷，该参数下重构的截割煤岩载荷效果最为理想。

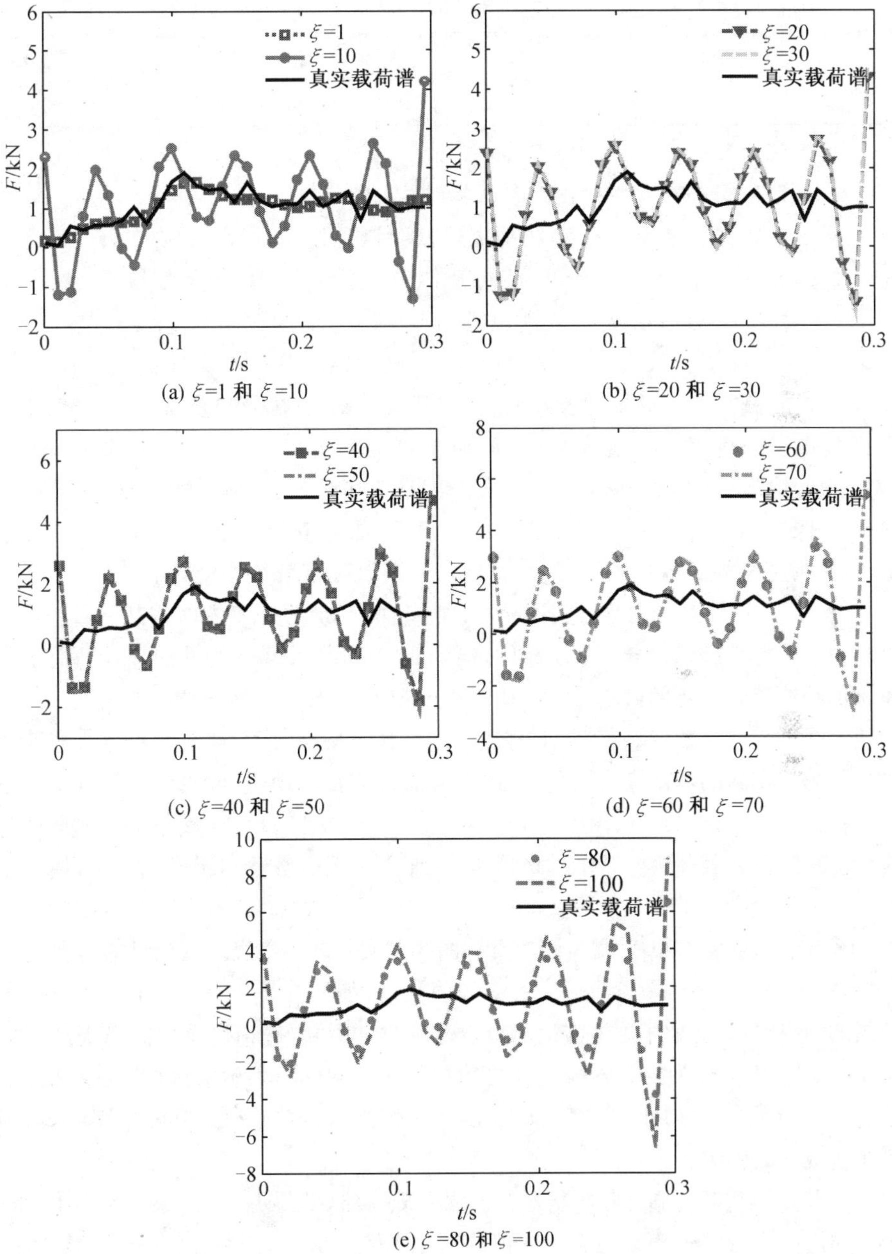

图 8.4　不同核函数系数下截割煤岩载荷谱重构结果

表 8.3　核函数系数对载荷谱重构的影响

ξ	1	10	20	30	40
RMSE	0.007 6	0.273 3	0.288 6	0.291 3	0.298 2
ξ	50	60	70	80	100
RMSE	0.314 2	0.333 3	0.356 7	0.424 1	0.475 0

8.3.1.3　分数阶次对载荷谱重构结果的影响

系统地研究分数阶次 α 对截割煤岩载荷谱重构质量及效果的影响，以此确定本章方法具有最优分数阶次值或最佳分数阶次区间。其参数设定如下：$\lambda=10^{-2}$，$\xi=1$。分数阶次 α 分别设定为 0.1、0.2、0.3、0.4、0.5、0.6、0.7、0.8、0.9、1.0。采用结合改进分数阶 Tikhonov 正则化及 L－曲线方法，图 8.5 给出了其相应的截割煤岩载荷谱重构结果。图 8.5(a) 为在分数阶次 0.1 和 0.2 下的截割煤岩载荷谱重构结果；图 8.5(b) 为在分数阶次 0.3 和 0.4 下的截割煤岩载荷谱重构结果；图 8.5(c) 为在分数阶次 0.5 和 0.6 下的截割煤岩载荷谱重构结果；图 8.5(d) 为在分数阶次 0.7 和 0.8 下的截割煤岩载荷谱重构结果；图 8.5(e) 为在分数阶次 0.9 和 1.0 下的截割煤岩载荷谱重构结果。

分析图8.5的时域曲线，随着分数阶次 α 值的不断增大，截割煤岩载荷谱的重构结果由于分数阶次的差异而各不相同，图 8.5(a) 和图 8.5(e) 的截割煤岩载荷谱的重构曲线明显与实际的截割煤岩载荷谱相差较大，主要是由于分数阶次值太小或者过大都会增加核函数的病态性，小的奇异值将其病态性放大，使得截割煤岩载荷谱重构值偏离实际的截割煤岩载荷，导致重构效果非常不理想，说明该分数阶次下不适合截割煤岩载荷谱重构。图 8.5(b) 和图 8.5(d) 的截割煤岩载荷谱的重构曲线与实际的截割煤岩载荷谱的差距越来越小，主要是由于分数阶次缓慢地变化，使得小的奇异值所对应分量的无用信息被有效去除，保证了截割煤岩载荷谱重构解的稳定性。图 8.5(c) 的截割煤岩载荷谱的重构曲线与实际的截割煤岩载荷谱的差距变得更小，主要是由于该分数阶次下大的奇异值被修正较少，分数阶次对于小奇异值被截断的速率降低，保留了更多有用的成分，使得截割煤岩载荷谱重构曲线更加接近于实际截割煤岩载荷曲线谱，截割煤岩载荷的主要轮廓清晰地被重构，仅仅从时域曲线观察还无法区分判断图8.5(c) 在分数阶次 0.5 和分数阶次 0.6 下截割煤岩载荷谱重构效果的优劣。

为了定量判断不同分数阶次对截割煤岩载荷结果的影响规律，表 8.4 列出了整个时间历程的 RMSE 值随分数阶次值的变化规律。从表 8.4 中的整个时间历程的 RMSE 值可得出，当分数阶次从 0.1 到 1.0 变化时，整个时间历程的 RMSE 值分别为 0.739 5、0.494 9、0.442 4、0.216 1、0.014 0、0.007 6、0.056 3、0.089 8、1.159 6、

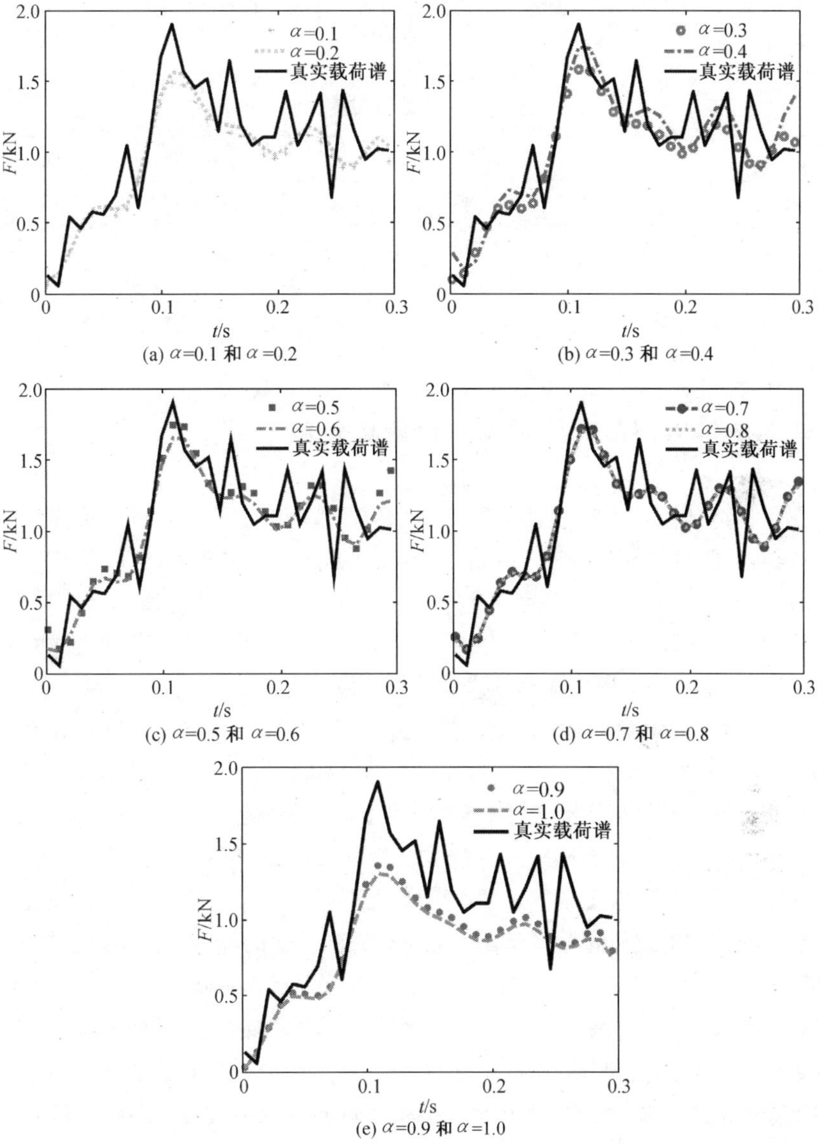

图 8.5　不同分数阶次下的载荷谱重构曲线

1.343 1。通过分析表 8.4 可知，随着分数阶次不断增大，RMSE 值呈先减小后增大的变化规律，在分数阶次为 0.6 时，存在最小的 RMSE，即最优分数阶次 $\alpha = 0.6$。综合分析判断，存在最佳的参数组合形式：$\lambda = 10^{-2}$，$\xi = 1$，$\alpha = 0.6$，在该条件下，重构的截割煤岩载荷结果与真实截割煤岩载荷是最接近的。通过对不同正则参数、不同核函数系数及不同分数阶次下的截割煤岩载荷谱重构曲线以及相关评价指标的综合分析可知，本章提出的截割煤岩载荷谱重构新方法在截割煤岩载荷谱重构应用中具有较好的适用性和可行性。

表 8.4　分数阶次对载荷谱重构结果的影响

α	0.1	0.2	0.3	0.4	0.5
RMSE	0.739 5	0.494 9	0.442 4	0.216 1	0.014 0
α	0.6	0.7	0.8	0.9	1.0
RMSE	0.007 6	0.056 3	0.089 8	1.159 6	1.343 1

8.3.2　不同载荷谱重构方法的比较与分析

为了深入研究本章提出的截割煤岩载荷谱重构方法优于其他研究方法，现选择与整数阶 Tikhonov 方法和分数阶 Tikhonov 方法作为比较对象，利用 8.3.1 节的实验条件，采用 3 种不同的载荷谱重构方法，所得截割煤岩载荷谱的重构结果如图 8.6(a) ~ (c) 所示。图 8.6(a) 为采用 TR 方法下的截割煤岩载荷谱重构曲线；图 8.6(b) 为采用 FTR 方法的截割煤岩载荷谱重构曲线；图 8.6(c) 为采用本章所提出的 IFTR 方法下的截割煤岩载荷谱重构曲线。通过观察图 8.6(a) ~ (c) 可清晰地看出，利用不同的截割煤岩载荷谱重构方法虽然截割煤岩载荷均能被地重构，但截割煤岩载荷谱重构效果和质量却各不相同。从图 8.6 时域曲线可知，图 8.6(a) 的截割煤岩载荷谱重构谱相对比较平滑，截割煤岩载荷谱的波峰和波谷并没有被有效重构。其原因在于 TR 方法产生的平滑效应，虽然抗噪能力较强，但重构的截割煤岩载荷谱只能表示出载荷的总体变化趋势。与图8.6(a) 的标准的 TR 截割煤岩载荷谱重构方法相比，图 8.6(b) 的 FTR 重构方法得到的截割煤岩载荷谱在载荷波峰和波谷处的重构效果优于图 8.6(a)，且载荷细节信息也被有效地重构出来，原因在于 FTR 载荷谱重构方法的分数阶次的存在，使得小奇异值被截断速率放慢，有用和可靠的成分被保留下来，噪声的存在也不会被小奇异值放大，进而提高了截割煤岩载荷谱重构的抗噪能力。如图 8.6(c) 所示利用 IFTR 方法得到的截割煤岩载荷谱重构曲线与实际载荷谱更加吻合，主要是由于IFTR方法的大奇异值被限制较少，重构解的精确性提高，小奇异值所对应分量的不稳定成分被有效地抑制，抗噪能力得到显著提高，本章提出的 IFTR 载荷谱重构方法可有效地重构出载荷的细节信息。

表 8.5 给出了 TR 方法、FTR 方法和 IFTR 方法在整个时间历程上的 RMSE 值。TR 方法、FTR 方法和 IFTR 方法在整个时间历程上的 RMSE 值分别为0.418 2、0.388 4 和0.336 5。由表 8.5 可知，IFTR方法得到的截割煤岩载

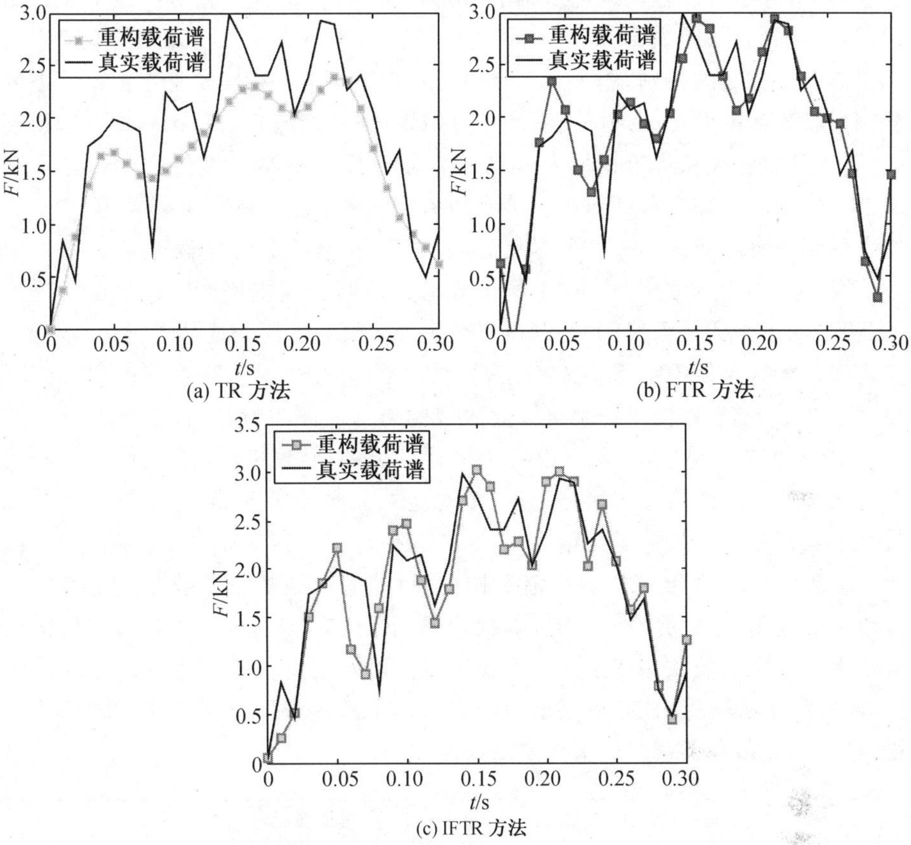

图 8.6　不同载荷谱重构方法结果

荷谱重构的评价指标具有最小的 RMSE，主要是本章方法在最佳的参数组合下，能够很好地去掉小奇异值的不可靠因素，抗噪效果得到明显提升，对大奇异值修正相对较少，使得载荷谱重构解的精确性得到显著提高。综合上述分析，与 TR 方法和 FTR 方法在截割煤岩载荷谱重构效果方面相比，本章提出的 IFTR方法抗噪能力更强，载荷谱重构的精确度更好，与真实的截割煤岩载荷更吻合。

表 8.5　不同载荷谱重构方法的评价指标

评价指标	重构方法		
	TR	FTR	IFTR
RMSE	0.418 2	0.388 4	0.366 5

从上述的截割煤岩载荷谱重构的实际工程算例可知，本章提出的 IFTR 方

法重构中，分数阶次存在最优值，能够使截割煤岩重构达到相对比较理想的结果，其最优的分数阶次为 0.6。为了进一步比较本章方法与前几章的截割煤岩载荷谱重构方法的区别，图 8.7(a) 和图 8.7(b) 给出了相同实验参数条件下的截割煤岩载荷谱重构结果。由图 8.7 可知，不同截割煤岩载荷谱重构方法得到的结果不同，仅仅从评价指标 RMSE 值，EEETR－NCG 方法的 RMSE 值小于 NTR 方法，但是综合载荷谱的波峰和波谷的重构，载荷突变现象情况，各个研究方法所解决问题的侧重点不尽相同，图 8.7(a) 虽然重构的准确性不高，但明显克服了采用传统方法存在的重构解光滑的问题。其主要原因在于本章提出的 NTR 滤子函数是分段函数，既可以对小奇异值的不可信成分进行选择截断，又可保证大奇异值不被无限制修正，但该方法无法做到消除载荷虚假峰值现象。图 8.7(b) 采用的方法也可以克服解的光滑问题，同时可以消除载荷谱的虚假波峰(波谷) 现象，主要原因在于估计扩展熵项能够将小奇异值中有用的信息从杂乱无章的成分中区分出来，把对应的无序分量变成有序排列，有效地提高了载荷在尖点处的重构精度，消除了载荷谱重构过程出现的虚假波峰(波谷) 现象，提高了截割煤岩载荷谱重构准确性，有效地解决了载荷波峰和波谷处难以准确重构的问题。对于本章提出的 IFTR 方法主要克服载荷谱重构过程中出现的突变现象。其主要原因在于该方法对小奇异值的不可靠成分进行滤波，增强了抗噪能力，载荷谱重构解的稳定性被显著提高，对大奇异值的修正被有效减少，提高了载荷谱重构的精确性。

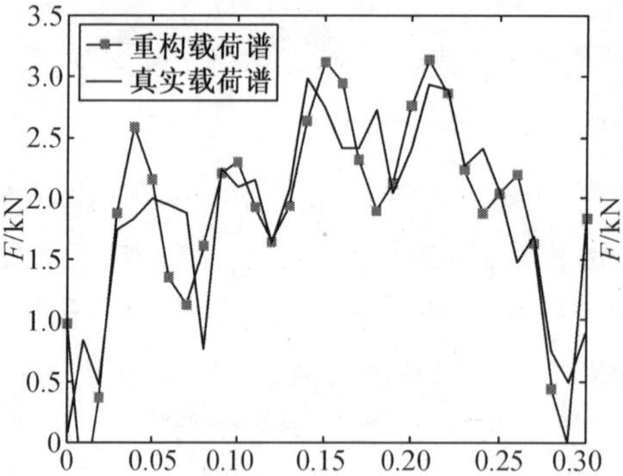

(a) NTR 方法

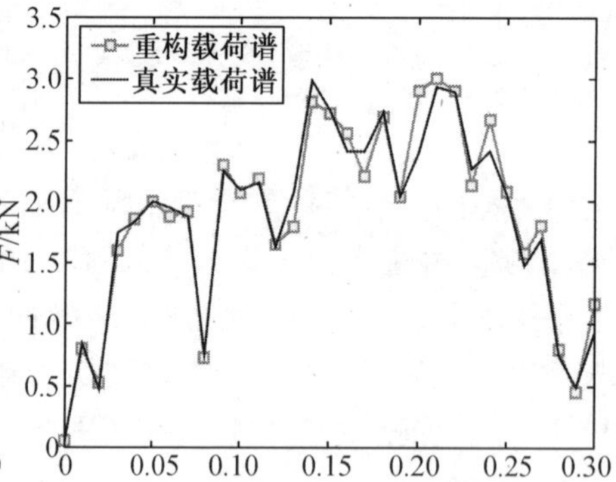

(b) EEETR-NCG 方法

图 8.7　相同实验参数下不同重构方法的对比

为了进一步研究本章方法的通用性，下面给出了截齿在两种不同截割条件工况下的实验测量数据，即镐齿在 45° 和 50° 的安装角实验条件下截割煤岩，采用上述的最佳参数组合 $\lambda=10^{-2}$，$\xi=1$，$\alpha=0.6$，通过 IFTR 载荷谱重构方法，给出其不同安装角下的截割煤岩载荷谱重构结果，如图 8.8(a) 和图 8.8(b) 所示。图 8.8(a) 为截齿安装角度为 45°下的截割煤岩载荷谱重构曲线；图 8.8(b) 为截齿安装角度为 50° 下的截割煤岩载荷谱重构曲线。

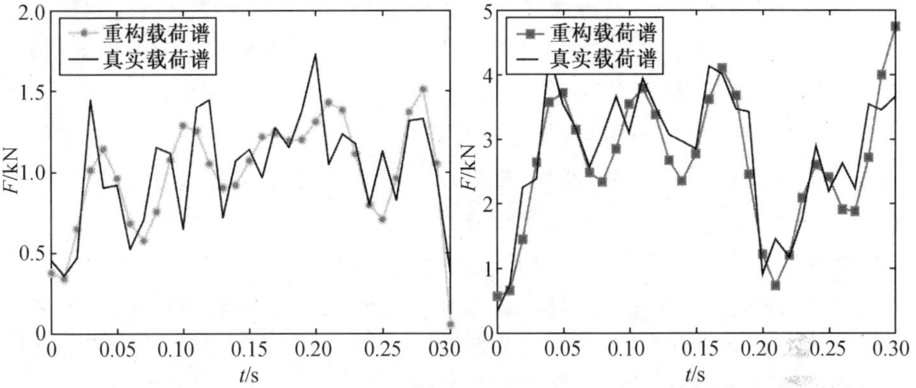

(a) 安装角为 45°　(b) 安装角为 50°

图 8.8　不同安装角的载荷谱重构结果

分析图 8.8 所示的截割煤岩载荷谱重构的时域曲线可知，在不同安装角度的条件下，截割煤岩载荷谱的重构曲线与真实曲线非常接近。表 8.6 给出了不同安装角度下的重构评价指标，其中截齿安装角度为 45° 下的截割煤岩载荷谱重构曲线的整个时间历程的 RMSE 值为 0.387 3，截齿安装角度为 50° 下的截割煤岩载荷谱重构曲线的整个时间历程的 RMSE 值为 0.370 5。虽然相比于 40° 下的截割煤岩载荷在整个时间历程上的 RMSE 值要大，主要在于截割实验条件发生变化及环境噪声带来的累计误差被小奇异值扩大，使其重构的截割煤岩载荷值与实际截割煤岩载荷值存在差距，但 RMSE 值都在可接受范围内，证明本章方法具有较好的收敛性。本章提出的分数阶载荷识别方法不仅适合简单工况下的截割载荷谱重构，同样适合复杂工况下的载荷谱重构，证明其拥有很好的通用性。即无论截齿在截割煤岩处于何种工况下，本章提出的截割煤岩载荷谱重构方法都能适用，说明该截割煤岩载荷谱重构方法的通用性及稳定性好于其他截割煤岩载荷谱重构方法。

表 8.6　不同安装角度下载荷谱重构的评价指标

评价指标	安装角度	
	45°	50°
RMSE	0.387 3	0.370 5

从上述的实际工程算例可知，改进的分数阶 Tikhonov 正则化方法的优点

可总结如下：首先，该研究方法可以有效地减小或者缓解截割煤岩载荷谱重构过程中出现的不适定性(病态性)；其次，本章提出的载荷谱重构方法区别于其他研究方法，它将处理不适定问题的过程直接转为求解无约束优化问题的过程，目标泛函通过相应的优化算法进行求解，其解的求解速率明显得到提高。本章提出的载荷谱重构方法的独特之处还在于它不涉及模型任何的先验信息，只要测量数据信息即可。

通过数值算例和实际截割煤岩载荷谱重构的工程例子，表明本章方法可以有效地减小不适定问题的病态性，提高载荷谱重构的稳定性，增强载荷细节的辨识，便于载荷特征的提取。与整数阶正则化载荷谱重构技术相比，分数阶正则化载荷谱重构技术的抗噪能力更强。其主要原因在于本章方法在最佳的参数组合下，能够很好地对小奇异值进行有效截断，将不可靠的因素去掉，抗噪效果得到明显提升，对大奇异值修正相对较少，使得截割煤岩载荷谱重构解的精确性得到显著提高。因此，本章提出的截割煤岩载荷谱重构的分数阶方法丰富了载荷谱重构的理论体系，是对整数阶截割煤岩载荷谱重构方法的有力补充。

现采用分数阶法对煤炭截割载荷进行重构研究，给出一种截割煤岩载荷谱重构的分数阶法。基于分数阶微积分的数学思想理论，将处理载荷谱重构的整数阶正则化推演至分数阶，定义正则化矩阵为对角矩阵与调整系数矩阵和右奇异向量转置的乘积形式，构建了一种改进的分数阶滤波因子。该研究方法对小奇异值的不可靠成分进行滤波，增强了抗噪能力，载荷谱重构解的稳定性被显著提高，对大奇异值的修正被有效地减少，提高了载荷谱重构的精确性。数值例子表明，本章提出的 IFTR 方法随着噪声水平的增加，相应的评价指标 RE、CC 和 Its 变化并不是很明显，验证了 IFTR 方法具有很好的抗噪能力。通过截割煤岩载荷实验验证，给出了本章提出的 IFTR 截割煤岩载荷谱重构方法的最佳参数组合形式：$\lambda=10^{-2}$，$\xi=1$，$\alpha=0.6$，此时截割煤岩载荷谱重构结果更接近于实际截割煤岩载荷。IFTR 煤岩载荷谱重构方法与传统整数阶 TR 煤岩载荷谱重构方法及 FTR 截割煤岩载荷谱重构方法比较，在整个载荷时间历程上的 RMSE 值分别为0.418 2、0.388 4、0.366 5，本章提出的 IFTR 方法拥有最小的 RMSE 值，有效地提高了煤岩载荷谱重构的稳定性，克服了载荷突变现象。研究安装角度为 40° 和 50° 下的截割煤岩载荷谱重构曲线及评价指标，表明本章方法具有较好的通用性，对截割煤岩载荷谱重构的整数阶法是一种强有力补充，丰富了载荷谱重构理论体系。

第 9 章　载荷谱重构的区间分析法

截割煤岩载荷谱重构模型及其他章节反求方法都是在煤岩结构的材料和属性确定基础之上建立的，而实际采煤机在矿井工作过程中，截齿截割煤岩载荷会受到煤质参数、地质条件等不确定性参量的影响，使得截割煤岩载荷谱重构解的唯一性、存在性和稳定性等问题很难继续用确定性技术及方法进行研究。因此，开展不确定性参量的研究对于丰富载荷谱重构方法与理论具有重要的意义。

本章将给出截割煤岩载荷谱重构的区间分析方法。基于区间思想，建立适用于任意不确定性水平参量的截割煤岩载荷谱重构区间模型，对于不确定性水平较低参量的载荷边界重构，不确定性参量采用区间形式定义，基于一阶 Taylor 近似处理，只需求得不确定参量中的点值及梯度，采用有限差分法计算不确定性参量一阶偏导数，避免嵌套求解带来的累计误差。对于不确定性水平较高参量的载荷边界重构，将较大不确定水平区间划分为多个小子区间组合形式，运用不确定性水平较低参量的载荷边界重构方法进行求解。由于区间模型存在固有的病态性，采用多参数正则化软阈值技术，可以提高该模型求解的准确性。本章方法通过在截割煤岩载荷谱重构中的应用，有效实现了截割煤岩载荷上下界的重构，该研究方法为矿山机械载荷谱重构提供了一种有价值的研究手段和方法。

9.1　区间数学的基本理论

对于一个有界的集合 $[a,b]=\{x \mid a \leqslant x \leqslant b\}$ 被定义为区间，则由端点 a 和 b 组成的一对有序实数，被称为区间数，通常用 X^I 表示，且 $X^I=[x^l,x^u]$，其中 x^l 和 x^u 分别表示区间的两个端点。$X^I=[x^l,x^u]$ 为点区间数。若 $X^I=[x^l,x^u]$ 满足 $x^l=x^u$，则称其为对称区间数。

区间数的宽度为 $w(X^I)$，则其表达式为

$$w(X^I)=x^u-x^l \tag{9.1}$$

区间数的中点为 X^C，其表达式为

$$X^C = \frac{x^u + x^l}{2} \tag{9.2}$$

区间数的半径为 Δx，其表达式为

$$\Delta x = \frac{x^u - x^l}{2} \tag{9.3}$$

称区间 $\Delta X^I = [-\Delta x, \Delta x]$ 为不确定区间，对于给定的任何一个区间 X^I，均可用区间数的中点和不确定区间之和来表达该区间，即

$$\boldsymbol{X}^I = \boldsymbol{X}^C + \Delta \boldsymbol{X}^I \tag{9.4}$$

区间数的绝对值为 $|\boldsymbol{X}^I|$，其表达式为

$$|\boldsymbol{X}^I| = \max(|x^l|, |x^u|) \tag{9.5}$$

所以，给定一个 $x \in \boldsymbol{X}^I$，则有

$$|x| \leqslant |\boldsymbol{X}^I| \tag{9.6}$$

则对于 $\boldsymbol{X}^I = [X_1^I \quad X_2^I \quad X_3^I \quad \cdots \quad X_n^I]$，通常称为区间向量，则其宽度为

$$w(\boldsymbol{X}^I) = \max(w(X_1^I) \quad w(X_2^I) \quad w(X_3^I) \quad \cdots \quad w(X_n^I)) \tag{9.7}$$

其相应的范数为

$$\|\boldsymbol{X}^I\| = \max(|X_1^I| \quad |X_2^I| \quad |X_3^I| \quad \cdots \quad |X_n^I|) \tag{9.8}$$

及其中点的表达式为

$$\boldsymbol{X}^C = [m(X_1^I) \quad m(X_2^I) \quad m(X_3^I) \quad \cdots \quad m(X_n^I)] \tag{9.9}$$

以上详细地描述了区间数的基本概念，下面重点给出区间数的基本运算法则，包括交换律、结合律、恒等律、分配律和抵消律，其具体运算规则如下所示。

对于任意区间 $\boldsymbol{X}^I$、$\boldsymbol{Y}^I$ 和 $\boldsymbol{Z}^I$，满足交换律：

$$\boldsymbol{X}^I + \boldsymbol{Y}^I = \boldsymbol{Y}^I + \boldsymbol{X}^I \tag{9.10}$$

$$\boldsymbol{X}^I \times \boldsymbol{Y}^I = \boldsymbol{Y}^I \times \boldsymbol{X}^I \tag{9.11}$$

对于任意区间 $\boldsymbol{X}^I$、$\boldsymbol{Y}^I$ 和 $\boldsymbol{Z}^I$，满足结合律：

$$(\boldsymbol{X}^I + \boldsymbol{Y}^I) \pm \boldsymbol{Z}^I = \boldsymbol{X}^I + (\boldsymbol{Y}^I \pm \boldsymbol{Z}^I) \tag{9.12}$$

$$(\boldsymbol{X}^I \times \boldsymbol{Y}^I) \times \boldsymbol{Z}^I = \boldsymbol{X}^I \times (\boldsymbol{Y}^I \times \boldsymbol{Z}^I) \tag{9.13}$$

对于任意区间 $\boldsymbol{X}^I$、$\boldsymbol{Y}^I$ 和 $\boldsymbol{Z}^I$，满足恒等律：

$$\boldsymbol{X}^I + \boldsymbol{0} = \boldsymbol{0} + \boldsymbol{X}^I = \boldsymbol{X}^I; \quad 1 \times \boldsymbol{X}^I = \boldsymbol{X}^I \times 1 = \boldsymbol{X}^I \tag{9.14}$$

$$\boldsymbol{X}^I - \boldsymbol{Y}^I = \boldsymbol{X}^I + (-\boldsymbol{Y}^I) = -\boldsymbol{Y}^I + \boldsymbol{X}^I \tag{9.15}$$

$$\frac{\boldsymbol{X}^I}{\boldsymbol{Y}^I} = \boldsymbol{X}^I \times (\boldsymbol{Y}^I)^{-1} = (\boldsymbol{Y}^I)^{-1} \times \boldsymbol{X}^I \tag{9.16}$$

$$-(\boldsymbol{X}^I - \boldsymbol{Y}^I) = \boldsymbol{Y}^I - \boldsymbol{X}^I \tag{9.17}$$

$$\boldsymbol{X}^I \times (-\boldsymbol{Y}^I) = (-\boldsymbol{X}^I) \times \boldsymbol{Y}^I = -(\boldsymbol{X}^I \times \boldsymbol{Y}^I) \tag{9.18}$$

$$(-\boldsymbol{X}^I) \times (-\boldsymbol{Y}^I) = \boldsymbol{X}^I \times \boldsymbol{Y}^I \tag{9.19}$$

对于任意区间 $\boldsymbol{X}^I$、$\boldsymbol{Y}^I$ 和 $\boldsymbol{Z}^I$，满足分配律：

$$\boldsymbol{X}^I \times (\boldsymbol{Y}^I \pm \boldsymbol{Z}^I) \subseteq \boldsymbol{X}^I \times \boldsymbol{Y}^I \pm \boldsymbol{X}^I \times \boldsymbol{Z}^I \tag{9.20}$$

$$(\boldsymbol{X}^I \pm \boldsymbol{Y}^I) \times \boldsymbol{Z}^I \subseteq \boldsymbol{X}^I \times \boldsymbol{Z}^I \pm \boldsymbol{Y}^I \times \boldsymbol{Z}^I \tag{9.21}$$

对于任意区间 $\boldsymbol{X}^I$、$\boldsymbol{Y}^I$ 和 $\boldsymbol{Z}^I$，满足抵消律如下：

$$\boldsymbol{X}^I - \boldsymbol{Y}^I \subseteq (\boldsymbol{X}^I + \boldsymbol{Z}^I) - (\boldsymbol{Y}^I + \boldsymbol{Z}^I) \tag{9.22}$$

$$\frac{\boldsymbol{X}^I}{\boldsymbol{Y}^I} \subseteq \frac{\boldsymbol{X}^I \times \boldsymbol{Z}^I}{\boldsymbol{Y}^I \times \boldsymbol{Z}^I} \tag{9.23}$$

9.2　载荷谱重构的区间分析法

概率论与统计、模糊理论方法和区间分析方法是现阶段研究学者开展不确定性参量研究的主要技术手段。其中最常见的方法为基于概率统计理论，主要思路是将不确定性参量间接转化为随机变量的数学表达。其主要缺点为由于诸多因素会导致其样本不足，对于实际的工程问题而言，通常利用该技术手段获得理想的重构载荷是非常困难的。关于模糊理论方法，在实际的工程问题中，由于模糊隶属度取决于决策者经验和有限样本，因此相对误差较大。与获取其他统计参量比较，获取结构不确定性参量的上下界相对比较容易。其中对于区间分析方法，只要确定了不确定性参量的上下界，就可以获取到被重构的载荷的界限。据此，现阶段区间分析方法更适合处理实际工程问题中不确定性问题的求解。

区间分析方法研究在理论及应用上还需完善，现阶段主要存在的问题为区间反演算法对于不同研究对象，其反演效果不同，没有形成统一的理论模型。在采掘机械领域，其区间理论方法还处于探索研究阶段，尤其对截齿载荷谱重构研究，国内外报道较少。因此，在以前研究载荷谱重构的基础上，深入探求截齿载荷蕴含的信息，以便达到截割煤岩载荷上下界的重构，为矿山机械领域煤岩载荷谱重构提供一种新的方法和新的研究思路，同时对研究滚筒载荷谱重构及推演具有一定的参考价值。

9.2.1　不确定性水平较小区间模型

当煤岩结构中的一些参量不确定时，可用如下卷积分表达参量之间的关系，具体表描述为

$$y(t) = \int_0^t p(\tau, \lambda) g(t - \tau, \lambda) \mathrm{d}\tau \tag{9.24}$$

式中　λ——n 维煤岩结构的不确定性参量。

由于式(9.24)的解不再是单一的解,而是一个解集,很难用常规确定性方法来求解这类问题。基于区间数学的理论与方法,对截割煤岩载荷进行重构研究。

通常情况下,区间数被定义为一对有序的实数:

$$A^I=[A^L,A^R]=\{A \mid A^L\leqslant A\leqslant A^R, A\in R\} \tag{9.25}$$

式中 I、L、R—— 区间及其下界和上界。

针对不确定性的煤岩结构,其载荷谱重构,首先采用 λ^I 对式(9.24)中的 λ 开展建模研究:

$$\lambda\in\lambda^I=[\lambda^I,\lambda^R] \tag{9.26}$$

$$\lambda_j\in\lambda_j^I=[\lambda_j^I,\lambda_j^R],\quad j=1,2,\cdots,n \tag{9.27}$$

不确定性的煤岩结构,其参量有界区间为

$$p(t,\lambda)\in p^I(t)=[p^L(t),p^L(t)] \tag{9.28}$$

式中 $p^I(t)$、$p^L(t)$、$p^R(t)$—— t 时刻的截割煤岩载荷区间、区间下界和上界。

根据区间数学理论,式(9.26)可以表示为

$$\lambda^I=[\lambda^I,\lambda^R]=[\lambda^c-\lambda^w,\lambda^c+\lambda^w]=\lambda^c+[-1,1]\lambda^w \tag{9.29}$$

式中 λ^c、λ^w—— 区间的中点和半径,可以分别表示为

$$\lambda^c=\frac{\lambda^L+\lambda^R}{2},\quad \lambda_j^c=\frac{\lambda_j^L+\lambda_j^R}{2},\quad j=1,2,\cdots,n \tag{9.30}$$

$$\lambda^w=\frac{\lambda^R-\lambda^L}{2},\quad \lambda_j^w=\frac{\lambda_j^R-\lambda_j^L}{2},\quad j=1,2,\cdots,n \tag{9.31}$$

区间 λ^I 的不确定性水平被定义为

$$\gamma(\lambda^I)=\frac{\lambda^w}{|\lambda^c|}\times 100\% \tag{9.32}$$

根据式(9.26)和式(9.29),不确定参数量 λ 可以描述为

$$\lambda=\lambda^c+\delta\lambda \tag{9.33}$$

式中,$\delta\lambda\in[-1,1]\lambda^w$,$\delta\lambda_j\in[-1,1]\lambda_j^w$。

针对不确定性水平较小的参量 λ,$p(t,\lambda)$ 在 λ^w 处首先开展一阶 Taylor 式展开研究,可得

$$p(t,\lambda)=p(t,\lambda^c+\delta\lambda)\approx p(t,\lambda^c)+\sum_{j=1}^{n}\left|\frac{\partial p(t,\lambda^c)}{\partial\lambda_j}\right|\delta\lambda_j \tag{9.34}$$

式中 $p(t,\lambda^c)$—— 不确定性参数为区间中点值时重构的截割煤岩载荷;

$\partial p(t,\lambda^c)/\partial\lambda_j$—— 截割煤岩载荷对参数 λ_j 的一阶偏导,即截割煤岩载荷对参数 λ_j 的敏感性。

通过进一步结合式(9.33)和式(9.34),得到如下具体表达式:

$$p(t,\lambda)=p(t,\lambda^c+\delta\lambda)\approx p(t,\lambda^c)+\sum_{j=1}^{n}\left|\frac{\partial p(t,\lambda^c)}{\partial\lambda_j}\right|[-1,1]\lambda_j^w \tag{9.35}$$

从式(9.35)计算可得截割煤岩载荷识别区间模型,即截割煤岩载荷识别的上下界表达式分别为

$$p^L(t)=\min_{\lambda\in\lambda^I}p(t,\lambda)=p(t,\lambda^c)-\sum_{i=1}^{n}\left|\frac{\partial p(t,\lambda^c)}{\partial\lambda_j}\right|\lambda_j^w \tag{9.36}$$

$$p^R(t)=\max_{\lambda\in\lambda^I}p(t,\lambda)=p(t,\lambda^c)+\sum_{i=1}^{n}\left|\frac{\partial p(t,\lambda^c)}{\partial\lambda_j}\right|\lambda_j^w \tag{9.37}$$

分析式(9.36)和式(9.37)可知,不确定性煤岩结构的重构截割煤岩载荷的上下界问题就转化为两种确定性截割煤岩载荷谱重构问题。第一种是重构不确定性参量中点值处的截割煤岩载荷 $p(t,\lambda^c)$。另一种就是重构截割煤岩载荷对各个不确定性参量的一阶偏导$\frac{\partial p(t,\lambda^c)}{\partial\lambda_j}$,即各个不确定性参数的敏感性曲线。

9.2.2　不确定性水平较大区间模型

进一步对上述的区间模型进行详细分析可知,该模型主要是通过一阶 Taylor 展开式得到的线性近似表达,其适合于较小的不确定性水平。而对于较大的不确定性水平的区间反求却很难再适用,因为较大的不确定性水平会导致该研究方法产生的计算误差非常大。为了深入探寻处理较大的不确定性水平下区间求解方法,将较大的不确定水平区间分割为多个不确定性水平较小的子区间,用多个子区间的组合来表达,即

$$(\lambda_j^I)_i=\left[\lambda_j^L+\frac{(i-1)2\lambda_j^I}{n_j},\lambda_j^L+\frac{i2\lambda_j^I}{n_j}\right] \tag{9.38}$$

式中　$(\lambda_j^I)_i$——第 j 个不确定性变量区间 λ_j^I 的第 i 个子区间;

n_j——λ_j^I 的子区间数。

针对不确定变量的差异,往往可将不确定性水平分割出不同数量的子区间,若从其中随机抽取一个子区间,则可有 S 种不同的子区间组合表现形式,即

$$S=n_1n_2n_3\cdots n_j \tag{9.39}$$

因此,对于式(9.24)可进一步表示为

$$\boldsymbol{P}(\boldsymbol{\lambda}_{M_1,M_2,\cdots,M_j}^I)\boldsymbol{G}(\boldsymbol{\lambda}_{M_1,M_2,\cdots,M_j}^I)=\boldsymbol{Y}(\boldsymbol{\lambda}_{M_1,M_2,\cdots,M_j}^I) \tag{9.40}$$

式中　$\boldsymbol{\lambda}_{M_1M_2\cdots M_j}^I$——任意一个子区间向量。

通过分析式(9.40)可知,每个方程中的变量子区间都是小不确定性的,所以可以通过式(9.36)和式(9.37)的较小不确定性区间的求解方法进行研究。对于不确定向量的两个子区间向量$\boldsymbol{\lambda}_{M_1,M_2,\cdots,M_j}^I$和$\boldsymbol{\lambda}_{M_1+1,M_2,\cdots,M_j}^I$,满足

$$\boldsymbol{P}(\boldsymbol{\lambda}_{M_1,M_2,\cdots,M_j}^I)\cap\boldsymbol{P}(\boldsymbol{\lambda}_{M_1+1,M_2,\cdots,M_j}^I)=\boldsymbol{P}(\boldsymbol{\lambda}_{M_1}^N=\boldsymbol{\lambda}_{M_1+1}^L,\boldsymbol{\lambda}_{M_2}^I,\boldsymbol{\lambda}_{M_3}^I,\cdots,\boldsymbol{\lambda}_{M_j}^I) \tag{9.41}$$

$$F(\boldsymbol{\lambda}^{I}_{M_1,M_2,\cdots,M_j}) \cap F(\boldsymbol{\lambda}^{I}_{M_1+1,M_2,\cdots,M_j}) = F(\boldsymbol{\lambda}^{N}_{M_1} = \boldsymbol{\lambda}^{L}_{M_1+1}, \boldsymbol{\lambda}^{I}_{M_2}, \boldsymbol{\lambda}^{I}_{M_3}, \cdots, \boldsymbol{\lambda}^{I}_{M_j}) \tag{9.42}$$

从式(9.41)和式(9.42)可知，$\boldsymbol{P}(\boldsymbol{\lambda}^{I}_{M_1,M_2,\cdots,M_j})$ 和 $\boldsymbol{P}(\boldsymbol{\lambda}^{I}_{M_1+1,M_2,\cdots,M_j})$，$\boldsymbol{F}(\boldsymbol{\lambda}^{I}_{M_1,M_2,\cdots,M_j})$ 和 $\boldsymbol{F}(\boldsymbol{\lambda}^{I}_{M_1+1,M_2,\cdots,M_j})$ 一定有交集。通过式(9.40)可得到，$\boldsymbol{Y}(\boldsymbol{\lambda}^{I}_{M_1,M_2,\cdots,M_j})$ 和 $\boldsymbol{Y}(\boldsymbol{\lambda}^{I}_{M_1+1,M_2,\cdots,M_j})$ 的交集非空，即

$$\boldsymbol{Y}(\boldsymbol{\lambda}^{I}_{M_1,M_2,\cdots,M_j}) \cap \boldsymbol{Y}(\boldsymbol{\lambda}^{I}_{M_1+1,M_2,\cdots,M_j}) \neq \varnothing \tag{9.43}$$

通过上述的综合分析，分别给出了较小的不确定性水平和较大的不确定性水平区间的数学模型，为处理不确定性载荷的反求提供了一种有效方法。

9.3 区间模型不适定性的反求方法

9.2 节采用区间分析法，建立了适用于不同不确定水平参量的截割煤岩载荷区间模型，但由于求解区间模型过程中存在病态性，导致模型解边界区间精度降低，无法重构载荷的有效上下界及其中点处的截割载荷，多参数正则化软阈值作为一类处理区间模型病态性的有效方法被广泛采用。本节给出多参数正则化软阈值法的具体流程，并证明该算方法的收敛性，为该算法在截割煤岩载荷谱重构中的应用提供理论研究基础。

9.3.1 多参数正则化软阈值法

多参数正则化软阈值作为一类处理区间模型病态性的有效方法被广泛地应用在各个领域，并取得了一定的研究成果。该方法的目标泛函为

$$M_{\theta,\beta}(x) = \| Kx - y \|^2_{l^2} + \theta \sum_{i \in \Omega} \omega_i |\langle \varphi_i, x \rangle| + \beta \| x \|^2_{l^2} \tag{9.44}$$

定义泛函

$$\Upsilon(x;\theta) = \| x - \theta \|^2 - \| Kx - K\theta \|^2 \tag{9.45}$$

$$H_{\theta,\beta}(x,\theta) = M_{\theta,\beta}(x) + \Upsilon(x;\theta) \tag{9.46}$$

令 $\omega_i := \theta\omega_i$，则有

$$\begin{aligned} H_{\theta,\beta}(x,\theta) &= M_{\theta,\beta}(x) - \| Kx - K\theta \|^2 + \| x - \theta \|^2 \\ &= \| Kx - y \|^2 + \sum_i \omega_i |\langle x, \varphi_i \rangle| + \beta \| x \|^2 - \\ &\quad \| Kx - K\theta \|^2 + \| x - \theta \|^2 \\ &= \| x \|^2 - 2\langle x, \theta + K^* y - K^* K\theta \rangle + \sum_i \omega_i |\langle x, \varphi_i \rangle| + \\ &\quad \| y \|^2 + \| \theta \|^2 - \| K\theta \|^2 + \beta \| x \|^2 \end{aligned}$$

$$= \sum_i [x_i^2 - 2x_i(\theta + K^* y - K^* K\theta) + \omega_i \mid x_i \mid] + \| y \|^2 + \| \theta \|^2 - \| K\theta \|^2 + \beta \| x \|^2 \tag{9.47}$$

式(9.47)的欧拉公式可表示为

$$2(1+\beta)x_i + \omega_i \mathrm{sign}(x_i) = 2\{\theta_i + [K^*(y - K\theta)]\} \tag{9.48}$$

当 $x_i > 0$ 时，则有

$$x_i = \frac{1}{1+\beta}\{\theta_i + [K^*(y - K\theta)]\} - \frac{\omega_i}{2(1+\beta)} \tag{9.49}$$

根据式(9.49)可知

$$\frac{1}{1+\beta}\{\theta_i + [K^*(y - K\theta)]\} > \frac{\omega_i}{2(1+\beta)} \tag{9.50}$$

当 $x_i < 0$ 时，则有

$$x_i = \frac{1}{1+\beta}\{\theta_i + [K^*(y - K\theta)]\} + \frac{\omega_i}{2(1+\beta)} \tag{9.51}$$

根据式(9.51)可知

$$\frac{1}{1+\beta}\{\theta_i + [K^*(y - K\theta)]\} < -\frac{\omega_i}{2(1+\beta)} \tag{9.52}$$

当 $x_i = 0$ 时，则有

$$\left| \frac{1}{1+\beta}\{\theta_i + [K^*(y - K\theta)]\} \right| \leqslant \frac{\omega_i}{2(1+\beta)} \tag{9.53}$$

根据上述的综合描述，可得

$$x_i = \boldsymbol{Q}_{\omega_i,1}\left\{\frac{1}{1+\beta}\{\theta_i + [K^*(y - K\theta)]\}\right\} \tag{9.54}$$

当 $\lambda \geqslant \frac{\omega}{2(1+\beta)}$，则有

$$\boldsymbol{Q}_{\omega_i,1}(\lambda) = \lambda - \frac{\omega}{2(1+\beta)} \tag{9.55}$$

当 $|\lambda| < \frac{\omega}{2(1+\beta)}$，则有

$$\boldsymbol{Q}_{\omega_i,1}(\lambda) = 0 \tag{9.56}$$

当 $|\lambda| \leqslant -\frac{\omega}{2(1+\beta)}$，则有

$$\boldsymbol{Q}_{\omega_i,1}(\lambda) = \lambda + \frac{\omega}{2(1+\beta)} \tag{9.57}$$

参数 θ 和 β 可通过平衡原则进行选取，即

$$\Phi_\gamma(\theta,\beta) = c_\gamma \frac{(\inf \| Ku - y \|_{l^1} + \theta \| u \|_{l^1} + \beta \| u \|_{l^2}^2)^{\gamma+2}}{\theta\beta} \tag{9.58}$$

其中，参数 c_γ 为常值。

$$\gamma\theta \ \| u_{\theta,\beta} \|_{l^1} = \gamma\beta \ \| u_{\theta,\beta} \|_{l^2}^2 = \| Ku_{\theta,\beta} - y \|_{l^1} \tag{9.59}$$

算法流程：

步骤 1　选择 $\theta_0, \beta_0, \omega_0, x^0 = \theta, n = 1$。

步骤 2　计算 $x_n = Q_{\omega_i,1}(x^{n-1} + [K^*(y - Kx^{n-1})])$。

步骤 3　计算参数 θ 和 β 通过式(9.58) 和式(9.59)。

步骤 4　计算 $\omega_n = \theta \cdot \omega_{n-1}$。

步骤 5　计算 $n = n + 1$，满足停止准则，否则返回步骤 2。

9.3.2　收敛性分析

为了验证本章提出方法的收敛性，下面给出引理和定理及其相应的证明，为后续开展具体研究提供理论支持。

引理 9.1　令 $\tilde{\omega} = (\omega_i)_{i \in N}$，定义如下泛函：

$$M_{\tilde{\omega},1}(x,\theta) = \| Kx - y \|^2 + \sum_i \omega_i |\langle \varphi_i, x\rangle| + \| x \|^2 + \| x - \theta \|^2 - \| K(x - \theta) \|^2 \tag{9.60}$$

则 $M_{\tilde{\omega},1}(x,\theta)$ 在 X 中存在最小解，且是唯一的：

$$x = Q_{\tilde{\omega},1}[\theta + K^*(y - Kx)] \tag{9.61}$$

对于 $\forall h \in X$，则有

$$M_{\tilde{\omega},1}(x + h;\theta) \geqslant M_{\tilde{\omega},1}(x;\theta) + \| h \|^2 \tag{9.62}$$

证明　令 $x = x + h$，对于 $\forall h \in X$，则

$$M_{\tilde{\omega},1}(x + h;\theta) = M_{\tilde{\omega},1}(x;\theta) + 2\langle h, x - \theta - K^*(y - K\theta)\rangle + \sum_i \frac{\omega_i}{1+\beta}(| x_i + h_i | - | x_i |) + \| h \|^2 \tag{9.63}$$

定义 $N_0 = \{i \in N : x_i = 0\}$，$N_1 = \dfrac{N}{N_0}$，则

$$\begin{aligned} & \mathrm{M}_{\tilde{\omega},1}(x + h;\theta) - \mathrm{M}_{\tilde{\omega},1}(x;\theta) \\ = {} & \| h \|^2 + \sum_{i \in N_0}\left\{\frac{\omega_i}{1+\beta} | h_i | - 2h_i\{\theta_i + [K^*(y - K\theta)]\}\right\} + \\ & \sum_{i \in N_1}\left\{\frac{\omega_i}{1+\beta} | x_i + h_i | - \frac{\omega_i}{1+\beta} | x_i | + h_i\left[-\frac{\omega_i}{1+\beta}\mathrm{sign}(x_i)\right]\right\} \end{aligned} \tag{9.64}$$

当 $x_i \in N_0$，则有

$$2 | \{x_i + [K^*(y - K\theta)]\} | \leqslant \frac{\omega_i}{1+\beta} \tag{9.65}$$

根据上述可得

$$\frac{\omega_i}{1+\beta}\mid h_i\mid -2h_i\{x_i+[K^*(y-K\theta)]\}\geqslant 0 \tag{9.66}$$

当 $x_i>0$ 时，则有

$$\begin{aligned}&\frac{\omega_i}{1+\beta}\mid x_i+h_i\mid -\frac{\omega_i}{1+\beta}\mid x_i\mid +h_i\left[-\frac{\omega_i}{1+\beta}\mathrm{sign}(x_i)\right]\\&=\frac{\omega_i}{1+\beta}[\mid x_i+h_i\mid -(x_i+h_i)]\geqslant 0\end{aligned} \tag{9.67}$$

当 $x_i<0$ 时，则有

$$\begin{aligned}&\frac{\omega_i}{1+\beta}\mid x_i+h_i\mid -\frac{\omega_i}{1+\beta}\mid x_i\mid +h_i\left[-\frac{\omega_i}{1+\beta}\mathrm{sign}(x_i)\right]\\&=\frac{\omega_i}{1+\beta}[\mid x_i+h_i\mid +(x_i+h_i)]\geqslant 0\end{aligned} \tag{9.68}$$

基于上述分析，可得

$$M_{\bar{\omega},1}(x+h;\theta)-M_{\bar{\omega},1}(x;\theta)\geqslant \| h\|^2 \tag{9.69}$$

因此，结论可证明。

定义 $x^*=r-\lim\limits_{x\to\infty}x^n$，$r-\lim\limits_{x\to\infty}x^n$ 是弱极限，$t^n=x^n-x^*$，$h=x^n+K^*(y-Kx^*)$。

引理 9.2　当 $n\to\infty$ 时，$\| Kt^n\|\to 0$。

证明　由于

$$t^{n+1}-t^n=Q_{\bar{\omega},1}[h+(I-K^*K)]t^n-Q_{\bar{\omega},1}(h)-t^n \tag{9.70}$$

当 $n\to\infty$ 时

$$\| t^{n+1}-t^n\| =\| x^{n+1}-x^n\| \to 0 \tag{9.71}$$

可得

$$\| Q_{\bar{\omega},1}[h+(I-K^*K)]t^n-Q_{\bar{\omega},1}(h)-t^n\| \to 0 \tag{9.72}$$

当 $n\to\infty$ 时

$$\max[0,\| t^n\| -\| Q_{\bar{\omega},1}[h+(I-K^*K)]t^n-Q_{\bar{\omega},1}(h)\|]\to 0 \tag{9.73}$$

由于 $Q_{\bar{\omega},1}$ 不是扩张的，所以可得

$$\| Q_{\bar{\omega},1}[h+(I-K^*K)]t^n-Q_{\bar{\omega},1}(h)\| \leqslant \| (I-K^*K)t^n\| \leqslant \| t^n\| \tag{9.74}$$

于是，可得

$$\| t^n\| -\| (I-K^*K)t^n\| \to 0 \tag{9.75}$$

由于

$$\begin{aligned}\| t^n\| +\| (I-K^*K)t^n\| &\leqslant 2\| t^n\| =2\| x^n-x^*\| \\&\leqslant 2(\| x^n\| +\sup\| x^k\|)=c\end{aligned} \tag{9.76}$$

式中　c——常值。

当式(9.73)接近零时,可得

$$0 \leqslant \| t^n \|^2 - \| (I - K^* K) t^n \|^2 \leqslant c[\| t^n \| - \| (I - K^* K) t^n \|] \tag{9.77}$$

整理可得

$$\| t^n \|^2 - \| (I - K^* K) t^n \|^2 = 2 \| K t^n \|^2 - \| K^* K t^n \|^2 \geqslant \| K t^n \|^2 \tag{9.78}$$

综合上述描述可知,当 $n \to \infty$ 时,有

$$\| K t^n \| \to 0 \tag{9.79}$$

因此,结论被有效地证明。

引理 9.3 当 $n \to \infty$ 时,$\| Q_{\bar{\omega},1}(h + t^n) - Q_{\bar{\omega},1}(h) - t^n \| \to 0$。

证明 由于

$$\begin{aligned} & \| Q_{\bar{\omega},1}(h + t^n) - Q_{\bar{\omega},1}(h) - t^n \| \\ \leqslant & \| Q_{\bar{\omega},1}(h + t^n - K^* K t^n) - Q_{\bar{\omega},1}(h) - t^n \| + \\ & \| Q_{\bar{\omega},1}(h + t^n) - Q_{\bar{\omega},1}(h + t^n - K^* K t^n) \| \\ \leqslant & \| Q_{\bar{\omega},1}(h + t^n - K^* K t^n) - Q_{\bar{\omega},1}(h) - t^n \| + \| K^* K t^n \| \end{aligned} \tag{9.80}$$

根据引理 9.2 可知,当式(9.80)趋于零时,可得

$$\| Q_{\bar{\omega},1}(h + t^n) - Q_{\bar{\omega},1}(h) - t^n \| \to 0 \tag{9.81}$$

因此,结论被证明。

引理 9.4 若对于序列$(b_n)_{n \in \mathbf{N}}$,存在

$$r - \lim_{x \to \infty} b^n = 0$$

$$\lim_{n \to \infty} \| Q_{\bar{\omega},1}(\theta + b^n) - Q_{\bar{\omega},1}(\theta) - b^n \| = 0$$

当 $n \to \infty$ 时,$\| b^n \| \to 0$。

证明 令 $N_0 \in N$,可知$\sum_{i \in \frac{N}{N_0}} | \theta_i |^2 \leqslant \left(\frac{c}{4}\right)^2$,当 $n \to \infty$ 时,$\| b^n \| \to 0$。

首先,将 $N_1 = \frac{N}{N_0}$ 分解为不同子集的情况:

$$N_{1,n} = \left\{ i \in N_1 : | b_i^n + \theta_i | < \frac{\omega_i}{2(1 + \beta)} \right\} \tag{9.82}$$

$$\overline{N}_1 = \frac{N_1}{N_{1,n}} \tag{9.83}$$

当 $i \in N_{1,n}$ 时,由于 $| \theta_i | \leqslant \frac{c}{4} \leqslant \frac{\omega_i}{2(1 + \beta)}$,可得

$$Q_{\omega_i,1}(\theta_i + b_i^n) = Q_{\omega_i,1}(\theta_i) = 0 \tag{9.84}$$

于是可得

$$|b_i^n - Q_{\tilde{\omega},1}(\theta_i + b_i^n) + Q_{\tilde{\omega},1}(\theta_i)| = |b_i^n| \tag{9.85}$$

当 $n \to \infty$ 时，可得

$$\sum_{i \in N_{1,n}} |b_i^n| \leqslant \sum_{i \in N_{1,n}} |b_i^n - Q_{\tilde{\omega},1}(\theta_i + b_i^n) + Q_{\tilde{\omega},1}(\theta_i)| \to 0 \tag{9.86}$$

当 $i \in N_1$ 时，$|b_i^n + \theta_i| \geqslant \dfrac{\omega_i}{2(1+\beta)}$，可得

$$|b_i^n| \geqslant |b_i^n + \theta_i| - |\theta_i| \geqslant \frac{\omega_i}{2(1+\beta)} - \frac{c}{4} \geqslant \frac{c}{4} \geqslant |\theta_i| \tag{9.87}$$

根据式(9.87)可知，$b_i^n + \theta_i$ 的符号与 θ_i 的符号一致。于是可得关系式为

$$\begin{aligned} |b_i^n - Q_{\omega_i,1}(\theta_i + b_i^n) + Q_{\omega_i,1}(\theta_i)| &= |b_i^n - Q_{\omega_i,1}(\theta_i + b_i^n)| \\ &= \left| b_i^n - (\theta_i + b_i^n) + \frac{\omega_i}{2(1+\beta)} \operatorname{sign}(b_i^n) \right| \\ &\geqslant \frac{\omega_i}{2(1+\beta)} - |\theta_i| \geqslant \frac{c}{4} \end{aligned} \tag{9.88}$$

由于

$$\| b_i^n - Q_{\tilde{\omega},1}(\theta_i + b_i^n) + Q_{\tilde{\omega},1}(\theta_i) \| \to 0 \tag{9.89}$$

根据以上描述，可得

$$\sum_{i \in \bar{N}_{1,n}} |b_i^n - Q_{\omega_i,1}(\theta_i + b_i^n) + Q_{\omega_i,1}(\theta_i)|^2 < \left(\frac{c}{4}\right)^2 \tag{9.90}$$

综合上述分析与描述，当 $n > N$ 时，可得

$$\sum_{i \in \bar{N}_{1,n}} |b_i^n|^2 = 0 \tag{9.91}$$

因此，结论被有效地证明。

9.3.3　实验验证与结果分析

9.3.3.1　实验条件

为了进一步验证本章提出的区间分析与多参数正则化软阈值相结合的研究方法在实际工程应用中的可行性及有效性，将区间分析结合多参数正则化软阈值法应用在截齿截割煤岩载荷的重构中，从而获取重构载荷的上下界区间范围，以便为研究滚筒载荷谱重构及其推演提供理论参考。

端盘截齿的布置角度包括圆周切向安装角 β'、轴向倾斜角 β_1（一次旋转角）和二次旋转角 β_2，如图 9.1 所示。从受力的角度分析，轴向倾斜角一般不大于 20°。

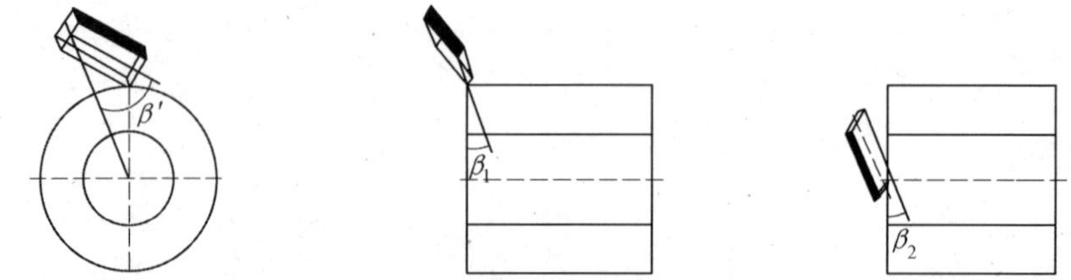

(a) 圆周切向安装角　　(b) 轴向倾斜角　　(c) 二次旋转角

图 9.1　端盘截齿安装角度

实验条件：端盘截齿的安装角为 40°，轴向倾斜角为 10°，二次旋转角为 0°，最大切削厚度为 20 mm，牵引速度为 0.82 m/min，截割臂转速为 40.8 r/min。由于煤岩成因复杂，煤岩介质不均，呈各向异性，因此导致其煤岩密度的不确定性。

因此，煤岩密度被视为不确定性参量，其中点值取为 1 g/cm³，取 2%、5%、7%、10% 共 4 个不确定性水平的区间，见表 9.1。此外，为了定量地判断随机载荷谱重构效果和质量，定义如下评价指标：

$$s = \frac{\| p^L - p^R \|}{\| p_{\text{true}} \|} \tag{9.92}$$

式中　p_{true}——煤岩实际截割载荷值。

表 9.1　不确定性参量的区间范围

不确定性参量	2% 不确定性	5% 不确定性	7% 不确定性	10% 不确定性
密度 /(g · cm⁻³)	[0.98,1.02]	[0.95,1.05]	[0.93,1.07]	[0.90,1.10]

9.3.3.2　载荷谱重构结果分析与讨论

取不确定性参量的中点值，运用多参数正则化载荷方法，重构区间中点位置截割煤岩载荷，如图 9.2 所示。采用差分法给出截割煤岩载荷对煤岩密度的一阶偏导，如图 9.3 所示。从图 9.3 可以看出，截割煤岩载荷对煤岩密度相对比较敏感。

为有效重构截割煤岩载荷的边界（上边界和下边界），不确定性水平分别设置为低水平的 2% 和 5%，较高水平的 7% 和 10%，采用两类不同的不确定性水平开展截割煤岩载荷谱的边界重构研究，其重构结果如图 9.4 所示。图 9.4(a) 为 2% 不确定性水平下的载荷谱边界重构结果；图 9.4(b) 为 5% 不确定性水平下的载荷谱边界重构结果；图 9.4(c) 为 7% 不确定性水平下的载荷谱边界重构结果；图 9.4(d) 为 10% 不确定性水平下的载荷谱边界重构结果。从图 9.4 的截割煤岩载荷谱边界重构结果可知，截割煤岩载荷谱重构的边界范围大

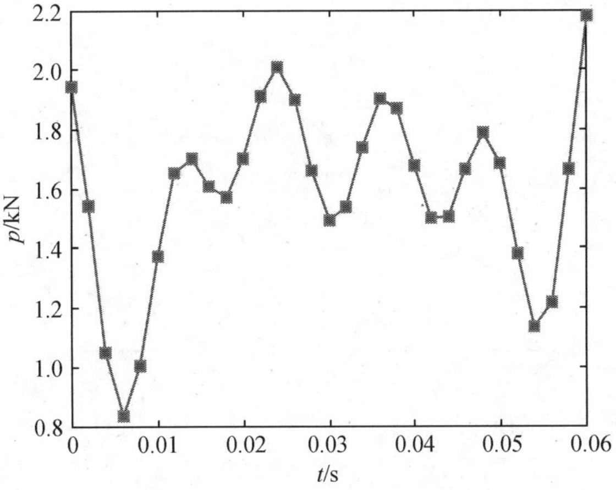

图 9.2　区间中点处载荷识别曲线

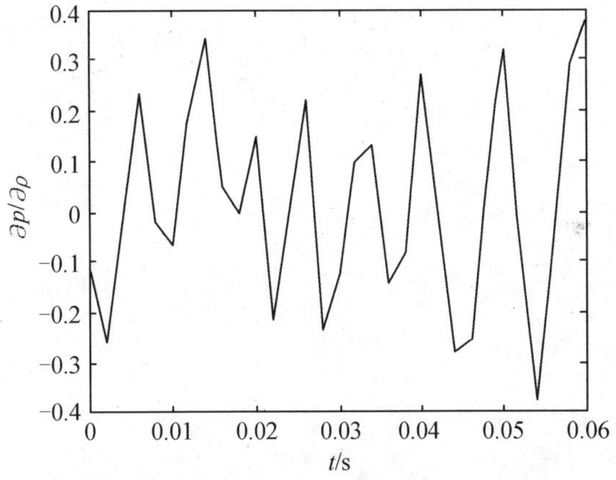

图 9.3　敏感曲线

体上涵盖实际的截割煤岩载荷谱，说明本章方法是有效的。不确定性水平为 2% 和 5%，采用第一种区间模型进行求解，随着不确定性水平的提高（7% 和 10%），采用第二种区间模型进行求解，即可得到重构的截割煤岩载荷上下界。

图 9.4(a) 和图 9.4(b) 表明，在 5% 不确定性水平以内，区间分析法的重构截割煤岩载荷谱边界范围涵盖所有实际截割煤岩载荷谱，表明本章提出的第一类区间模型能有效地重构较小不确定性水平下的截割煤岩载荷谱边界。图 9.4(c) 和图 9.4(d) 表明，在 5% 不确定性水平以上，采用第二种区间算法进行求解，截割煤岩载荷区间上下界随着不确定性水平的增加而有所增加，也可得到相对较好的上下界。为了进一步评价不同不确定水平的截割煤岩载荷谱重

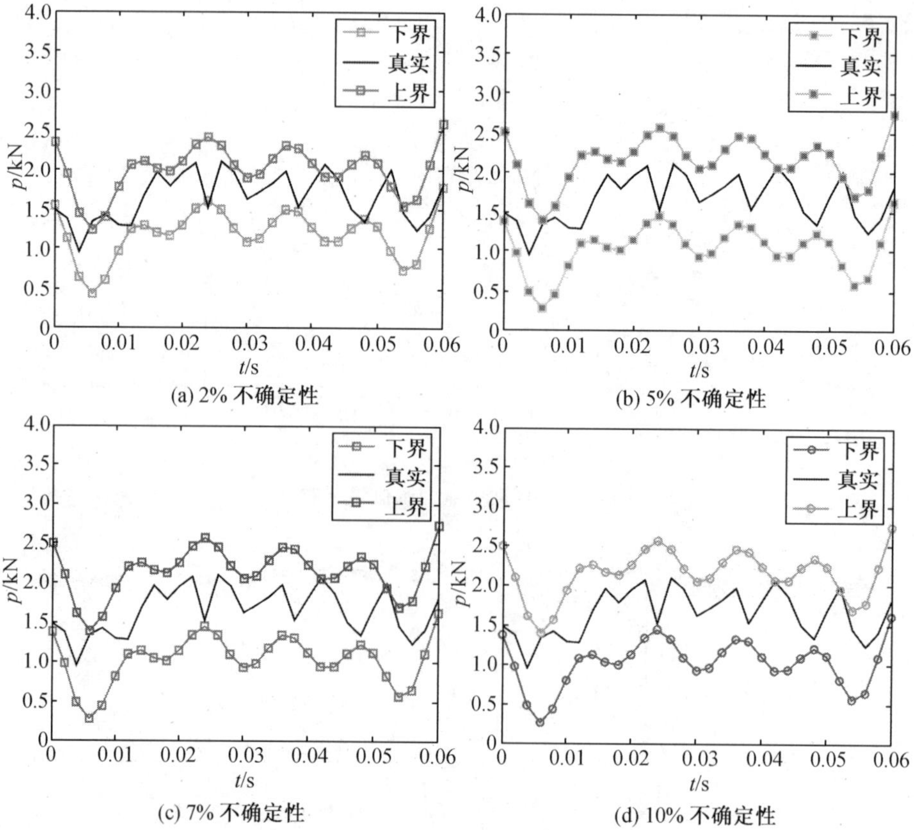

图 9.4　不同不确定性水平的载荷谱重构结果

构效果，表 9.2 给出了评价指标值。从表 9.2 可以看出，在 2% 和 5% 不确定性水平时，区间分析方法的重构截割煤岩载荷指标值分别为 0.291 5 和 0.294 7。而在 5% 以上不确定水平，指标值随着不确定性水平的增加而增大，当不确定性水平为 10% 时，与 2% 的指标值相差不大，也可以得到需要的载荷谱重构结果，充分说明在此刻区间分析法识别的截割煤岩载荷上下界可以被有效地辨识。因此，截割煤岩载荷在不确定性水平 2% 时，重构截割煤岩载荷效果较为理想。即能够充分说明区间理论分析法在低不确定性水平时，截割煤岩载荷的边界重构结果相对比较理想。在偏高的不确定性水平时，也可以得到相对较好的载荷区间结果，但效果不如不确定性水平较低的载荷谱重构，说明本章方法既可以适用于不确定性水平相对低的载荷谱重构，也可以适用于不确定性水平高的载荷谱重构。因此可以得出以下结论：本章方法适合处理不确定性载荷上下界的重构，同时也为研究滚筒载荷谱重构及载荷推演研究提供了理论参考依据。

表 9.2　不同不确定性水平下载荷谱重构的评价指标

不确定性水平	2%	5%	7%	10%
区间分析	0.291 5	0.294 7	0.299 2	0.305 6

由于煤质的不均性、各向异性及其结构参数的不确定性，本章给出一种截割煤岩载荷谱重构的区间分析法。基于区间思想，建立了截割煤岩载荷谱重构的区间模型，对于不确定性水平较低参量的载荷边界重构，不确定性参量采用区间形式定义，基于一阶 Taylor 近似处理，只需求得不确定参量中点值及其梯度，采用有限差分法计算不确定性参量一阶偏导数，避免嵌套求解带来的累计误差。对于不确定性水平较高参量的载荷边界重构，将较大不确定水平区间划分为多个小子区间组合形式，运用不确定性水平较低参量的载荷边界重构方法进行求解。研究表明，在 2% 及 5% 相对较小的不确定性水平时，截割煤岩载荷边界重构指标值分别为 0.2915 和 0.294 7。在 5% 至 10% 的不确定性水平时，指标值随着不确定性水平的增加变化不大，可以将载荷的上下界在理想范围内重构出来。由于区间模型存在病态性，采用多参数正则化软阈值技术可有效提高模型求解的准确性。

第 10 章　滚筒载荷谱重构方法

10.1　滚筒截割阻力的实验理论模型

10.1.1　截齿上的随机载荷谱

在截齿与被破碎的煤相互作用过程中，截齿上作用的载荷是空间位移的随机函数。单个截齿上的载荷具有随机性，而这种随机性首先取决于煤性质在空间的变化和切削过程的结构特点。B. B. 顿分析了采煤机切削时，截齿上的载荷是切削路径的平稳随机函数 $Z(L)$。

(1) 截齿上的切削力和进刀力等瞬时值服从 Γ 分布，分布密度为

$$f(P)=\frac{\lambda^{\eta}}{\Gamma(\eta)}P^{\eta-1}\mathrm{e}^{-\lambda P}$$

式中　λ 、η—— 比例参数和分布形式参数，$\lambda=\overline{P}/\sigma^2$，$\eta=\lambda\overline{P}$；

σ—— 标准差；

$\overline{P}$—— 数学期望；

$\Gamma(\eta)$——Γ 函数。

侧向载荷差瞬时值的分布服从于正态分布规律。

(2) 切削力和进刀力等标准差 σ 是载荷数学期望 $\overline{P}$ 的线性函数，即

$$\sigma^2=(a+b\overline{P})^2$$

式中　a、b—— 与破碎煤脆性程度有关的实验系数。

(3) 载荷的相关函数可以用指数分项与指数 —— 余弦分项之和表示，即

$$K(\tau)=D_1\mathrm{e}^{-\alpha_1\tau}+D_2\mathrm{e}^{-\alpha_2\tau}\cos\beta\tau$$

式中　D_1、D_2—— 相应的标准差；

α_1、α_2—— 衰减参数，取值见表 10.1 和表 10.2；

β—— 多数频率，取值见表 10.1 和表 10.2。

表 10.1　相同条件下的棋盘式切削形式的载荷相关函数参数

载荷 /N	D_1	D_2	α_1/mm	α_2/mm	β/mm
1 000 ～ 2 000	0.55 ～ 0.65	0.45 ～ 0.35	0.65 ～ 0.60	0.44 ～ 0.36	0.34 ～ 0.25
2 001 ～ 3 000	0.65 ～ 0.71	0.35 ～ 0.29	0.60 ～ 0.48	0.36 ～ 0.30	0.25 ～ 0.19
3 001 ～ 4 000	0.71 ～ 0.76	0.29 ～ 0.24	0.48 ～ 0.40	0.30 ～ 0.27	0.19 ～ 0.14
4 001 ～ 5 000	0.76 ～ 0.79	0.24 ～ 0.21	0.43 ～ 0.33	0.27 ～ 0.24	0.14 ～ 0.09
5 001 ～ 6 000	0.79 ～ 0.81	0.21 ～ 0.20	0.33 ～ 0.27	0.24 ～ 0.20	0.09 ～ 0.05
6 001 ～ 7 000	0.79 ～ 0.81	0.21 ～ 0.20	0.27 ～ 0.23	0.20 ～ 0.19	0.05 ～ 0.04

表 10.2　相同条件下的顺序式切削形式的载荷相关函数参数

载荷 /N	D_1	D_2	α_1/mm	α_2/mm	β/mm
1 000 ～ 2 000	0.25 ～ 0.41	0.75 ～ 0.59	0.60 ～ 0.46	0.65 ～ 0.44	0.52 ～ 0.33
2 001 ～ 3 000	0.41 ～ 0.56	0.55 ～ 0.44	0.46 ～ 0.36	0.44 ～ 0.30	0.33 ～ 0.20
3 001 ～ 4 000	0.56 ～ 0.66	0.44 ～ 0.34	0.36 ～ 0.28	0.30 ～ 0.17	0.20 ～ 0.09
4 001 ～ 5 000	0.66 ～ 0.73	0.34 ～ 0.27	0.28 ～ 0.23	0.17 ～ 0.07	0.09 ～ 0.03
5 001 ～ 6 000	0.73 ～ 0.77	0.27 ～ 0.23	0.23 ～ 0.20	0.07 ～ 0.05	0.03 ～ 0.02
6 001 ～ 7 000	—	—	—	—	—

从表 10.1 和表 10.2 中的函数 $K(\tau)$ 参数可知，根据载荷水平和切削形式，在频谱中相关函数分项占的比重将发生重新分布。在棋盘式切削条件下，指数分项占优势，它的比重随着载荷的增大而增加。在载荷超过 5 000 N 时，它将稳定在 0.8 的水平上。在顺序式切削形式条件下，若载荷为 1 000 ～ 2 000 N，则指数余弦分项占主要优势，而在大载荷条件下，则指数分项占优势。由此，指数分项的比重仍随载荷的增大而增加。随着载荷增大，参数值 α_1、α_2、β 将有规律地减小。

10.1.2　滚筒截割阻力谱的实验理论模型

煤层中含有夹石层和硬包裹物时，将影响截割的最大负载载荷频谱、负载波动、传动件的强度及机器工作的可靠性。截割阻力的计算是采煤机设计和分析的前提，以往给出的截割阻力计算方法很难应用，单齿截割阻力计算公式涉及截齿、截割条件和煤质条件等众多难以确定的因素参数，截齿在截煤时，大块煤崩落的随机性以及截齿截割阻力应如何叠加成整个滚筒的截割阻力等不确定的问题。截煤是截齿强力切入煤的运动结果，煤被截割后形成一条极不规则的沟槽，相应的截割载荷谱记录了众多参数组合下的煤破碎机理演化信息。

(1) 滚筒截齿工况系数。

在煤壁的压酥效应、滚筒几何约束的截割条件下，滚筒上不同位置的截齿截割工况条件是不同的，以滚筒轴向截深为 x 轴，当 $x=0$ 时，为叶片采空区侧截齿的工况系数 $K=1$；当 $x=J$ 时，为端盘煤壁侧截齿的工况系数 $K=1$，设沿滚筒的截深方向工况系数以线性关系变化，则滚筒截齿的工况系数方程为

$$K=1+\frac{1}{J}x \tag{10.1}$$

由式(10.1)求得螺旋滚筒叶片区间截齿和端盘区间截齿的平均工况系数为

$$K_y=1+\frac{J_y}{2J},\quad K_d=2-\frac{J_d}{2J}$$

式中　J、J_y、J_d—— 滚筒的截深、叶片的截深、端盘的截深，$J=J_y+J_d$，m。

(2) 滚筒截齿切削厚度。

采煤机螺旋滚筒的载荷和镐型截齿瞬时切屑厚度有着直接的关系，在模拟滚筒上的载荷时，必须知道该时刻所有参与截割煤壁的各截齿的瞬时切屑厚度的大小，因为切屑厚度将直接影响螺旋滚筒上载荷的模拟结果。滚筒的工作载荷来自截割煤的截齿，截割面积、截线距、切屑宽度不变，截齿的工作载荷主要取决切屑厚度。若采煤机牵引速度、螺旋滚筒转速不变，截线上截齿数一定，则切屑深度仅与齿的圆周位置相关。滚筒截齿尖在采煤机工作时的运动轨迹是滚动圆在直线上滚动所形成的长幅摆线，其切削深度是变化的，近似于月牙形，在进入截割和退出截割区段会产生很多煤粉。当截割阻抗 A、截齿工作宽度 b_p、截距 t 一定时，截割阻力随切屑厚度的增加而使截割阻力增大。切屑厚度在每个截齿最大工作角度为 180° 时，截齿工作半周切屑断面呈月牙形。

根据切屑厚度最大值的计算公式 $h_{max}=\frac{v_q}{mn}$ 可得 h_{max} 处截割阻力最大，而实际 t 与 h 又呈正比例关系，所以计算出处 h_{max} 的截割阻力能够反映截齿的实际工作状况。

截割弧上第 i 个截齿的切屑厚度 h_i 为

$$h_i=h_{max}\sin\varphi_i$$

式中　φ_i—— 截割弧上第 i 个截齿的位置角，(°)；

h_{max}—— 切屑厚度的最大值，$h_{max}=\frac{100v_q}{nm}$，cm；

m—— 同一截线上安装截齿数；

v_q—— 牵引速度，m/min；

n—— 滚筒转速，r/min。

单截齿截割煤实验没有考虑截齿排列及截线距的影响，采煤机滚筒在实际截割煤过程中，是在特定的截齿排列及截线距下进行的，截割煤的效果是不同

的。对于实际滚筒的重复截割情况下，截齿的实际切削厚度与截齿排列方式及截线距有关联，可根据切削图来确定滚筒叶片上和端盘上的截齿切削厚度。叶片截齿切削厚度 h'_i 和平均切削厚度 $\overline{h'_i}$，顺序式截齿排列时有

$$h'_i \approx \frac{h_m \sin(\varphi + i\Delta\varphi)}{m_y \dfrac{s_0}{s}}$$

$$\overline{h'_i} \approx \frac{2h_m}{\pi m_y \dfrac{s_0}{s}} \tag{10.2}$$

棋盘式排列时(一线一齿，且截线距 $s_0 > s$)，有

$$h'_i \approx \frac{h_m \sin(\varphi + i\Delta\varphi)}{m_y \dfrac{s_0}{s}}$$

$$\overline{h'_i} = \frac{2h_m}{\pi m_y \dfrac{s_0}{s}} \tag{10.3}$$

以上各式中　m_y—— 叶片每条截线上截齿数；

s_0—— 同一叶片上的截齿截线距，m；

s—— 叶片相邻两截齿截线距，m；

h_m—— 滚筒每转最大进给量，$h_m = \dfrac{v_q}{nm}$，m/r；

n—— 滚筒转速，r/min；

v_q—— 采煤机牵引速度，m/min；

$\Delta\Phi$—— 相邻截齿周间夹角，(°)；

Φ—— 截齿转动位置角，$\Phi = 0 \sim \Delta\Phi$，$\Phi = 2\pi t$，(°)。

端盘截齿切削厚度 h''_j 和平均切削厚度 $\overline{h''_j}$，有明显顺序式截齿排列特征时，有

$$h''_j \approx \frac{h_m \sin(\varphi + j\Delta\varphi)}{m_d}$$

$$h''_j = \frac{2h_m}{\pi m_d} \tag{10.4}$$

有明显棋盘式截齿排列特征时，有

$$h''_j \approx h_m \frac{\Delta\varphi}{2\pi} \sin(\varphi + j\Delta\varphi)$$

$$h''_j = \frac{h_m \Delta\varphi}{\pi^2} \tag{10.5}$$

式中　m_d—— 端盘每条截线上的截齿数。

(3) 截割阻力谱的实验理论模型。

由截割理论可知,截割煤是伴随着小块煤崩落直至大块崩落的重复过程,在实验条件下截齿的最大截割阻力(大块煤崩落时)$Z_0 = A_0 h_0$,被模拟滚筒上任意截齿的最大截割阻力 $Z_{i\max} = A_i h'_i$,则

$$Z_{i\max} = \left(\frac{A_i}{A_0}\right) \cdot \left(\frac{h'_i}{h_0}\right) \cdot Z_{0\max} \tag{10.6}$$

式中 $Z_{i\max}$—— 第 i 个截齿的最大截割阻力,kN;

$Z_{0\max}$—— 实验条件的最大截割阻力,kN;

A_0—— 实验煤的截割阻抗,kN/m;

A—— 滚筒截割煤的截割阻抗,kN/m;

A_i—— 考虑到截齿工况系数,煤的截割阻抗,kN/m。

当考虑到滚筒上不同位置截齿的工况系数,则滚筒叶片上和端盘上截齿的截割阻力分别为

$$Z_{i\max} = h'_i A_i = h'_i A K_y, \quad Z_{j\max} = h''_j A_j = h''_j A K_d$$

在截齿截割煤实验条件的截割阻力谱中,测得大块煤崩落的周期 T_0,大块煤崩落周期与切削厚度成正比(大块煤崩落与能量积聚成正比)。第 i 截齿任意切削厚度截割煤时,煤的大块崩落的周期 T_i 和平均周期 $\bar{T}_i$ 分别为

$$T_i = T_0 \frac{h'_i}{h_0}, \quad \bar{T}_i = T_0 \frac{h'_i}{h_0}$$

在实验条件下的大块煤崩落周期内,随机瞬间截割阻力

$$Z_0(t) = \{Z_{0\min} + \frac{Z_{0\max} - Z_{0\min}}{T_0} \cdot [t + T_0 R(i)]\} \tag{10.7}$$

式中 $Z_{0\min}$、$Z_{0\max}$—— 实验条件下大块煤崩落前后截割阻力最大值和最小值,$Z_{0\min} = Z_{0\max}$,$\alpha = 0.1 \sim 0.2$,N;

t—— 截齿截割时间,其中 $t = 0 \sim T_{i\max}$,s;

$R(i)$—— 瑞利分布随机数,反映了任意截齿在同一时刻,在煤崩落周期内所处的起始截割阻力状态(最大值与最小值截割阻力之间)。

由式(10.6) 和式(10.7) 得叶片截齿随机瞬时截割阻力为

$$\begin{aligned} Z_i(t) &= \{\alpha Z_{i\max} + (Z_{i\max} - \alpha Z_{i\max}) \cdot [\frac{t}{T_i} + R(i)]\} \\ &= \{\alpha + (1 - \alpha) \cdot [\frac{t}{T_i} + R(i)]\} \cdot \frac{A h'_i}{A_0 h_0} K_y Z_{0\max} \end{aligned} \tag{10.8}$$

同理,得端盘截齿随机瞬时截割阻力为

$$Z_j(t) = \{\alpha Z_{j\max} + (Z_{j\max} - \alpha Z_{j\max}) \cdot [\frac{t}{T_j} + R(j)]\}$$

$$=\{\alpha+(1-\alpha)\cdot[\frac{t}{T_j}+R(j)]\}\cdot\frac{Ah''_j}{A_0h_0}K_dZ_{0\max} \tag{10.9}$$

① 滚筒截割阻力模型 Ⅰ。

考虑截齿的排列方式、切削厚度、煤的崩落周期，对实验截割阻力载荷谱进行辨识。用产生随机数的方式，确定任意截齿截割阻力叠加的起点值，以此为起始点，在大块煤崩落周期内截齿截割阻力进行线性插值，顺延进行叠加求得滚筒的截割阻力谱，可得滚筒截割阻力模型 Ⅰ 为

$$\begin{aligned}Z(t)&=\sum_{i=0}^{N}Z_i(t)+\sum_{j=0}^{M}Z_j(t)\\&=\frac{AZ_{0\max}}{A_0h_0}\left\{K_y\sum_{i=0}^{N}\left\{\alpha+(1-\alpha)\cdot\left[\frac{t}{T_i}+R(i)\right]\right\}\cdot h'_i+\right.\\&\qquad\left.K_d\sum_{j=0}^{M}\left\{\alpha+(1-\alpha)\cdot\left[\frac{t}{T_j}+R(j)\right]\cdot h''_j\right\}\right.\end{aligned} \tag{10.10}$$

其中，当$\frac{t}{T_i}+R(i)\leqslant 1$时，有

$$\frac{t}{T_i}+R(i)=\frac{t}{T_i}+R(i)$$

当$\frac{t}{T_i}+R(i)>1$时，有

$$\frac{t}{T_i}+R(i)=\frac{t}{T_i}+R(i)-1$$

当 $i=j$ 时，同理可证。

② 滚筒截割阻力模型 Ⅱ。

基于截割截齿平均切削厚度的条件下，对式(10.10) 的模拟算法进行简化，在大块煤崩落周期(平均切削厚度、大块煤崩落平均值周期) 内截齿截割阻力线性插值，算法原理同滚筒截割阻力模型 Ⅰ，得滚筒截割阻力模型 Ⅱ 为

$$\begin{aligned}Z(t)=\frac{A_iZ_{0\max}}{A_0h_0}&\left\{K_y\overline{h'_i}\sum_{i=0}^{N}\left\{\alpha+(1-\alpha)\cdot\left[\frac{t}{\overline{T_i}}+R(i)\right]\right\}+\right.\\&\left.K_d\overline{h''_j}\sum_{j=0}^{M}\left\{\alpha+(1-\alpha)\cdot\left[\frac{t}{\overline{T_j}}+R(j)\right]\right\}\right\}\end{aligned} \tag{10.11}$$

其中，当$\frac{t}{\overline{T_i}}+R(i)\leqslant 1$时，有

$$\frac{t}{\overline{T_i}}+R(i)=\frac{t}{\overline{T_i}}+R(i)$$

当$\frac{t}{\overline{T_i}}+R(i)>1$时，有

$$\frac{t}{T_i}+R(i)=\frac{t}{T_i}+R(i)-1$$

当 $i=j$ 时,同理可证。

③ 滚筒截割阻力模型 Ⅲ。

式(10.10) 和式(10.11) 给出的算法,是利用实验测定的截割阻力谱中大块煤崩落周期内的截割阻力的最小值和最大值,采用线性插值方法计算任意时刻的截割阻力,这种算法忽略了小块煤崩落的截割阻力高频成分。对实测的截割阻力谱进行离散采样,代替上述方法的线性插值,叶片截齿截割阻力和端盘截齿截割阻力的采样值分别为

$$Z_{ik}(t)=\frac{A}{A_0}\cdot\frac{h'_i}{h_0}\cdot K_y\cdot Z_{0k}$$

$$Z_{jk}(t)=\frac{A}{A_0}\cdot\frac{h''_j}{h_0}\cdot K_d\cdot Z_{0k}$$

式中 Z_{0k}—— 实验截割阻力特征曲线瞬时值,kN;

K—— 实验截割阻力特征曲线上采样的总点数,$k=1,2,\cdots,G$。

基于上述条件,可得滚筒截割阻力模型 Ⅲ 为

$$\begin{aligned}Z(k\Delta T)=\Big[&\Big(\sum_{i=1}^{N}Z_{ik}+\sum_{j=1}^{M}Z_{jk}\Big)\Big|_{k=\mathrm{INT}[G\cdot R(i),G\cdot R(j)]},\\&\Big(\sum_{i=1}^{N}Z_{ik}+\sum_{j=1}^{M}Z_{jk}\Big)\Big|_{k=\mathrm{INT}[G\cdot R(i),G\cdot R(j)]+1},\\&\Big(\sum_{i=1}^{N}Z_{ik}+\sum_{j=1}^{M}Z_{jk}\Big)\Big|_{k=\mathrm{INT}[G\cdot R(i),G\cdot R(j)]+2},\cdots,\\&\Big(\sum_{i=1}^{N}Z_{ik}+\sum_{j=1}^{M}Z_{jk}\Big)\Big|_{k=\mathrm{INT}[G\cdot R(i),G\cdot R(j)]+G}\Big]\end{aligned}\tag{10.12}$$

式中 $\mathrm{INT}[G\cdot R(i),G\cdot R(j)]$—— 第 i 或 j 截齿截割阻力叠加起始离散序列号(取整数),当 $k<G$ 时,$k=k$;当 $k>G$ 时,$k=k-G$;

N、M—— 滚筒叶片上和端盘上参与截割煤的截齿总数;

ΔT—— 离散数值叠加平均间隔,即

$$\Delta T=\Delta T_0\,\frac{h'_i}{h_0}$$

其中,ΔT_0 为单齿截割阻力谱离散采样间隔。

煤截割实验条件:与滚筒和截齿实际工作的结构形式和切向安装角相同,实验 1 条件为硬度较低的韧性煤,切削厚度 $h_0=0.03$ m,其截割煤的当量截割阻抗为 $A_0=200$ kN/m,实验 1 的截割阻力谱如图 10.1 所示;实验 2 条件为硬度较大的脆性煤,切削厚度 $h_0=0.015$ m,截割煤的当量截割阻抗 $A_0=$

240 kN/m,实验 2 的截割阻力谱如图 10.2 所示。

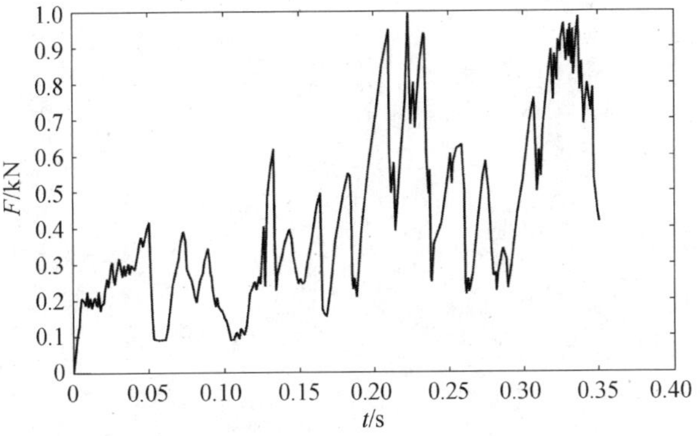

图 10.1　实验 1 的截割阻力谱

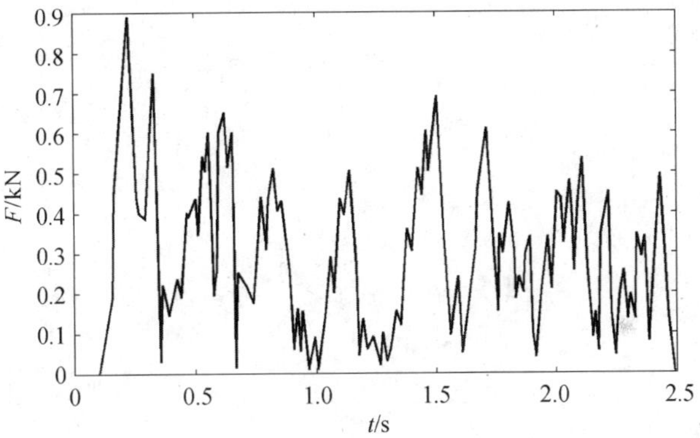

图 10.2　实验 2 的截割阻力谱

某采煤机的主要技术参数:截割功率 $N=610$ kW,传动效率 $\eta=0.8$,滚筒直径 $D_c=2$ m;滚筒截深 $J=0.8$ m,$J_y=0.63$ m,$J_d=0.17$ m,滚筒转速 $n=35$ r/min,工作牵引速度 $v_q=6$ m/min,采煤机额定截割力 133 kN,煤的当量截割阻抗 $A=220$ kN/m。

依据实验 1 条件和实验 2 条件的单齿截割阻力谱,辨识出整个滚筒的截割阻力谱,实际采煤机工作条件下的截割阻力模拟结果如图 10.3 和图 10.4 所示,图 10.3 和图 10.4(a)、(b)、(c) 分别为模型Ⅰ、模型Ⅱ、模型 Ⅲ 模拟结果,其中曲线 1 为端盘上截齿的截割阻力(F_d) 谱,曲线 2 为叶片上截齿的截割阻力(F_y) 谱,曲线 3 为整个滚筒上截齿截割阻力(F_g) 谱,曲线 4 为采煤机额定截割力(F)。

3 种模型的截割阻力谱的均值见表 10.3。仿真结果表明,截割阻力谱的波动性,即叶片上的截割阻力均值大于端盘上的截割阻力均值,各占 55% 和 45% 左右(3 种模型的均值),两组实验结果均证明 3 种截割阻力模型具有很好的吻合度。

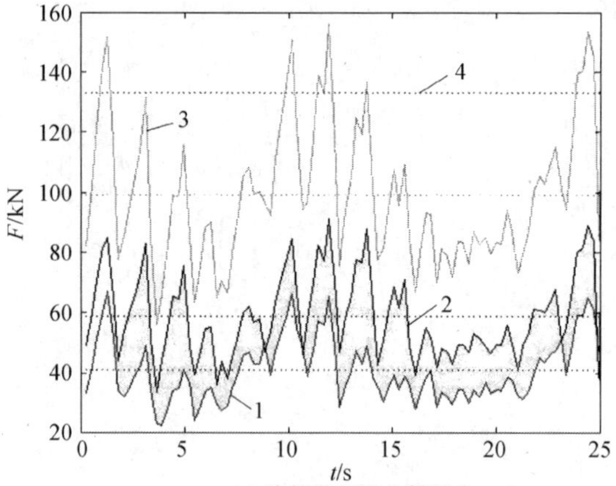

(a) 滚筒截割阻力模型 I

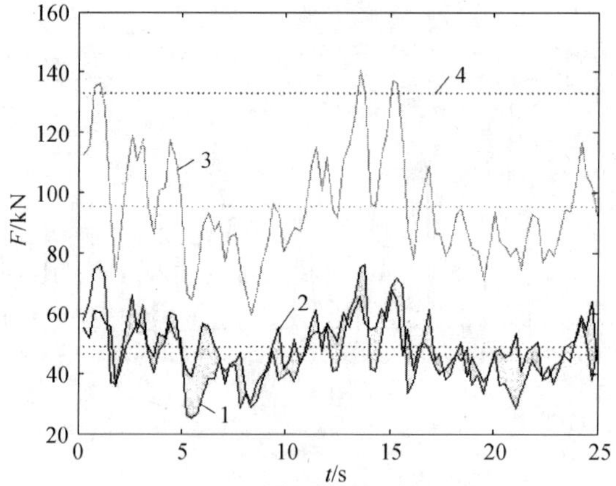

(b) 滚筒截割阻力模型 II

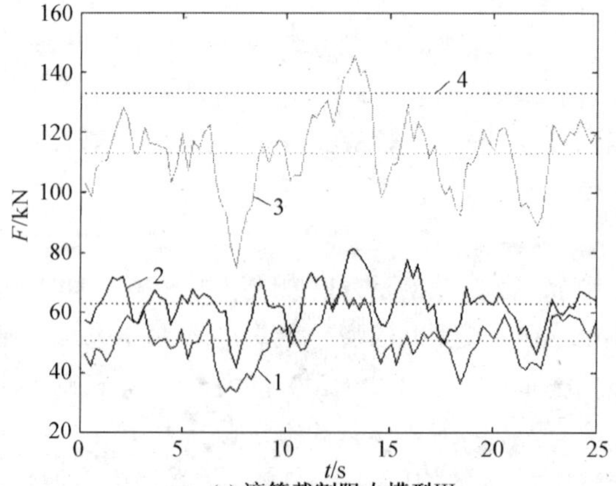

(c) 滚筒截割阻力模型III

图 10.3　实验 1 条件下的滚筒截割阻力谱模拟

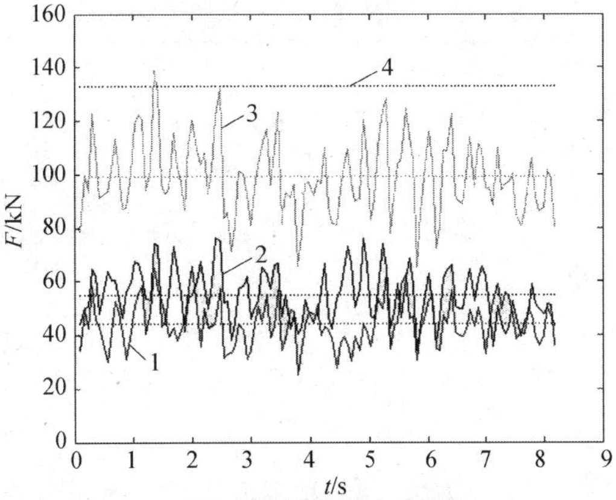

(a) 滚筒截割阻力模型 I

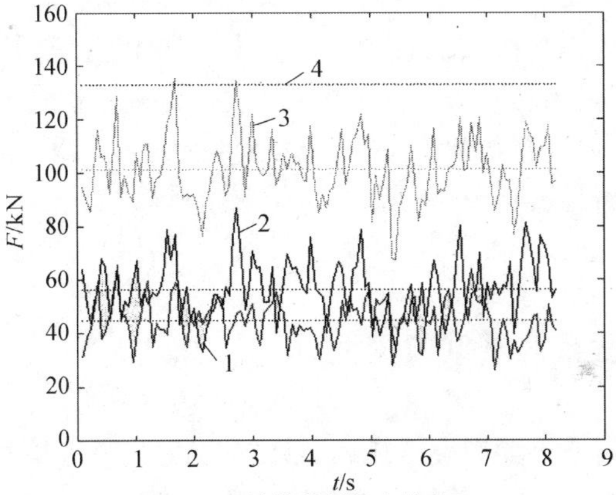

(b) 滚筒截割阻力模型 II

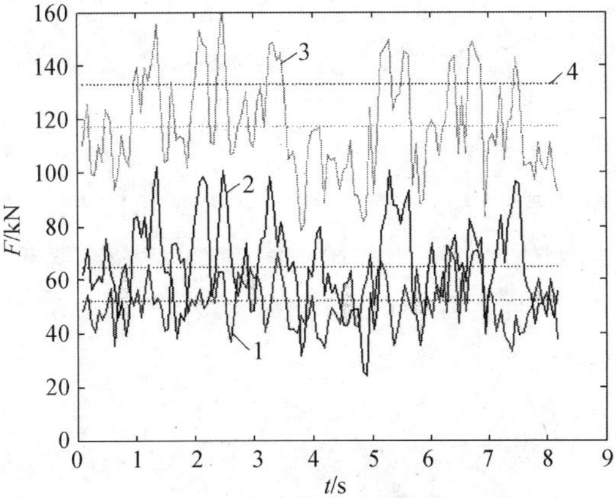

(c) 滚筒截割阻力模型 III

图 10.4　实验 2 条件下的滚筒截割阻力谱模拟

表 10.3　3 种模型的截割阻力特征值

实验 1 条件		实验 2 条件						
模型	F_y/kN	F_d /kN	F_g/kN	F/kN	F_y/kN	F_d /kN	F_g/kN	F/kN
Ⅰ	57(60%)	39(40%)	97	133	57(56%)	44(44%)	101	133
Ⅱ	49(52%)	46(48%)	95	133	56(54%)	43(46%)	99	133
Ⅲ	63(56%)	50(44%)	113	133	65(56%)	52(44%)	117	133
平均值	56(55%)	45(45%)	101	133	59(56%)	46(44%)	105	133

10.2　滚筒载荷谱重构方法

通过分析截齿在滚筒上的排列方式及相互的位置关系，基于瑞利随机理论，本节提出多截齿滚筒随机载荷谱的重构算法，采用载荷作用时间及作用幅值的叠加，获得滚筒载荷数学模型。该模型可反映滚筒截割阻力与参与截割的截齿截割阻力峰值、随机分布状态、截齿位置角、煤岩崩落周期及各截齿作用位置之间的关系。

10.2.1　载荷时域重构模型

单截齿载荷谱并不能准确地描述滚筒载荷特性，由于截齿排列具有一定的规律性，根据截齿排列特点及每个截齿在滚筒上的位置，可以用实验截齿载荷谱中所包含的截齿载荷信息，描述滚筒上其他截齿的载荷信息。重新定义截割时间，将测试时间由 0 s 开始计数，在实验条件下，煤岩崩落周期约为0.04 s，截齿载荷谱如图 10.5 所示。

截齿截割煤岩过程实质上是煤岩受到作用力不断从煤壁崩落的过程，因此，描述截齿载荷的有效信息，实际上是煤岩崩落始末时刻截齿的受力信息。据此，以截割厚度最大处曲线作为原始数据，滤掉载荷高频信号，提取载荷峰值与谷值。在滚筒旋转一周过程中，截齿载荷出现 17 次波动，每一次峰值与谷值的形成伴随着一次煤岩的崩落过程。

(1) 截齿等效截割阻力。

实验获得的截齿截割阻力曲线，由于含有一定的噪声干扰信号，需要对截割阻力曲线进行等效处理，剔出曲线中的噪声信号并进行平滑化处理。

① 载荷谱等效模型。

设 $z(u)$ 为镐型截齿截割破碎煤岩等效载荷谱，$f(u)$ 为其理论载荷谱，依

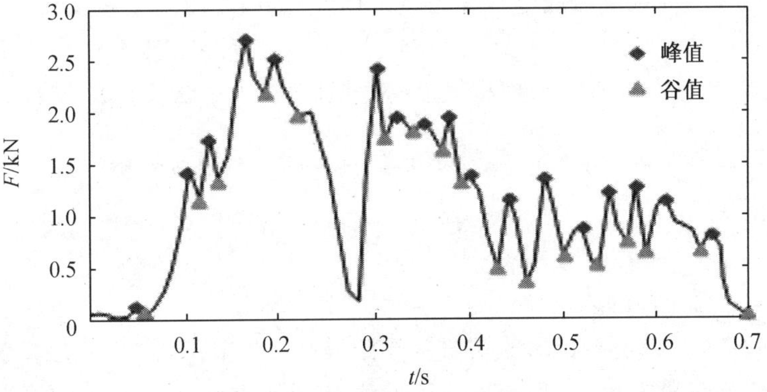

图 10.5　截齿截割载荷时间历程

据B样条曲线逼近算法，基于载荷谱等效的基本思想，有

$$z(u)=f(u)$$

设 $N_{i,p}(u)$ 是B样条曲线基函数，定义域为样条曲线节点矢量 $\boldsymbol{U}$，其数值为

$$N_{1,0}(u)=\begin{cases}1, & u_i \leqslant u \leqslant u_{i+1}\\ 0, & \text{其他}\end{cases}$$

$$N_{i,p}(u)=\frac{u-u_i}{u_{i+p}-u_i}N_{i,p-1}(u)+\frac{u_{i+p+1}-u}{u_{i+p+1}-u_{i+1}}N_{i+1,p-1}(u)$$

$$z(u)=\sum_{i=0}^{n}N_{i,p}(u)P_i,\quad 0\leqslant u\leqslant 1$$

式中　$z(u)$——p 次B样条曲线；

P_i——曲线的控制顶点。

②B样条曲线的等效算法。

截齿截割载荷谱可用二维密集扫描点进行描述，将测试数据进行等距重采样处理，得到较为光滑的数据点，计算单周截割载荷谱节点处曲率值，并从大到小依次排列，曲率值较大的节点可以选作后续的型值点；对型值点进行参数化处理，确定节点处矢量值，对控制顶点进行反算，对型值点插值，得到型值点初始曲线；计算初始曲线与原始数据点的偏差值，若偏差不符合要求，需增加型值点，对插值曲线进行局部优化，直至偏差值符合要求。

③ 曲线型值点的选定及其节点矢量的计算。

采用近似法求解曲率半径可以有效减少计算量，因此，可取任意一点 d_i 及其左右相邻两点 d_{i-1} 和 d_{i+1}，由该3点构成一个圆弧，可将该点的曲率半径近似看作是该圆弧的半径，其数值为

$$k_i=\frac{2\left|\overrightarrow{d_id_{i+1}}\times\overrightarrow{d_id_{i-1}}\right|}{\left|\overrightarrow{d_id_{i+1}}\right|\cdot\left|\overrightarrow{d_id_{i-1}}\right|\cdot\left|\overrightarrow{d_id_{i+1}}-\overrightarrow{d_id_{i-1}}\right|}$$

对截齿单周截割曲线进行等距重采样处理，假设曲线上存在 m 个节点，求出各节点的曲率近似值后，选取曲率较大的 15 个节点作为型值点。记型值点点集为 $Q_k(0,1,\cdots,15)$，考虑型值点间直线距离，采用弦长参数化方法，计算型值点处节点矢量。记 $d=\sum_{k=1}^{15}\sqrt{|Q_k-Q_{k-1}|}$，$u'_0=0$，$u'_n=1$，而

$$u'_k=u'_{k-1}+\frac{\sqrt{|Q_k-Q_{k-1}|}}{d} \tag{10.13}$$

式中，$k=1,2,\cdots,14$。

由式(10.13)得到的节点矢量为等距分布下的节点矢量，其在求解过程中可能会出现奇异方程组，采用平均值方法，计入型值点参数 u'_i，求得中间的节点参数为

$$u_{j+p}=\frac{1}{p}\sum_{i=j}^{j+p-1}u'_i$$

④ 控制顶点的反算和逼近偏差的计算。

通过参数 u'_k 和节点矢量 $\boldsymbol{U}$ 可得 B 样条基函数 $N_{i,p}(u'_k)$，控制顶点 P_i 为

$$\begin{bmatrix}P_0\\P_1\\\vdots\\P_K\end{bmatrix}=\begin{bmatrix}N_{0,P}(u'_0) & N_{1,P}(u'_0) & \cdots & N_{k,P}(u'_0)\\N_{0,P}(u'_1) & N_{1,P}(u'_1) & \cdots & N_{k,P}(u'_1)\\\vdots & \vdots & & \vdots\\N_{0,P}(u'_k) & N_{1,P}(u'_k) & \cdots & N_{k,P}(u'_k)\end{bmatrix}\begin{bmatrix}Q_0\\Q_1\\\vdots\\Q_k\end{bmatrix} \tag{10.14}$$

利用式(10.14)求得的控制顶点和型值点，其数目相等。对测试曲线上原始节点数据进行弦长参数化，用 D_i 表示原始数据点，其参数记为 u''_i，则该点与 B 样条曲线上对应点的偏差为

$$\delta_i=|z(u''_i)-D_i|$$

(2) 截齿截割阻力谱自关联模型。

由于煤岩的非均质性，滚筒载荷具有很强的随机性，但滚筒上各截齿载荷存在一定的关联性。假设初始接触煤岩的截齿，其截割阻力为 $Z_1(t)$，第二个接触煤岩的截齿，其截割阻力为 $Z_2(t)$，从第一齿截割煤岩到第二齿截割煤岩，其截割时间相隔为 Δt，用 S_i 表示截齿载荷随机函数，则有

$$Z_2(t)=Z_1(t+\Delta t,S_i)$$

同理，有

$$Z_3(t)=Z_2(t+\Delta t,S_i)=Z_1(t+2\Delta t,S_i)$$

假设 t 时刻，滚筒上第 i 个齿到第 $i+1$ 个齿，其截割时间相隔为 Δt，若第 i 个齿的截割载荷为 $Z_i(t)$，则同一时刻任一截齿截割阻力满足

$$Z_{i+1}(t)=Z_1[t+(i-1)\Delta t,S_i],\quad i=1,2,\cdots,8 \tag{10.15}$$

$$\Delta t = \frac{T_g}{n}$$

式中　T_g—— 滚筒转动周期；

n—— 截齿个数。

10.2.2　滚筒截割阻力谱重构算法

滚筒的真实载荷与滚筒自身结构密切相关，根据获得的实验载荷谱，截齿载荷具有一定的随机性，且可用瑞利随机数来进行描述，根据实验载荷谱，可确定滚筒在某一位置的瞬时截割阻力，选择截齿位于不同位置的实验点分别进行计算，便可重构滚筒旋转一周的截割阻力谱。

瑞利分布是最常见的描述平坦衰落信号接收包络或独立多径分量接受包络统计时变特性的一种分布类型。其连续随机变量 ξ 的概率密度为

$$f(x) = \begin{cases} \dfrac{x}{\mu^2} e^{-\frac{x^2}{2\mu^2}}, & x \geqslant 0, \mu > 0 \\ 0, & x < 0, \mu > 0 \end{cases}$$

瑞利分布的均值为

$$\mu(X) = \int_0^{+\infty} \frac{x^2}{\mu^2} e^{-\frac{x^2}{2\mu^2}} dx = \sqrt{\frac{\pi}{2}} \mu$$

瑞利分布方差为

$$\mathrm{Var}(X) = \int_0^{+\infty} \frac{x^3}{\mu^2} e^{-\frac{x^2}{2\mu^2}} dx - \mu^2(X) = \frac{4-\pi}{2} \mu^2$$

如果 ξ 为[0,1] 区间均匀分布的随机数列，令

$$\xi = F(\eta) = 1 - e^{-\frac{\eta^2}{2\mu^2}}$$

整理得

$$\eta = \sqrt{-2\mu^2 \ln(1-\xi)}$$

式中　η—— 瑞利分布随机数。

截割过程中伴随着大块煤崩落，同时参与破煤的截齿，其截割阻力具有一定的随机性，其值与大块煤崩落周期的关系为

$$Z = \sum_0^{n_0} Z_{\max} \cdot \sin \varphi_i \cdot \frac{t + T_i \cdot R(i)}{T_i} \tag{10.16}$$

式中　t—— 截齿截割时间，s；

T_i—— 第 i 个截齿截煤过程中大块煤崩落周期，s；

$R(i)$—— 瑞利分布随机数，其值为 0 ～ 1，$i = 0, 1, \cdots, n_0$，反映了同一时刻不同截齿所处的截割阻力状态；

n_0—— 同时参与截割的截齿数。

滚筒截割阻力可表示为

$$F_Z(t)=\frac{Z_{n-1}[t+(n-2)\Delta t,S_{n-1}]}{K_{l_n}}+\frac{Z_{n-2}[t+(n-3)\Delta t,S_{n-2}]}{K_{l_{n-1}}}+\cdots+\frac{Z_1(t)}{K_{l_1}} \tag{10.17}$$

煤岩破碎过程中伴随着小块煤至大块煤崩落的重复性行为。在同样截割厚度下，大块煤岩崩落时，截割阻力达到最大值。假设实验煤岩与真实煤岩具有相同截割阻抗 A，则实验截齿与滚筒上第 i 齿的最大截割阻力分别为

$$Z_{0-\max}=Ah_0 \tag{10.18}$$

$$Z_{i-\max}=Ah_i \tag{10.19}$$

整理有

$$F_Z(t)=\frac{Z_{0-\max}\cdot\frac{h_n}{h_0}\cdot\sin(\varphi+n\Delta\varphi)\cdot\left[\frac{h_0t}{T_0h_n}+R(n)\right]}{K_{l_n}}+\frac{Z_{0-\max}\cdot\frac{h_{n-1}}{h_0}\cdot\sin[\varphi+(n-1)\Delta\varphi]\cdot\left[\frac{h_0t}{T_0h_{n-1}}+R(n-1)\right]}{K_{l_{n-1}}}+\cdots+\frac{Z_{0-\max}\cdot\frac{h_2}{h_0}\cdot\sin(\varphi+2\Delta\varphi)\cdot\left[\frac{h_0t}{T_0h_2}+R(2)\right]}{K_{l_2}}+\frac{Z_{0-\max}\cdot\frac{h_1}{h_0}\cdot\sin(\varphi+\Delta\varphi)\cdot\left[\frac{h_0t}{T_0h_1}+R(1)\right]}{K_{l_1}} \tag{10.20}$$

式(10.20)即为基于瑞利随机理论的滚筒截割阻力重构表达式。可见，滚筒截割阻力与参与截割的截齿截割阻力峰值、随机分布状态、截齿位置角及煤岩崩落周期有关，也与各截齿作用位置有关。

10.2.3 载荷谱重构算法的数值模拟

以镐型截齿楔入角为 $\beta=35°$ 的截齿破碎煤岩实验载荷谱曲线为处理对象。其等距采样时间为 $\Delta T=0.02$，$N=36$，取 $[\delta]=0.1$，设偏差许可值为 $[\delta]$，若 $\delta_j>[\delta]$，则将 D_j 点作为新增型值点。

对B样条曲线进行优化，直至所有点满足 $\delta_i\leqslant[\delta]$，求得的控制点如图10.6所示，实验载荷谱的等效载荷谱如图10.7所示。

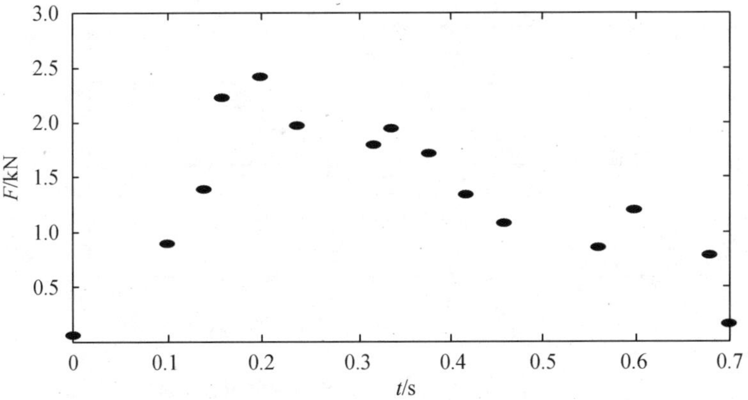

图 10.6　截割载荷 B 样条曲线控制点

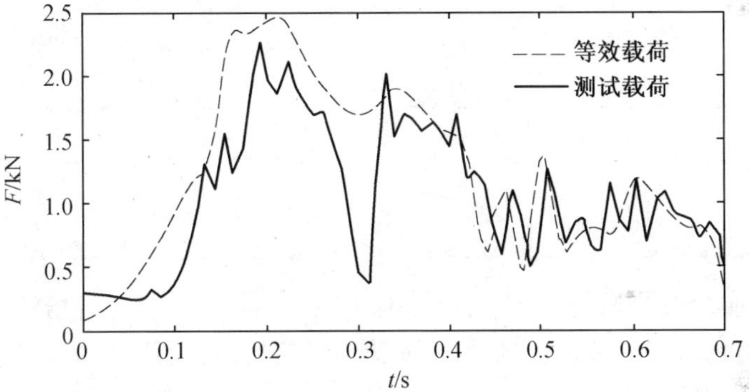

图 10.7　实验载荷谱的等效载荷谱

滚筒上截齿按照一定的次序截割煤岩，截齿的排列对滚筒截割载荷有一定影响。图10.8所示为某采煤机滚筒截齿排列图，滚筒上共有20个截齿，截线距为 70 mm，螺旋线升角为 20°。易知，同时有 10 个截齿进行截割煤岩，假设 1 号截齿即将退出截割，11 号截齿即将进入截割，则第 1 ～ 10 号截齿正在截割煤岩，各个截齿截割厚度不同，假设截割阻力大小与截割厚度近似呈线性关系，则可以根据滚筒不同位置上各个截齿的截割厚度，结合实验测试数据推算各个截齿的截割阻力。

易知 $\Delta\varphi=\dfrac{360^\circ}{20}=18^\circ$，由 $h_{\max}=15$ mm，得到各截齿截割厚度见表 10.4。

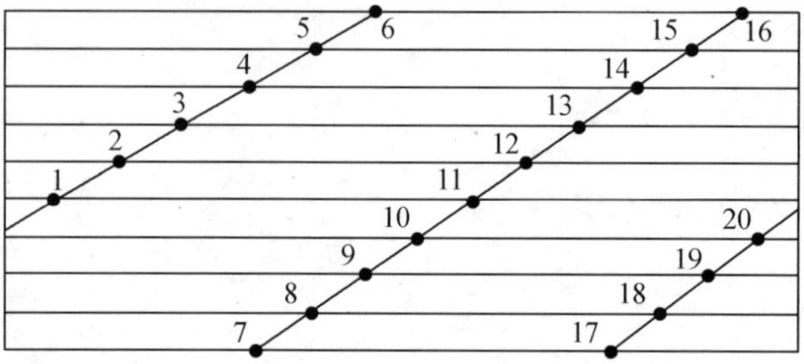

图 10.8　某采煤机滚筒截齿排列图

表 10.4　1～10 号截齿的截割厚度

序号	截齿位置角 /(°)	截割厚度 /mm
2、10	18	4.64
3、9	36	8.82
4、8	54	12.14
5、7	72	14.27
6	90	15
1	0	0

根据实验载荷谱，大块煤崩落周期 $T_0 \approx 0.04$ s。利用重构算法，按时间轴等距原则，选取实验曲线中的数据，对滚筒截割阻力进行重构，得到计算点处的重构数据，如图 10.9 所示。重构曲线可通过分段函数进行描述。

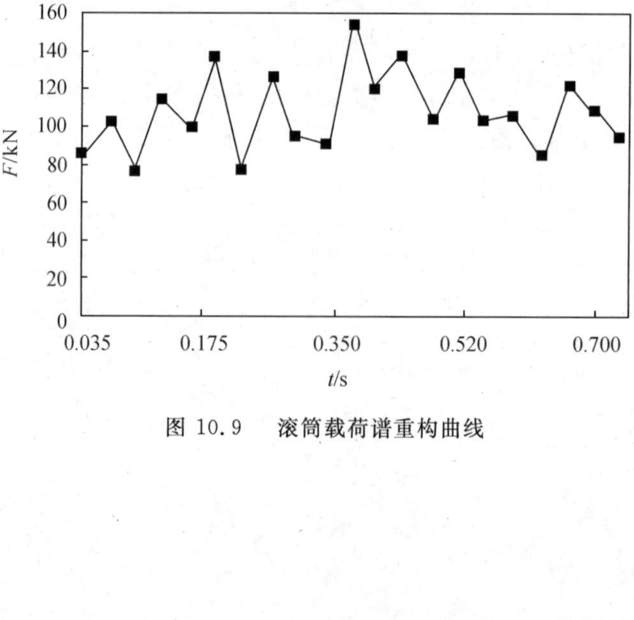

图 10.9　滚筒载荷谱重构曲线

10.2.4　基于频域载荷谱的重构

重构后的滚筒载荷谱，只在重构点处具有真实性，其重构曲线相当于一组离散点集给定的曲线。当 $f(x)$ 只在给定的离散点集 $\left(x_j=\frac{2\pi}{N}j, j=0,1,\cdots,N-1\right)$ 上已知时，可得到离散点集正交性与相应的离散傅里叶系数。

令

$$x_j=\frac{2\pi j}{2m+1},\quad j=0,1,\cdots,2m$$

对于任何 $0\leqslant k,l\leqslant m$，函数族 $\{1,\cos x,\sin x,\cdots,\cos mx,\sin mx\}$ 在点集 $\{x_j=\frac{2\pi j}{2m+1}\}$ 上正交，若令 $f_j=f(x_j)(j=0,1,\cdots,2m)$，则 $f(x)$ 的最小二乘三角逼近为

$$S_n(x)=\frac{a_0}{2}+\sum_{k=1}^{n}(a_k\cos kx+b_k\sin kx),\quad n<m$$

式中
$$a_k=\frac{2}{2m+1}\sum_{j=0}^{2m}f_j\cos\frac{2\pi jk}{2m+1}$$

$$b_k=\frac{2}{2m+1}\sum_{j=0}^{2m}f_j\sin\frac{2\pi jk}{2m+1},\quad k=0,1,\cdots,m$$

当 $m=n$ 时，$f_j=S_{\mathrm{m}}(x_j)$，则

$$S_{\mathrm{m}}(x)=\frac{a_0}{2}+\sum_{k=1}^{m}(a_k\cos kx+b_k\sin kx),\quad n<m$$

由于滚筒重构曲线中重构点之间为等分点且

$$\mathrm{e}^{\mathrm{i}jx}=\cos(jx)+\mathrm{i}\sin(jx),\quad j=0,1,\cdots,N-1,\mathrm{i}=\sqrt{-1}$$

函数族 $\{1,\mathrm{e}^{\mathrm{i}x},\cdots,\mathrm{e}^{\mathrm{i}(N-1)x}\}$ 在函数周期内正交，将 $\mathrm{e}^{\mathrm{i}jx_k}$ 组成的向量记作

$$\boldsymbol{\varphi}_j=(1,\mathrm{e}^{\mathrm{i}j\frac{2\pi}{N}},\cdots,\mathrm{e}^{\mathrm{i}j\frac{2\pi}{N}(N-1)x})^{\mathrm{T}}$$

可以证明 $\varphi_0,\varphi_1,\cdots,\varphi_{N-1}$ 是正交的。因此，$f(x)$ 在 N 个离散点上的最小二乘傅里叶逼近为

$$S_n(x)=\sum_{k=0}^{n-1}(c_k\mathrm{e}^{\mathrm{i}kx}),\quad n<N$$

式中
$$c_k=\frac{1}{N}\sum_{J=0}^{N-1}f_j\mathrm{e}^{-\mathrm{i}kj\frac{2\pi}{N}},\quad k=0,1,\cdots,n-1$$

将 $c_k=\frac{1}{N}\sum_{J=0}^{N-1}f_j\mathrm{e}^{-\mathrm{i}kj\frac{2\pi}{N}}$ 转换为

$$c_j = \sum_{k=0}^{N-1} x_k \tilde{\omega}^{kj} \tag{10.21}$$

当 $N=2^3$ 时,将 k、j 用二进制表示为

$$k = k_2 2^2 + k_1 2^1 + k_0 2^0 = (k_2 k_1 k_0)$$

$$j = j_2 2^2 + j_1 2^1 + j_0 2^0 = (j_2 j_1 j_0)$$

则有

$$c_j = c(j_2 j_1 j_0),\ x_k = x(k_2 k_1 k_0) \tag{10.22}$$

可表示为

$$\begin{aligned} c(j_2 j_1 j_0) &= \sum_{k_0=0}^{1}\sum_{k_1=0}^{1}\sum_{k_2=0}^{1} x(k_2 k_1 k_0)\tilde{\omega}^{(k_2 k_1 k_0)(j_2 2^2 + j_1 2^1 + j_0 2^0)} \\ &= \sum_{k_0=0}^{1}\{\sum_{k_1=0}^{1}[\sum_{k_2=0}^{1} x(k_2 k_1 k_0)\tilde{\omega}^{j_0(k_2 k_1 k_0)}]\tilde{\omega}^{j_1(k_1 k_0 0)}\}\tilde{\omega}^{j_2(k_0 00)} \end{aligned} \tag{10.23}$$

引入记号

$$\begin{cases} A_0(k_2 k_1 k_0) = x(k_2 k_1 k_0) \\ A_1(k_1 k_0 j_0) = \sum\limits_{k_2=0}^{1} A_0(k_2 k_1 k_0)\tilde{\omega}^{j_0(k_2 k_1 k_0)} \\ A_2(k_0 j_1 j_0) = \sum\limits_{k_1=0}^{1} A_1(k_1 k_0 j_0)\tilde{\omega}^{j_1(k_1 k_0 0)} \\ A_3(j_2 j_1 j_0) = \sum\limits_{k_2=0}^{1} A_2(k_0 j_1 j_0)\tilde{\omega}^{j_2(k_0 00)} \end{cases} \tag{10.24}$$

可写为

$$c(j_2 j_1 j_0) = A_3(j_2 j_1 j_0)$$

同理,第二行可写为

$$\begin{aligned} A_1(k_1 k_0 0) &= A_0(0 k_1 k_0) + A_0(1 k_1 k_0) \\ A_1(k_1 k_0 1) &= [A_0(0 k_1 k_0) - A_0(1 k_1 k_0)]\tilde{\omega}^{(0 k_1 k_0)} \end{aligned} \tag{10.25}$$

还原为十进制表示为 $k=(0k_1k_0)=k_1 2^1 + k_0 2^0$,$k=0,1,2,3$,得

$$\begin{cases} A_1(2k) = A_0(k) + A_0(k+2^2) \\ A_1(2k+1) = [A_0(k) - A_0(k+2^2)]\tilde{\omega}^k \end{cases} \tag{10.26}$$

同样,对第三行、第四行进行简化并还原为十进制,有

$$\begin{cases} A_2(k2^2 + j) = A_1(2k+j) + A_1(2k+j+2^2) \\ A_2(k2^2 + j) = [A_1(2k+j) - A_1(2k+j+2^2)]\tilde{\omega}^{2k} \end{cases},\quad k=0,1;\ j=0,1 \tag{10.27}$$

$$\begin{cases} A_3(j)=A_2(j)+A_2(j+2^2) \\ A_3(2^2+j)=[A_2(j)-A_2(j+2^2)] \end{cases},\quad j=0,\cdots,3 \tag{10.28}$$

由 $A_0(k)=x(k)=x_k$，逐次计算即可得到 c_j。

将式(10.28)推广到 $N=2^p$，则有

$$\begin{cases} A_q(k2^q+j)=A_{q-1}(k2^{q-1}+j)+A_{q-1}(k2^{q-1}+j+2^{p-1}) \\ A_q(k2^q+j+2^{q-1})=[A_{q-1}(k2^{q-1}+j)-A_{q-1}(k2^{q-1}+j+2^{p-1})]\tilde{\omega}^{k2^{q-1}} \end{cases}$$

式中，$q=1,\cdots,p;k=0,1,\cdots,2^{p-q}-1;j=0,1,\cdots,2^{q-1}-1$。

采用改进后的 FFT 算法与原算法对比见表 10.5。改进后的 FFT 算法较普通 FFT 算法的计算量大大减小，仅为原来的 1/16，计算时间由 461.9 s 减为 17.4 s，计算速度比原算法约提高了 27 倍，但计算精度一致，说明数据点越多，这种算法的优势越明显。

表 10.5　改进后 FFT 算法与原算法对比

	计算量 / 次	计算时间 /s	计算精度
FFT 算法	65 536	461.9	0.94
改进后	4 096	17.4	0.94

滚筒载荷谱重构曲线利用改进后 FFT 算法进行拟合，如图 10.10 所示。

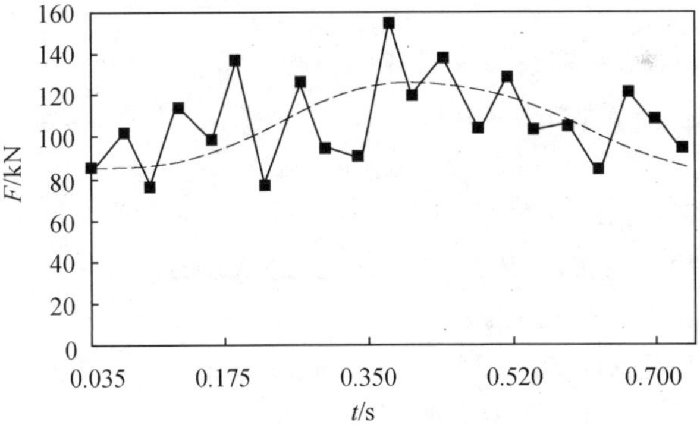

图 10.10　滚筒载荷频域重构

由图 10.10 可见，其拟合优度达 0.94，重构的载荷模型为

$$f(x)=a_0+a_1\cos\omega t+b_2\sin\omega t \tag{10.29}$$

式中　ω—— 滚筒转动角速度，rad/s；

$a_0=107.6(89.46,125.7)$；

$a_1=-16.76(-37.2,4.479)$；

$b_2=-2.887(-52.32,46.66)$；

$\omega=8.433(0.549\ 3,16.32)$。

参考文献

[1] 刘春生，李德根. 截齿截割煤岩的力学模型与性能评价[M]. 哈尔滨:哈尔滨工业大学出版社，2017.

[2] JENSEN J J. Extreme value predictions using Monte Carlo simulations with artificially increased load spectrum[J]. Probabilistic Engineering Mechanics, 2011, 26(2):399-404.

[3] 刘春生，于信伟，任昌玉. 滚筒式采煤机工作机构[M]. 哈尔滨:哈尔滨工程大学出版社，2010.

[4] EVANS I. The force required to cut coal with blunt wedges [J]. International Journal of Rock Mechanics and Mining Science, 1965, 2: 1-12.

[5] 刘春生，李德根，任春平. 基于熵权的正则化神经网络截割煤岩载荷谱预测模型[J]. 煤炭学报，2020，45(1):474-483.

[6] NISHIMATSU Y. The mechanics of rock cutting[J]. International Journal of Rock Mechanics and Mining Sciences, 1972, 9:261-270.

[7] CARRASCO M, FLORENS J P, RENAULT E. Chapter 77 linear inverse problems in structural econometrics estimation based on spectral decomposition and regularization [J]. Handbookof Econometrics, 2007, 6(7):5633-5751.

[8] 刘春生，任春平. 改进分数阶 Tikhonov 正则化的截割煤岩载荷识别方法[J]. 煤炭学报，2019，44(1):332-339.

[9] LIU C S, REN C P. A novel improved maximum entropy regularization technique and application to identification of dynamic loads on the coal-rock[J]. Journal of Electrical and Computer Engineering, 2019(2019):1-19.

[10] 刘春生，任春平，李德根. 修正离散正则化算法的截割煤岩载荷谱的重构与推演[J]. 煤炭学报，2014，39(5):981-986.

[11] LIU C S, REN C P. Research on coal-rock fracture image edge detection based on tikhonov regularization and fractional order differential operator[J]. Journal of Electrical and Computer Engineering, 2019(2019):1-18.

[12] 刘春生,任春平.基于离散正则化的实验载荷谱重构与推演算法[J].应用力学学报,2014,31(4):616-620.

[13] 刘春生,袁昊,李德根,等.载荷谱细观特征量与截割性能评价的熵模型[J].煤炭学报,2017,42(9):2468-2474.

[14] REN C P, WANG N G, LIU C S. Identification of random dynamic force using an improved maximum entropy regularization combined with a novel conjugate gradient [J]. Mathematical Problems in Engineering, 2017(2017):1-14.

[15] REN C P, WANG N G, LIU Q H, et al. Dynamic force identification problem based on a novel improved tikhonov regularization method [J]. Mathematical Problems in Engineering, 2019(2019):1-13.

[16] 任春平,刘春生.煤岩模拟材料的力学特性[J].黑龙江科技大学学报,2014,24(6):581-584.

[17] 张盼.三类不适定问题的正则化方法和算法[D].兰州:兰州理工大学,2018.

[18] 李旭超.能量泛函正则化模型理论分析及应用[M].北京:科学出版社,2018.

[19] 刘春生,袁昊,李德根,等.小波分解重构截齿载荷谱的幅值关联性与分形特征[J].煤炭科学技术,2018,46(5):149-154.

[20] 刘春生,王庆华,李德根.镐型截齿截割阻力谱的分形特征与比能耗模型[J].煤炭学报,2015,40(11):2623-2628.

[21] 刘春生,韩飞,任春平,等.基于最大似然估计－Hilbert 法的截齿侧向载荷特征识别[J].黑龙江科技大学学报,2015,25(3):299-303.

[22] 刘春生.采煤机截齿截割阻力曲线分形特征研究[J].煤炭学报,2004(1):115-118.

[23] LIU C S, SONG Y, REN C P. Numerical simulation of conical pick cutting coal and rock process based on ABAQUS [J]. Applied Mechanics and Materials,2013,385:203-207.

[24] 刘春生,李德根.基于单齿截割试验条件的截割阻力数学模型[J].煤炭学报,2011,36(9):1565-1569.

[25] 刘春生,任春平,王磊. 等切削厚度的镐型齿旋转截割煤岩比能耗模型[J]. 黑龙江科技大学学报,2016,26(1):53-57.

[26] 刘春生,任春平,王庆华. 截齿破碎煤岩侧向载荷分布特性研究[J]. 煤矿机电,2014(5):14-17.

[27] 刘春生,任春平,鲁士铂,等. 截齿截割载荷谱重构的正则参数优化策略[J]. 黑龙江科技学院学报,2013,23(5):444-448.

[28] 刘春生,王庆华,任春平. 镐型截齿载荷谱定量特征的旋转截割实验与仿真[J]. 黑龙江科技大学学报,2014,24(2):195-199.

[29] 林东方,朱建军,张兵,等. TSVD截断新方法及其在PolInSAR植被高反演中的应用[J]. 中国矿业大学学报,2017,46(6):1386-1393.

[30] 张丹,刘春生,李德根. 瑞利随机分布下滚筒截割载荷谱重构算法与数值模拟[J]. 煤炭学报,2017,42(8):2164-2172.

[31] 王能建,任春平,刘春生. 一种新型分数阶Tikhonov正则化载荷谱重构技及应用[J]. 振动与冲击, 2019, 38(6):121-126.

[32] WANG N G, REN C P, LIU C S. A novel fractional tikhonov regularization coupled with an improved super-memory gradient method and application to dynamic force identification problems [J]. Mathematical Problems in Engineering, 2018(2018):1-16.

[33] WANG N G, LIU Q H, REN C P,et al. A novel method of dynamic force identification and its application [J]. Mathematical Problems in Engineering, 2019(2019):1-10.

[34] 孙月华,刘春生,曹贺,等. 镐型截齿三向载荷空间坐标转换的模型与分析[J]. 黑龙江科技大学学报,2016,26(6):665-668.

[35] 王庆华. 镐型截齿力学特性试验研究与双联镐齿截割数值模拟[D]. 哈尔滨:黑龙江科技大学,2015.

名词索引

F

G

H

I

J

K

L

M

N

O

P